Entre apropriação e recusa

FUNDAÇÃO EDITORA DA UNESP

Presidente do Conselho Curador
Herman Jacobus Cornelis Voorwald

Diretor-Presidente
José Castilho Marques Neto

Editor-Executivo
Jézio Hernani Bomfim Gutierre

Conselho Editorial Acadêmico
Alberto Tsuyoshi Ikeda
Áureo Busetto
Célia Aparecida Ferreira Tolentino
Eda Maria Góes
Elisabete Maniglia
Elisabeth Criscuolo Urbinati
Ildeberto Muniz de Almeida
Maria de Lourdes Ortiz Gandini Baldan
Nilson Ghirardello
Vicente Pleitez

Editores-Assistentes
Anderson Nobara
Henrique Zanardi
Jorge Pereira Filho

LICINIA MARIA CORREA

Entre apropriação e recusa
Os significados da experiência escolar para jovens de periferias urbanas

© 2011 Editora Unesp

Fundação Editora da UNESP (FEU)
Praça da Sé, 108
01001-900 – São Paulo – SP
Tel.: (0xx11) 3242-7171
Fax: (0xx11) 3242-7172
www.editoraunesp.com.br
www.livraria.unesp.com.br
feu@editora.unesp.br

CIP – BRASIL. Catalogação na fonte
Sindicato Nacional dos Editores de Livros, RJ

C843e

Correa, Licinia Maria
    Entre apropriação e recusa: os significados da experiência escolar para jovens de periferias urbanas / Licinia Maria Correa. São Paulo: Editora Unesp, 2011.
    Inclui bibliografia
    ISBN 978-85-393-0109-6

    1. Jovens – Condições sociais. 2. Juventude – Educação. 3. Identidade social. 4. Sociologia educacional. I. Título.

11-1785   CDD: 305.23
                                                                        CDU: 316.346.32-053.6

Este livro é publicado pelo projeto *Edição de Textos de Docentes e Pós-Graduados da UNESP* – Pró-Reitoria de Pós-Graduação da UNESP (PROPG) / Fundação Editora da UNESP (FEU)

Editora afiliada:

AGRADECIMENTOS

E pensar que há tanto e tantos a quem agradecer. Reconheço que este trabalho é a manifestação de um empenho coletivo. Foram muitas as pessoas, as instituições e os grupos que me apoiaram na elaboração deste livro. É a estes que dirijo minha sincera gratidão.

Meu mais profundo e afetuoso agradecimento a Márcia Aparecida, Anderson Ricardo, Joyce, Daiane, Aroldo André, Silvia Regina, Daniela Paula, Antonio Leonardo, Alzira e Patrícia. São estes/as jovens que, por suas narrativas, me possibilitaram a concretização da pesquisa.

Às famílias destes/destas jovens que me acolheram em suas casas, em suas rotinas diárias e me deram o privilégio da convivência.

À Néia, ao Markinhos, aos educadores e às educadoras do Projeto Meninos e Meninas de Rua de São Bernardo do Campo (SP), que, mais uma vez, me acolheram na instituição e me possibilitam transitar neste espaço.

À professora Vera Teresa Valdemarin, minha orientadora, gentil e incisiva em seus comentários. Admiro sua dedicação ao trabalho acadêmico. Agradeço o modo afetuoso e humilde de dialogar com minha produção.

Ao professor Claude Carpentier, pela carinhosa acolhida no Cursep (Centre Universitaire de Recherche em Sciences de l'Education et en Psychologie) e pelo apoio durante o período de estudos na Université de Picardie Jules Verne (Amiens, France).

Ao Yurij, meu companheiro e amigo, com quem decidi partilhar minha vida, meus projetos.

Ao Programa Alban, da União Européia, agradeço o apoio financeiro que me permitiu realizar parte do doutorado na França e aprofundar meu objeto de investigação.

À Universidade Vale do Rio Doce, a licença remunerada concedida durante os primeiros semestres de estudo, que me deram a tranquilidade necessária para iniciar o curso.

Ao CNPq, a bolsa concedida para realizar o curso de doutorado.

Talvez fosse melhor se eu tivesse virado pescador, como você. Não sei se você teria sido feliz com isso, mas quem sabe era melhor mesmo. Sei lá o que você queria para mim. E, na verdade, estaria certo assim, pois todos os meus colegas têm a profissão do pai. Está certo assim: quem tem pai engenheiro, vira engenheiro, quem tem o pai advogado, vira advogado. Também porque assim o pai pode sempre te dar aquela pequena ajudinha, tipo assim, dar umas dicas pra tese, te apresentar a um colega. Coisas assim.

Mas você não queria que eu fosse pescador. Certas vezes, quando eu era criança, você até escondia os anzóis. Você me falava: "Você não acha porque é distraído". Mas eu sabia que era você que tinha escondido. Quem sabe o que você sonhava pra mim, que castelos.

E, de qualquer maneira, você não era um pai que no final das contas me ajudaria muito. Você mesmo é que falava: "Agora que vai para escola, você está grande, deve fazer por si mesmo, porque eu, mesmo se pudesse, não te ajudaria nunca". Eu tinha seis anos quando você falava assim, seis anos! Mas você falava demais com o mar. Não sabia nada do mundo...[1]

Paola Mastrocola

---

1 *"Forse era meglio se facevo il pescatore come te. Non so se ne saresti stato felice, ma forse era proprio meglio. Tu volevi chissà cosa per me. E invece era giusto così, tutti i miei compagni hanno fatto il mestiere del padre. È giusto così: chi ha il padre ingegnere fa l'ingegnere, chi ha il padre avvocato fa l'avvocato. Anche perché così il padre può sempre darti quel piccolo aiutino, tipo darti due dritte per la tesi, presentarti a un collega. Cose del genere. Ma tu non volevi che io facessi il pescatore. Certe volte da bambino, mi hai anche nascosto le lenze. Mi dicevi: non le trovi perché sei sbadato, ma io lo sapevo che me avevi nascoste tu. Chissà cosa mai fantasticavi per me, quali castelli. Tanto tu non eri un padre che poi mi avrebbe aiutato. Me lo dicevi: adesso che vai a scuola sei grande, devi fare da te, io anche se potessi non ti aiuterei mai. Avevo sei anni quando mi dicevi così, sei anni! Ma tu parlavi troppo con il mare, non sapevi niente del mondo."*

SUMÁRIO

Prefácio   11
Apresentação   15
Introdução   19

1 O contexto da pesquisa   25
2 A invenção da juventude   43
3 Nos interstícios da instituição escolar   103
4 Identidades juvenis e escolarização   137

Considerações finais   263
Referências bibliográficas   271

PREFÁCIO
ENTRE APROPRIAÇÃO E RECUSA:
A COMPREENSÃO

Neste livro, originado de tese de doutorado defendida no Programa de Pós-Graduação em Educação Escolar da Faculdade de Ciências e Letras de Araraquara da Unesp, afirma-se a importância da escola.

Escolas que podem ser feias, sem cor, tristes, bagunçadas, com equipamento quebrado, gradeadas, com cheiro ruim e longe do centro da cidade; escolas boas, com pintura recente, organizadas, cuja localização indica a clientela e a qualidade do ensino, ponto de convivência, de encontro, de troca, de circulação da informação.

Estar na escola é possibilidade para escapar dos perigos da rua – drogas, crimes, violência – e também enfrentamento de outros perigos: discriminações variadas, descaso, perda de tempo, desânimo e falta de compromisso.

A escolarização é imprescindível para conseguir emprego: sem a certificação escolar é impossível pleitear certas vagas – seleção aceita e interiorizada – não porque o saber escolar seja requisito para o exercício da profissão, mas porque evidencia competência na escrita e na fala, ampliação do acesso à informação e domínio de requisitos aparentemente simples, como as operações matemáticas, a conjugação de verbos.

Os jovens sujeitos da pesquisa aqui apresentada corroboram e exemplificam a afirmação de Anne-Marie Chartier: "Como as sociedades cotadas na bolsa, a escola só tem o crédito que se lhe dá, mas trata-se de um crédito metafísico".[1] A escolarização no tempo presente – quando se está nela – é descrita como

---

1 A.-M.Chartier, Escola, cultura e saberes. In: L.N. Xavier et al. *Escola, culturas e saberes.* Rio de Janeiro: Editora FGV, 2005. p.271

ambiente de regras rígidas, de baixa exigência nos resultados, de formalidade, de descaso com as individualidades, de conteúdo sem significação; é um ambiente que desafia cotidianamente a permanência. Quando se está fora dela, no entanto, adquire maior importância. Na revisão do passado, passado recente, emerge a consciência das oportunidades perdidas e negadas e dos exemplos de autoridade moral; nos projetos para o futuro de longo prazo, a escola é esperança de vida melhor para os filhos e para si próprio. Mesmo que a experiência escolar pessoal tenha sido ruim, afirma-se que ela pode ser boa.

A qualidade dos depoimentos coletados em entrevistas individuais, discussões em grupo e observações permitiu construir esse retrato complexo da escolarização brasileira. Os sujeitos da pesquisa são jovens da periferia de São Bernardo do Campo, cidade que cresceu com a industrialização no estado de São Paulo, e que participaram do Projeto Meninos e Meninas de Rua, desenvolvido por organização não governamental. Jovens que, segundo seu próprio entendimento, não fizeram a escola no tempo certo. A riqueza das informações provenientes da vida desses sujeitos não autoriza explicações simplistas e simplificadoras.

Licinia, a pesquisadora, afinou sua sensibilidade nas reminiscências escolares pessoais, na militância política e profissional com os jovens e na acuidade metodológica, para ir além da denúncia e realizar um exercício de compreensão, qualidades sempre notadas em apresentações públicas dos resultados. Realizou estudos e manteve intercâmbio com grupos da França e da Itália buscando referências analíticas e interpretativas, abrindo portas.

Nessa tessitura, fez convergir a condição juvenil das grandes cidades na contemporaneidade com seus labirintos territoriais, os múltiplos espaços de socialização e sobrevivência, inserindo a experiência escolar numa trama ampla. A condição familiar com seus diferentes arranjos, o sistema adverso que conspira contra e modula as interrupções e os retornos para a escola. O confronto entre as ações formativas presentes no dia a dia escolar, a imposição de limites e de horários e a necessidade de trabalhar aproveitando as oportunidades que surgem exemplificam incompatibilidades a serem superadas pelos jovens.

Na análise que realiza dos mecanismos internos da instituição escolar, que concomitantemente agrega e repele os jovens, Licinia se valeu de referencial teórico que investe no conhecimento da cultura escolar trabalhado pelo Grupo de Estudos e Pesquisas sobre Cultura e Instituições Educacionais (GEPCIE), mas o fez por meio de uma operação arguta. As pesquisas desenvolvidas no

Grupo, em geral, tomam as indagações do presente para interrogar o passado e têm contribuído com estudos na perspectiva historiográfica. Esta pesquisa, no entanto, atualiza essas referências e evidencia sua fertilidade para o conhecimento dos processos atuais, demonstrando permanências – na forma e no conteúdo escolar – e a tensão provocada pelos novos agentes e contextos sociais. No embate com outras experiências de aprendizagem vividas pelos jovens, a escola perde sua condição de principal influência formativa e, ao mesmo tempo, se afirma como instituição necessária. Há um conjunto de saberes sobre os quais a escola pode exercer sua competência e renovar seus processos.

Como afirmava uma das protagonistas deste estudo, os jovens da periferia estudam para contrariar as estatísticas; nesse espaço de convivência e, portanto, de educação, é possível aprender comparar, falar, escrever, pensar, adquirir conhecimentos e informações, enfim, entender melhor a si mesmo.

Os leitores deste livro, certamente, ficarão sensibilizados com os depoimentos dos jovens e aprenderão como investigar os problemas sociais reafirmando a dignidade e o compromisso necessários à sociedade brasileira.

Vera Teresa Valdemarin

Apresentação

O tema deste livro é parte constitutiva de minha história. E por certo, de minha "obsessiva" adesão à escola. Entrei na escola aos 6 anos e dela jamais saí. Vi e vejo passarem pela escola as gerações que me antecederam, as gerações que me precedem, e até hoje a escolarização é algo que me inquieta. Considero o conhecimento um importante instrumento de emancipação social. E creio que a escola tem a hegemonia no acesso e na transmissão do conhecimento socialmente relevante. Pode-se aprender a ler, escrever e interpretar em qualquer parte, mas o modo escolar de fazê-lo massivamente me parece ser o mais eficaz, o de efeito mais duradouro e, por vezes, o que influencia e determina outros lugares e espaços sociais.

A escola é também um importante agente civilizatório. Foi na escola onde aprendi a "estudar", "falar", "conversar" e até "comer". Lembro-me de que, quando retornávamos do recreio com as mãos cheias de biscoitos, minha professora primária pegava alguns de nossos biscoitos e nos ensinava a mastigar, a sentar à mesa para comer. E nos explicava ainda outras coisas importantes, como lavar as mãos antes das refeições. Não sei se aprendi tudo que deveria ter aprendido. Mas depois de observar tantas trajetórias escolares, incluindo meu próprio processo de escolarização, dedico grande parte da minha vida a conhecer esta instituição socializadora chamada escola.

Há algumas décadas, se tivesse que descrever a escola, iria compará-la a uma grande cavidade estomacal que recebia, a cada início de ano letivo, grandes quantidades de alunos. Passados alguns meses, anos, digeria alguns e rapidamente regurgitava outros tantos. Foi dessa observação que "nasceu" a dissertação de mestrado, finalizada em 1996. De tanto assistir a um contínuo regurgitamento de alunos, quis saber o que as crianças e os adolescentes, em suas trajetórias de fracassos escolares, diziam da escola e dos sentimentos que nutriam em relação a ela. Porque também as crianças, os adolescentes e jovens são parte de minha história.

Há duas décadas tenho me dedicado à militância em movimentos sociais de luta pela defesa dos direitos da criança e do adolescente e pelo protagonismo juvenil. Na negatividade das estatísticas de violência, desemprego, baixa escolaridade, os jovens pobres são descritos por meio de estereótipos pela mídia e pela opinião pública. Mas também na positividade de seu protagonismo e na força de suas variadas formas de expressão cultural, eles se apropriam da condição juvenil e se fazem atores na relação com seus pares e com o mundo social.

Tempos depois de narrar as crianças e os adolescentes expulsos do sistema escolar e na iminência de um processo de expansão do sistema de ensino, tenho comigo uma outra metáfora para descrever a escola. Para mim, a instituição escolar tornou-se um grande ruminadouro. Dotada de um estômago duplo e com muitas cavidades, ela "recebe" a massa de alunos, porém a digestão agora é um processo longo. Um processo de depositação-regurgitação-remastigação que, ao invés de reverter-se em benefícios para os alunos, culmina em uma escolarização precária, cuja finalidade é ela mesma.

Reconstituo minha trajetória após o mestrado e percebo minha insistência no "problema da escola e da escolarização dos filhos da classe trabalhadora". Entre 1996 e 1997, por meio de uma parceria entre o Instituto Marista de Solidariedade e Comissão Local do Movimento Nacional de Meninos e Meninas de Rua (MNMMR), desenvolvemos um projeto inovador com 300 crianças e adolescentes das periferias urbanas de minha cidade natal, Colatina (ES). Buscávamos construir uma proposta de escola de tempo integral e desenvolver uma proposta pedagógica que articulasse efetivamente a relação família-escola-comunidade e que contemplasse as crianças e adolescentes que, por razões diversas, estavam excluídos do sistema regular de ensino.

Em 1998, por razões profissionais, decidi trabalhar na Universidade Vale do Rio Doce e, por isso, passei a morar em Governador Valadares (MG). No ano de 1999, após a divulgação de uma pesquisa estadual sobre os índices de analfabetismo na região, iniciamos um projeto de educação de jovens e adultos que, em princípio, atenderia os funcionários da universidade, de empresas prestadoras de serviços e comunidades no entorno dos *campi*. O projeto visava discutir a questão da Educação de Jovens e Adultos como uma modalidade de ensino que demandava políticas específicas no município. Também funcionaria como uma extensão universitária, um espaço formativo para estudantes dos cursos de Pedagogia e licenciaturas. Não paramos por aí. O projeto foi se conformando em uma atividade de ensino, de extensão (em parceria com as Secretarias de Educação, de Assistência Social e os movimentos sociais do município) e de pesquisa.

Retomo então o trabalho com os adolescentes e jovens. Eles procuram a Educação de Jovens e Adultos em busca do tempo "escolar" perdido. E eu começo a me perguntar: o que ficou perdido no tempo fora da escola? O que precisa ser recuperado? Que linearidade foi interrompida no processo de escolarização desses jovens? Como ser jovem em seu tempo e resgatar o sentimento de pertença a um tempo e espaço escolares? Passo a observar os modos de socialização que os jovens instituem no interior da escola: a apropriação do tempo e espaço escolares – recreio, entrada, as idas ao banheiro, as saídas da sala no decorrer das aulas. Uma inquietação: será que as constantes "demoras" dos jovens no banheiro e o bate-papo fora da sala podem ser tomados por nós, por exemplo, como um tempo de "aprendizado" escolar e não uma atitude de passividade, distanciamento, insujeição ou indisciplina?

Em meio a essas indagações, posso dizer – como Adélia Prado no poema *Limites* – que um dia me dei conta de que possuo um tema indesligável de mim. Um tema que se circunscreve em minha história. E por isso ele, às vezes, até me parece recorrente, repetitivo. Olhando ao meu redor, percebo, intuo, que não é bem assim. Não é que o tema seja recorrente. Recorrentes são os modos de expropriação da infância que, de tanto se repetir, se estendem aos jovens. São recorrentes também os processos excludentes e includentes de uma ordem capitalista que cada vez mais desumaniza a todos nós: incluídos e excluídos. São ainda estranhamente recorrentes os discursos de que a escola é de todos, a escola é democrática, a escola é o lugar da diversidade social e cultural.

Introdução

A presença da temática juventude no debate acerca das políticas públicas sociais não é fato recente. Conhecidos como vítimas ou protagonistas de problemas sociais, entre eles a violência, o desemprego e mais recentemente as DST/Aids, os jovens pobres, dimensionados como "problemas", entraram na pauta das políticas sociais desde o início da década de 1980. Contudo, o aumento da população juvenil entre 15-24 anos, as mudanças impostas pela mundialização do capital, bem como o protagonismo desses atores no cenário social são fatos que têm reconvertido o olhar sobre a juventude como um grupo específico que demanda políticas sociais setoriais e ações articuladas no campo da educação básica e superior.

Ao fazer o balanço da produção teórica sobre a juventude, Sposito (2000) assinala que os estudos inspirados na emergência do movimento estudantil da década de 1960 centram suas investigações nas formas de mobilização estudantil, mas poucas pesquisas têm examinado a hipótese sobre "[...] a constituição de atores jovens em suas relações com a educação escolar" (Sposito, 2000, p.90). Já Abramo (1997) salienta um outro viés, que concentra sua reflexão nos sistemas e instituições presentes na vida dos jovens, sem, contudo, enfocá-los como sujeitos na maneira como se relacionam com tais sistemas e instituições. Nosso trabalho investigativo se inscreve e converge nestas duas direções. Em primeiro lugar, buscamos evidenciar a emergência da juventude no cenário social e a consequente mobilização desses sujeitos em torno de práticas culturais que os particularizam. Segundo, examinamos a relação que os jovens estabelecem com a escola.

No entanto, já afirmava Bourdieu (2002, p.143, grifo e tradução nossos): *"A juventude é somente uma palavra"*. Por isso, ao dirigirmo-nos para a ação juvenil em meio escolar, focalizaremos os segmentos juvenis que, pelos processos de multiplicação das desigualdades sociais, se singularizam nesta categoria plural denominada "juventude". Os jovens que interrogamos constituem um grupo para o qual a escola, ainda que democrática, e o ensino, ainda que massificado, restam inacessíveis. E quando adentram o espaço escolar, este não se constitui um espaço significativo de aprendizado e sociabilidade. Estão na escola, mas não experimentam a condição de estudantes. Estudam, "concluem" as etapas de ensino, mas os significados de suas apropriações escolares não coincidem com as expectativas geradas. A certificação escolar não encerra os sentidos e significados depositados nela.

Os jovens de quem se fala são oriundos das camadas populares e compõem uma parcela significativa dos alunos que buscam o acesso ao ensino fundamental e ensino médio. Uma primeira aproximação com os grupos juvenis nos indica uma dificuldade em manter uma trajetória regular na educação básica. Quando conseguem concluir o ensino fundamental, é o trabalho formal, informal ou subemprego que ocupa o lugar da escola em suas vidas. O ensino médio é, para uma grande maioria, relegado ao segundo plano e, quando possível, ao ensino noturno. A conclusão do ensino médio é, para boa parte dos jovens pobres, o ponto final da escolarização.

Insistentemente, os jovens estão na escola, apesar de a passagem para a segunda etapa do ensino fundamental, para o primeiro ano do ensino médio e, em seguida, para o ensino universitário, consistir nos "gargalos" de suas trajetórias escolares. Quando falam de seu pertencimento ao meio escolar, demonstram uma incompreensão ou uma certa incapacidade para lidar com esse aparato institucional. Desconhecem suas regras, seus códigos, suas exigências e quais conhecimentos deveriam alcançar. Uma análise do que ocorre nesses momentos da escolarização dos jovens das camadas populares pode evidenciar uma tensão entre as condições estruturais da vida juvenil e as exigências e regularidades do mundo escolar.

Os jovens oriundos das camadas populares vivem, atesta Bourdieu (1998), um dos efeitos mais potentes e mais ocultos de um jogo duplo do qual participa a instituição escolar em sua relação com o espaço das posições sociais. Vivem o mal-estar crônico de uma experiência escolar que mais parece uma espécie de blefe permanente. O descontentamento e a desilusão são as consequências da perda da eficácia simbólica da escola. Ao "diploma" escolar eram creditadas as perspectivas de mobilidade social, as chances de acesso ao conhecimento e ao mercado de trabalho formal. Contudo, de posse do certificado, os jovens se deparam com a dura realidade. A escola os prepara para um mercado de trabalho que não existe ou que oferece exíguas chances de acesso. O ensino médio que, à época de seus pais, era uma vantagem sobre a concorrência, hoje inflaciona o mercado de trabalho a tal ponto que o ensino superior passa a ser a nova possibilidade de ascensão social. Este, todavia, perde seu valor à medida que é alcançado.

Diante deste processo de desinstitucionalização da escola, a pesquisa buscou evidenciar se e em que medida a instituição escolar participa na constituição das identidades juvenis. A investigação dirigiu-se para um grupo de jovens, com idade variável entre 17 e 26 anos, que habitam a periferia da cidade de São Bernardo do Campo e objetivava compreender os sentidos e significados da experiência escolar para esses sujeitos.

O objeto dessa investigação declarava-se na convivência diária com jovens inseridos nas escolas e em espaços de educação não formal, e foi tomando forma nas discussões com colegas, nas conversas com os jovens, nas leituras recomendadas e nas pesquisas que fazíamos em equipe. Observar os jovens em seus cotidianos escolares, nos "enfrentamentos" diários da condição de aluno, foi suscitando certas interrogações, a saber: Como esses jovens descrevem sua experiência escolar? Que marcas a escola imprime na identidade desses sujeitos? Como constroem seus percursos escolares em direção a uma escolarização alongada? Quais significados os jovens atribuem à escolarização? Qual o lugar da escola na vida cotidiana desses sujeitos? A escolarização constitui um instrumento de emancipação econômica e social? Quais as relações entre as expectativas dos jovens e os resultados de sua escolarização?

Perguntas sempre enunciam respostas, ainda que provisórias. Minhas indagações eram assim respondidas: a) a apropriação da experiência escolar não se efetiva do mesmo modo para todos os jovens. Nos processos de inserção e transição escolar, estão contidas estratégias de apropriação, lógicas de integração e redes de sociabilidade que singularizam suas experiências escolares; b) a escola tal como se configura hoje é um campo conflitual e a inscrição dos jovens no sistema escolar é pautada por mecanismos invisibilizados em sua condição de alunos; c) o alongamento da escolarização é vivido pelos jovens como uma farsa em relação às suas expectativas porque o acesso à escola não vem acompanhado de uma formação que lhes garanta a mobilidade social pretendida e a execução de projetos de longo prazo.

O cruzamento das hipóteses com o objetivo geral da pesquisa indicou dois outros objetivos a serem perscrutados: a) analisar dois componentes que incidem sobre a experiência escolar, a saber: o lugar que a escola ocupa na vida desses sujeitos e a importância da formação escolar no tocante a seus projetos pessoais; e b) identificar as formas pelas quais os jovens constroem seu pertencimento ao meio escolar.

No complexo universo juvenil, esta pesquisa dirige-se a um coletivo específico. São sujeitos que transitam por diferentes instituições, nas quais inscrevem sua experiência. Os jovens pesquisados se constituem atores ao exercerem papéis de liderança entre seus pares, na família ou na comunidade. Por suas trajetórias de participação em movimentos sociais e por suas vivências, apresentam particularidades nas suas variadas formas de apropriação da experiência escolar. Denunciam os problemas vividos na instituição escolar, mostram na vivência cotidiana a desinstitucionalização da escola. Reinstituem uma relação particularizada com o universo escolar. Circunscrevem novos contornos para a escola.

É importante notar que, no campo das ciências humanas, o dado não é dado e é nas margens de um problema aparentemente esmiuçado que as interrogações se manifestam. Quando as interpretações elaboradas nas últimas décadas pareciam haver esgotado o tema do acesso e da permanência dos filhos da classe trabalhadora no sistema de ensino, a realidade social revela outras matizes do fenômeno educacional: a democratização do ensino vem acompanhada de uma multiplicação das desigualdades sociais e encobre os problemas estruturais do ensino que parecem ter sido deslocados para a permanência e conclusão do ensino fundamental e médio da maioria dos jovens brasileiros.

Os estudos qualitativos de trajetórias escolares dos jovens das camadas médias e populares têm explicitado que tais desigualdades sociais se reproduzem no interior do sistema escolar. No revés da democratização do acesso ao sistema de ensino, a escola se desinstitucionaliza e abre mão de seu papel socializador e formativo. Com isso, os jovens entram no sistema de ensino levando consigo as expectativas de mobilidade social e de realização pessoal geradas nos discursos da democratização do ensino. Grande parcela desses sujeitos conclui a educação básica e se depara com as poucas chances de inserção no mercado de trabalho ou de consolidar seus projetos pessoais. Há, porém, aqueles que apresentam trajetórias escolares de sucesso, a despeito das condições de precariedade nas quais se constroem. Com a diversidade dos jovens que acessam o sistema de ensino coincidem modos heterogêneos de construção da experiência escolar.

O "desenho" final deste livro representa o esforço da pesquisadora em apreender teórica e analiticamente uma determinada realidade escolar juvenil. No primeiro capítulo, descrevo o caminho percorrido para sua construção: o *contexto da pesquisa*, no qual estão explicitadas minha familiaridade, minhas adesões ao objeto, às teorias, aos sujeitos e ao campo de investigação. Contextualizo a pesquisa, dizendo que os sujeitos investigados são sete homens e quatro mulheres da periferia urbana com os quais interagi no período de 2005 a 2007. Tal interação foi mediada pelo Projeto Meninos e Meninas de Rua e construída no trabalho de observação, em entrevistas individuais e entrevistas de grupo.

A escolha dos sujeitos pautou-se nos seguintes critérios: estudar em escolas públicas da Região do ABC, estar matriculados no ensino fundamental e médio ou tê-los concluído na última década; ter uma trajetória que os constitui como grupo. Neste caso, os jovens pesquisados organizam-se em torno de núcleos de base, vinculados ao Projeto Meninos e Meninas de Rua de São Bernardo do Campo. Participam também de outros espaços socioformativos como grupos culturais, partidos políticos, sindicatos e movimentos sociais.

No segundo capítulo, faço minha aproximação teórica com o tema da juventude. Parto do conceito para chegar à condição juvenil e desta para a situação dos jovens na realidade brasileira. O terceiro capítulo é resultado de um diálogo com historiadores e sociólogos acerca da escola. Proponho uma análise sócio-histórica da instituição escolar, de sua constituição, dos conflitos sociais que a atravessam e de sua capacidade de sedimentação, de produzir cultura própria. A cultura escolar torna-se campo privilegiado nesta análise porque os jovens que adentram o espaço da escola são sujeitos socioculturais que se inscrevem ali na condição de atores e assim constroem suas experiências. Em decorrência disso, o tempo e o espaço são duas dimensões do agir coletivo juvenil que confrontam o instituído culturalmente pela escola.

Ao interpretar a realidade observada, procuro, no quarto capítulo, dialogar com os jovens por meio de seus depoimentos e de minhas observações, e com os pesquisadores por meio de suas reflexões e teorias para tecer minha narrativa deste acontecimento social que é a experiência escolar juvenil. Na construção dessa narrativa, faço um cruzamento do objeto, dos meus objetivos e das minhas hipóteses para encontrar-me com as identidades juvenis em seus processos de constituição biográfica, em seus percursos escolares e em seus modos de interação com a escola.

1
O CONTEXTO DA PESQUISA

Estou certa de que minha história, meus sentimentos, o desejo de saber o que mudou nessa escola, quais são os novos desafios encarados pelos sujeitos que adentram o espaço escolar, como constroem suas trajetórias biográficas escolares constituem as "profundas e inconscientes adesões" de que fala Bourdieu (2001). Tomo esta pesquisa como um processo dialético. Uma dialeticidade que caracteriza tanto a atividade científica como a própria prática investigativa da pesquisadora: uma ação que demanda reflexão. Uma reflexão que só tem sentido se retorna à prática e, ao mesmo tempo em que a reelabora, apresenta novos elementos à reflexão. Um processo reflexivo (Geertz, 1989; Bourdieu, 2001 e Melucci, 2005) porque nele as relações teoria/práticas, sujeitos/objeto, pesquisadora/pesquisados e pesquisadora/campo/sujeitos estarão imersas em um contexto relacional e situado.

Se a pesquisa é uma prática carregada de subjetividade, começo então por enfatizar meu modo de fazer pesquisa: "eu nasci no morro[1]". Atuo em movimentos sociais há vinte anos. É esta a marca que carrego em minha atividade acadêmica. É na relação com os movimentos sociais que se constitui minha trajetória profissional. Minha atuação como pesquisadora é mediada pela inserção nas lutas populares, pelas práticas produzidas em contextos sociais e políticos de mobilização e luta por direitos fundamentais à existência humana. Consequentemente, meu recorte de pesquisa orienta-se para

---

1 Trecho de uma entrevista com Cartola, gravada no disco *Cartola – Documento Inédito*. Na entrevista, Cartola explica como o lugar onde nasceu e viveu foi sua inspiração para compor e cantar. Afirma que a essência de sua música está na paisagem e no cotidiano do morro. Assim, ele e sua música só podem ser compreendidos a partir daquele lugar.

os temas que emergem na reflexão sobre essas práticas. E meu olhar investigativo dirige-se para os sujeitos em suas interações cotidianas. Sujeitos para os quais se dirigem também meus afetos.

Também o processo da pesquisa e a escolha do objeto implicam de antemão minha própria relação com a escola. Uma relação que, em parte, se assemelha à de alguns jovens pesquisados. Em meu percurso escolar, tive que lidar, cotidianamente, com as limitações impostas pelo trabalho, a falta de tempo e de dinheiro para participar das mesmas atividades que os colegas. À medida que avançava na série, as salas de aula, o tipo de escola, a postura dos professores e o grupo de pares refletiam uma seleção social, econômica, étnica e cultural que marcava duramente aqueles que – como eu – não deveriam estar ali.

Por isso, pesquiso as relações que jovens urbanos e pobres mantêm com a escola. Falo de jovens urbanos porque é na urbanidade que se localiza meu olhar sobre a juventude. Mais especificamente, porque são as periferias urbanas, as favelas, os lugares onde vivem os sujeitos para os quais dirijo minha atenção. São estes os lugares nos quais aprendi a me relacionar com o mundo. É do ponto de vista da urbanidade que observo o mundo, as relações sociais. É a periferia meu ponto de contato com a realidade. É a realidade social meu ponto de contato com a teoria. São esses os primeiros contornos da pesquisa que me levaram a investigar a efetividade da educação escolar no cotidiano dos jovens da periferia urbana.

Quem são os jovens das periferias urbanas?

60% dos jovens de periferia sem antecedentes criminais já sofreram violência policial;
a cada quatro pessoas mortas pela polícia, três são negras;
nas universidades brasileiras, apenas 2% dos alunos são negros;
a cada quatro horas um jovem negro morre violentamente em São Paulo;
aqui quem fala é Primo Preto, mais um sobrevivente.
[...] Permaneço vivo, prossigo a mística!
27 anos, contrariando a estatística!
Eu sou apenas um rapaz latino-americano

> *apoiado por mais de cinquenta mil manos!*
> *Efeito colateral que seu sistema fez.*
> *Racionais, capítulo 4 versículo 3!*
>
> (Racionais MC's, *Capítulo 4 Versículo 3*)[2]

No universo juvenil, são complexos e heterogêneos os modos de habitar a realidade. Os jovens pobres das periferias urbanas não são personagens de fatos jornalísticos, são atores que vivem de modo particularizado a condição juvenil. Ao inscrever suas experiências e suas ações no âmbito da "categoria juventude", esses sujeitos rompem com o olhar acadêmico que os encerrou na negatividade da violência e do desemprego. Os jovens pobres falam de si mesmos, expressam demandas e desejos. Anunciam isto em suas singulares experiências: *"Permaneço vivo, prossigo a mística! 27 anos, contrariando a estatística! Eu sou apenas um rapaz latino americano apoiado por mais de cinquenta mil manos!"*

Ao postular uma utilização mais dinâmica do conceito de juventude, Pais (1993, p.56) argumenta que uma análise ascendente "dos modos de vida dos jovens partindo dos seus mecanismos infinitesimais, das estratégias e tácticas quotidianas" pode evidenciar de que forma a sociedade se traduz na vida dos jovens. Se os estudos quantitativos apontam os dados estatísticos e as variáveis que incidem na trajetória escolar juvenil, um estudo qualitativo dos mecanismos cotidianos por meio dos quais se processam as desigualdades sociais pode informar como as trajetórias de sucesso e fracasso escolar "[…] se reproduzem no *interior* do sistema […]" (Pais, 1993, p.333) ou as situações possíveis resultantes da "[…] combinatória entre posições coletivas e disposições individuais" (Bonal et al., 2005, p.10, tradução nossa) nos percursos escolares juvenis.

Os sujeitos da pesquisa

A pesquisa efetivou-se com um grupo de onze jovens oriundos das periferias urbanas de São Bernardo do Campo (SP),que no início da pesquisa tinham idade variável entre 17 e 26 anos. Esses sujeitos participavam de

---

[2] A música *Capítulo 4 Versículo 3* foi gravada no CD *Racionais Ao Vivo*, em 2001. Disponível em: www.tsrocks.com/m/mcs_racionais_texts/capitulo_4_versiculo_3.html Acessado em 14 de dezembro de 2007.

atividades socioeducativas na Organização Não Governamental Projeto Meninos e Meninas de Rua (PMMR) e participam ainda de outros espaços de formação, sociabilidade e lazer.

Mas quem são esses sujeitos, de onde os conheço, como chego até esse grupo pesquisado, por que esses jovens e não outros que constituem o mesmo universo?

Em outubro de 2004, fui a São Bernardo do Campo (SP) participar das comemorações dos 20 anos de fundação do PMMR, em atenção a um convite formal daquela entidade. Eu era uma das "antigas" educadoras. Trabalhei como educadora social de rua no período de 1992 a 1994. Em 1995, compus a diretoria da instituição pelo período de um ano. Mesmo após minha saída, continuamos o contato pela participação em ações políticas coletivas, eventos de cunho formativo ou comemorativo.

Na conversa com alguns educadores, especificamente o Markinhos[3] (coordenador do PMMR), falei de minha pesquisa e do trabalho realizado com jovens em Governador Valadares (MG) e passamos a discutir a participação dos jovens nas atividades do PMMR. Dizia-me ele que havia um modo de organização muito particular desses sujeitos, pouco problematizado pelos educadores, uma vez que esses sujeitos não se inscrevem no grupo "atendido" pela organização. Markinhos me explicava a referência que era o PMMR para os jovens em suas formas de mobilização e sobre como esses sujeitos se apropriavam daquela possibilidade, criando demandas, organizando ações e instaurando um diálogo permanente acerca da condição juvenil.

Um novo convite fez-me retornar ao PMMR em novembro. Participei da atividade mensal que reúne todos os grupos e famílias atendidos, o "sábado de lazer". Nesta atividade, os jovens participam como voluntários, organizam atividades e as executam. Fiz ali meu primeiro contato com alguns jovens para tratar da pesquisa, mas em decorrência das atividades de final de semestre, decidimos iniciar formalmente a pesquisa a partir de janeiro de 2005.

Quando expus a pesquisa, o grupo apresentou seus interesses. Os jovens manifestavam o desejo de compreender seu próprio processo organizativo, queriam falar de sua vivência como jovens de periferia, como lideranças

---

3 Marco Antonio da Silva Souza, conhecido como Markinhos, é ex-menino de rua, educador social e atual coordenador do Projeto Meninos e Meninas de Rua em São Bernardo do Campo (SP).

juvenis, de suas angústias, dos problemas que lhes afetavam. Quando se referiam à escola, ela aparecia em um contexto de múltiplos espaços de pertencimento. Concomitantemente ao diálogo que se esboçava, comecei a duvidar de que era possível fazer a pesquisa com esse grupo. Não era o grupo que eu queria. Os jovens não estavam na faixa de idade determinada e, por suas demandas, pressupunha que não falariam o que eu gostaria que dissessem da escola. Percebi que tinha à minha frente "uma" possibilidade de interlocução e era isso que eu buscava. Os jovens do PMMR têm uma experiência de engajamento em atividades sociais e políticas, participam de diferentes grupos culturais e movimentos sociais, tais como: Movimento Negro, partidos políticos, Movimento dos Trabalhadores Rurais Sem-Terra, Movimento de Defesa dos Direitos Humanos, Conselhos de Escola, Conselhos e Fóruns Municipais e Estaduais dos Direitos da Criança e do Adolescente, coletivos feministas, entre outros. Esses jovens constituem formas de mobilização e organização bastante diferenciadas dos modelos construídos pelos movimentos sociais e pelos grupos institucionais dos quais participam. Apresentam um modo de agir estritamente conexo às suas capacidades, como atores, de constituir "[...] os *scripts* mais ou menos adequados à realidade, influenciando-se, negociando, 'colocando em jogo', sem sentido próprio, os cenários que eles produzem" (Melucci, 2001a, p.155, grifo do autor).

Encontrei-me novamente com os jovens em fevereiro de 2005 e perguntei ainda se me autorizavam a acompanhá-los desde então em suas atividades, visitá-los em suas casas, participar de seus espaços, ou seja, observá-los. Deixei explícito que, mesmo não registrando todas essas atividades, era inevitável que eu estivesse pesquisando. Acompanhei parte das ações que o grupo já realizava e pude acompanhar integralmente outras atividades e ações nas quais os jovens se engajaram no ano de 2005: a Jornada Cidadã e a Conferência Municipal dos Direitos da Criança e do Adolescente.

A coleta dos dados

A entrevista em grupo

A entrevista em grupo é uma forma de conversação conduzida por um moderador ("facilitador"), que apresenta o tema para que as pessoas, em uma interação verbal e não verbal, discutam acerca das questões que o envolvem. O grupo de discussão informal deve ser de tamanho reduzido (cinco a doze pessoas), com o propósito de obter informação qualitativa em profundidade sobre determinado assunto. O objetivo principal é revelar as percepções dos participantes sobre os tópicos em discussão. Normalmente, os participantes possuem alguma característica em comum (Corrao, 2000; Cenpec e Litteris, 2001; Costa e Koslinski, 2006).

Para esta pesquisa, realizamos na primeira etapa seis sessões coletivas, com uma média de duas horas de duração, no período de março a junho de 2006. Na segunda etapa, fizemos quatro encontros, que duraram cerca de oitenta minutos cada um. Por dificuldades ligadas ao trabalho e outras atividades, os jovens não participaram de todos os encontros. Registrava-se sempre a ausência de alguns membros e, no decorrer das entrevistas, o grupo compunha-se em média de oito participantes.

Nas entrevistas coletivas, pudemos abordar: a) o que significa ser jovem; b) os modos de organização deste grupo juvenil; c) qual a importância atribuída à escola e os significados atribuídos à experiência escolar; d) como enxergam a instituição escolar; e) como se relacionam com as instituições que participam na constituição de suas identidades e f) quais as possibilidades que a escolarização lhes oferece.

Durante a primeira etapa, os temas das sessões giraram em torno da identidade juvenil, suas formas de organização, a relação dos jovens com os diferentes espaços de socialização, o processo de escolarização e a experiência escolar, a relação trabalho-escola e família-escola. Já no segundo momento das entrevistas, procurei incorporar algumas questões apontadas pela banca examinadora quando da qualificação, entre elas: a desinstitucionalização da escola, as possibilidades de mobilidade social via escolarização, a constituição das identidades juvenis no interior da escola e sua função socializadora e formativa.

Devemos salientar que houve mudanças na condução das entrevistas coletivas. Na primeira etapa, a pesquisadora apresentava o tema na forma de uma pergunta ou de uma afirmação e deixava que o grupo discutisse, evitando participar do debate. Minha intervenção era no sentido de moderar, ou seja, mais voltada para garantir que todos se manifestassem, evitar polarizações em torno de uma ou duas pessoas ou mesmo evitar a dispersão do grupo. Pouco intervinha no "andamento" da discussão, evitando mesmo tecer comentários. Às indagações que me eram feitas, respondia ou discutia com o grupo no final da entrevista. Ao final desta primeira intervenção, avaliamos que o meu distanciamento negava ou contrariava minha crença na capacidade de discernimento dos sujeitos e confirmava a falsa ideia de uma possível neutralidade do pesquisador em relação aos sujeitos pesquisados. Após esta avaliação, discuti com o grupo e fizemos uma alteração na dinâmica dos encontros grupais para a segunda etapa. Ao apresentar a pergunta ou a temática, eu procurava manter a distância necessária do debate, sem interferir na dinâmica grupal. Mas, quando solicitada ou interpelada pelo grupo, respondia às perguntas, tecia comentários, registrava observações, fazia novas indagações e, quando percebia a necessidade, confrontava determinadas opiniões.

Tive confirmação da importância dessa nova incursão no campo quando retomei de meus escritos os depoimentos de alguns jovens no dia em que nos reencontramos. Marquei o encontro para apresentar meu trabalho e para discutir uma proposta de continuidade. Expliquei ao grupo que havia feito o exame de qualificação, como funciona esse exame, o que foi apresentado, discutido e os resultados. Expliquei-lhes que um dos resultados foi a sugestão de retomar com o grupo alguns temas que ficaram em aberto e fazer algumas novas perguntas. O grupo concordou e acrescentou que a nova etapa lhes ajudaria a rever ou confirmar os depoimentos das primeiras entrevistas.

As entrevistas individuais

A densidade dos contextos dos sujeitos pesquisados e a importância que atribuímos ao contato individual orientaram a escolha deste recurso investigativo particularizado, a entrevista individual. Concordamos com Terragni (2005): a escolha da entrevista individual é um modo particular de olhar a realidade. No meu caso, refere-se à oralidade que perpassa minha história familiar e ao que a autora nomeia "tradição oral das mulheres", ao enfatizar a metáfora da voz – escutar, ouvir e falar, como o fundamento da investigação feminina (Held, 1996 apud Terragni, 2005)

Ao optar pelas entrevistas individuais, procurei demarcar os processos de individualização que se efetivam tanto no modo como cada sujeito constrói sua experiência escolar como em suas trajetórias biográficas. Também busquei evidenciar na entrevista individual aspectos não tratados ou pouco enfocados na entrevista de grupo. Minha expectativa era de que, ao narrarem suas experiências escolares, os jovens narrassem a si mesmos: quem são, como vivem, como veem a vida, o que fazem, o que querem da vida, quais as expectativas em relação ao mundo no qual vivem, quais são seus sonhos, como se relacionam com as instituições família-escola-trabalho.

As entrevistas individuais foram realizadas concomitantemente às entrevistas coletivas. E também foram realizadas em duas etapas. Minha intenção inicial era finalizar as entrevistas grupais para iniciar essa segunda parte da pesquisa empírica. Todavia, no decorrer das entrevistas coletivas, fui observando a dificuldade em agendar datas que atendessem a todo o grupo, e isso alteraria bastante nosso cronograma. Por fim, estávamos já no mês de maio e eu deveria viajar em julho de 2005 para cursar parte do meu doutorado na França. Como não queria viajar sem finalizar a primeira etapa da pesquisa de campo, tomei a decisão de realizar, no prazo de um mês, as entrevistas individuais, enquanto concluía a entrevista de grupo e a observação participante.

Na primeira etapa, entrevistei dez jovens, sendo sete mulheres e três homens. Já na segunda etapa, mais um jovem interessou-se em fazer a entrevista, que transcorreu após o exame de qualificação, perfazendo um total de onze jovens: quatro homens e sete mulheres. As entrevistas duraram, em média, setenta minutos cada uma. Foram entrevistas semiestruturadas e intensivas, que versaram sobre o percurso escolar dos jovens. Durante a primeira etapa da pesquisa, a entrevista centrou-se na temática da experiência escolar. A proposta era que os jovens falassem de suas experiências escolares e, no decorrer dos depoimentos, eram introduzidas perguntas sobre o tempo dedicado à escola, o cotidiano escolar, a relação com o mundo adulto escolar, o processo de aprendizagem, a importância da educação escolar, a relação escola-trabalho, a participação da família em suas vivências escolares, as perspectivas de continuidade ou de retomada dos estudos e de realização dos projetos pessoais. Muitos desses temas foram objetos de discussão nas sessões grupais e apareciam nas falas dos sujeitos. Procurava-se potencializar tais temas quando estes emergiam nas entrevistas.

A entrevista com cada jovem permitiu localizar as opiniões, os sentimentos que coincidiam com os expressos no/pelo grupo, bem como as divergências, as opacidades entre o discurso coletivo e o discurso individualizado. Nesse momento, procurei traçar um perfil dos participantes, indo da condição socioeconômica, composição familiar (de origem e a própria), percurso escolar, escolaridade dos membros da família, chegando às questões mais ligadas aos projetos pessoais, às condições e possibilidades de trabalho, expectativas de emprego, uma vez que percebi o quanto esse tema os afetava e interferia na relação dos sujeitos com a escola. Ao falarem de si mesmos, os jovens falavam de seus sonhos, expectativas, afetos e desafetos. Sempre que possível, registrava minhas impressões acerca dos encadeamentos, indecisões e contradições que emergiam nas falas dos jovens. Observava e anotava o modo como transcorria a situação de entrevista, as condições ambientais para realizá-la e o engajamento de cada sujeito em seus relatos.

A observação participante

> [...] A observação objetiva é um mito e toda situação de pesquisa fabrica seu material independente mesmo dos postulados teóricos e das hipóteses do pesquisador. Toda pesquisa já é uma relação social na qual o observado também observa o observador.
> (Dubet, 1994, p.230, tradução nossa)

O trabalho de observação consistiu em participar das atividades de mobilização e de organização realizadas pelos sujeitos, dos eventos em que atuavam como convidados ou como realizadores e de momentos de lazer. Após os primeiros contatos, os jovens me convidaram a visitá-los em suas casas e a conhecê-los em seus cotidianos. Almoçar ou jantar com eles era um atalho para penetrar em seus hábitos diários e estender a observação para a convivência familiar e comunitária. Visitei algumas das escolas onde estudavam, colaborei em algumas atividades, participei de reuniões e encontros formativos. Os três eventos de formação política e de organização que mobilizaram esses jovens foram a Jornada Cidadã, o Fórum Estadual de Defesa dos Direitos da Criança e do Adolescente e a Conferência Lúdica Municipal dos Direitos da Criança e do Adolescente. Das atividades internas desenvolvidas pelo PMMR, os jovens participaram da organização dos Sábados de Lazer, encontros de formação dos adolescentes e algumas oficinas lúdicas. Como os sujeitos pesquisados atuam em outros coletivos, procurei observá-los em alguns deles.

O processo todo ocorreu em um total de oito meses e vinte e dois dias, perfazendo cerca de cento e noventa horas de observação. Durante esse tempo, levava comigo um caderno para registro, bem como o roteiro do que seria observado. Em linhas gerais, o roteiro de observação pautou-se nos seguintes aspectos: 1) a constituição das identidades juvenis; 2) os modos de ser e estar no grupo; 3) o lugar da escola no cotidiano juvenil e 4) o pertencimento a distintas instâncias socializadoras. Para cada ocorrência, registrava também minhas impressões, comentários ou indagações que, no momento oportuno, eram respondidas ou confirmadas pelos jovens, educadores e familiares.

Observar o cotidiano juvenil foi a atividade mais intensa da pesquisa. Algumas entrevistas individuais só foram concedidas depois que "aceitei" conhecê-los em seus espaços mais usuais: os locais de moradia, de trabalho e de lazer. Marcava encontros para a entrevista individual e os jovens não compareciam. Até que depois de uma visita, de almoçar ou jantar com suas famílias, eles diziam: "E aí, não vai fazer a entrevista, não?". Ou então, quando propunha a entrevista, me diziam: "Vamos lá em casa primeiro!".

A situação foi análoga no tocante à escola. Mesmo havendo a possibilidade de fazer visitas às escolas e observar o cotidiano escolar dos jovens, preferi deixar a escola fora do trabalho de observação. Contudo, os jovens demandavam que eu conhecesse suas escolas, que eu tivesse "meu próprio olhar" acerca do espaço ao qual se referiam. Visitei algumas escolas juntamente com esses sujeitos, mas como na maioria das vezes íamos às atividades de finais de semana, não tive a chance de conhecer todas em seu pleno funcionamento.

Em contrapartida, ao realizar a pesquisa no espaço institucional do PMMR, havia o risco de estender o campo de informações e de discussão. Havia, ainda, como de fato ocorreu em um primeiro momento, uma tendência a fazer uma leitura extremamente "política" da instituição escolar, deixando de enfatizar a instituição que se constitui em uma referência socializadora e formativa na vida desses jovens. A decisão de realizar os encontros no PMMR exigiu um trabalho de "desarmamento político" dos jovens nos primeiros encontros até que chegássemos ao momento em que esses sujeitos-atores se manifestassem completamente.

O PMMR tem um papel na relação com esses atores que não pode ser negligenciado nesta pesquisa. Para os jovens que frequentam esta instituição, o PMMR é uma das poucas instâncias socializadoras que lhes possibilita viver plenamente uma relação com o tempo presente. A relação dialógica, o acolhimento, a liberdade de ausentar-se e, ao retornar, serem efetivamente acolhidos com seus problemas, suas angústias, suas novidades, são algumas das características da pedagogia de rua[4] que o PMMR estende aos grupos juvenis. A oportunidade de se organizarem, de descobrirem suas potencialidades, de experimentarem uma relação diferenciada com o tempo e o espaço faz dessa instituição *locus* privilegiado de gestação de novas lideranças juvenis.

O campo da pesquisa

O Projeto Meninos e Meninas de Rua de São Bernardo do Campo (SP)

O PMMR é uma organização não governamental que nasceu em 1983, com dois objetivos. O primeiro era o atendimento aos meninos e meninas de rua[5] em seus direitos básicos. O segundo objetivo era o que caracteriza

---

4 Algumas referências sobre a pedagogia de rua podem ser encontradas em Freire, P. *Paulo Freire e os educadores de rua*. Brasília: Unicef: Funabem, 1986; Gomes da Costa, A. C. *Por uma pedagogia da presença*. Petrópolis: Vozes, 1994; Graciani, M. S. *Pedagogia social de rua*. São Paulo: Cortez, 1999.

5 A construção deste conceito remete-nos ao debate acadêmico iniciado na década de 1980 sobre quem são as crianças e adolescentes considerados meninos e meninas de rua. Esse debate, surgido num contexto de crescente desigualdade e impulsionado pelos movimentos sociais emergentes, visava compreender as condições socioeconômicas que empurravam crianças e adolescentes pobres para as ruas e quais políticas sociais eram destinadas a essa população. A expressão "meninos de rua" surge neste contexto, em que pesquisadores e organizações não governamentais iniciavam uma mudança significativa na forma de representar as crianças e adolescentes que se encontravam nas ruas ou sob a guarda do Estado (institucionalizados). Os até então chamados "menores abandonados" começam a ser encarados como crianças e adolescentes que, a despeito de viverem nas ruas e fazerem dela um espaço de sobrevivência, são sujeitos de direitos. Meninos e meninas de rua ou meninos e meninas trabalhadores de rua são crianças e adolescentes na faixa etária entre 8 e 18 anos que, em sua grande maioria, convivem com suas redes familiares, trabalham por necessidade econômica e possuem vínculos com a escola. O debate acadêmico iniciou-se com a denúncia das condições sociais nas quais se encontravam esses sujeitos, mas adentrou para as especificidades da condição infanto-juvenil pobre: violência, trabalho, prostituição infanto-juvenil e, principalmente, representações sociais da infância, adolescência e juventude pobres. No final dos anos 1980, na busca por melhor compreender esta categoria genérica (meninos e meninas de rua), passou-se a distinguir como *crianças nas ruas* aquelas que estavam ali por uma questão de sobrevivência, mas que mantinham os laços familiares. *Crianças de rua* eram consideradas aquelas que haviam perdido esse elo e viviam nas ruas, sozinhas ou com seus pares. Entretanto, os meninos e meninas de rua ou na rua são comprovadamente apenas a ponta de um processo de destituição da infância e da adolescência a que são submetidos os pobres e miseráveis. Somente uma concepção abrangente de infância e adolescência e uma lei

sua atuação como movimento social, que seria articular-se politicamente com outros atores sociais na defesa dos direitos da criança e do adolescente. Uma das estratégias para que isso se efetivasse foi a luta pela elaboração e aprovação da Lei 8069/90, o Estatuto da Criança e do Adolescente (ECA). O PMMR, ao lado de outras instituições de defesa e de atendimento, buscava uma alteração não somente legal, mas no campo da política, das práticas e ações governamentais e não governamentais de atenção à infância e adolescência. Uma perspectiva centrada no direito que confrontasse as representações correntes.

A trajetória do PMMR combina a luta pela defesa dos direitos infanto-juvenis e a mobilização política. Uma característica que o diferenciou historicamente de outras redes de atendimento à infância e adolescência é a aposta cotidiana e efetiva no protagonismo infanto-juvenil, na participação ativa dos sujeitos em todos os espaços de decisão. Assim, o projeto político dessa entidade tem a característica organizativa dos movimentos populares da região, pois busca atender a população infanto-juvenil – que vive e/ou trabalha nas ruas e na periferia da cidade de São Bernardo do Campo – em suas necessidades básicas e, ao mesmo tempo, fazer a intervenção política. A participação em Fóruns, Conselhos, Redes Nacionais[6] e Internacionais sustenta esta forma de atuação.

---

que lhe correspondesse poderia enfatizar a noção de direito da infância, até então desconhecida pela sociedade brasileira. A aprovação do Estatuto da Criança e do Adolescente (ECA – Lei 8069/91) marca a introdução da igualdade (política) de direitos para os filhos de ricos, pobres e medianos. Na década de 1990, o Unicef (Fundo das Nações Unidas para a Infância) passa a utilizar o termo *crianças em situação de risco* para referir-se a um problema em escala mundial: os processos de exclusão social que provocam a negligência e o abuso das crianças e adolescentes e que afetam seus direitos fundamentais. Os meninos e meninas de rua ou em situação de rua constituem parte dessa categoria mais ampla e, ainda que sua complexidade exija maior aprofundamento teórico, ressaltamos que a apropriação desse termo manifesta a conotação política e o simbolismo que historicamente marcou esse grupo social. Rizzini et al. (2003) sustentam nossa escolha ao afirmar que o "menino de rua" tornou-se a imagem ou símbolo dos milhares de crianças e jovens que vivem em condições de pobreza e marginalidade. Ele é o exemplo mais direto e mais óbvio do descaso social para com as crianças e jovens de nosso país. É este o último para quem se dirigem as políticas sociais. É este o primeiro para quem se dirigem as práticas repressivas. Para uma leitura mais aprofundada, sugerimos Rizzini et al. (2003) e Espínola et al. (1989).

6 Destaca-se a participação do PMMR na criação do Movimento Nacional de Meninos e Meninas de Rua, cujo objetivo principal é potencializar a atuação política das entidades filiadas no âmbito municipal, estadual e nacional e articular os grupos que se fundamentam nessa proposta política.

O objetivo do PMMR é desenvolver formas de atendimento aos meninos e meninas em situação de risco social, em meio aberto, comunitário e participativo, centradas na defesa dos direitos das crianças e adolescentes, denunciando o assistencialismo e a repressão. Tanto na perspectiva do atendimento quanto no trabalho de articulação política, o PMMR destaca a importância da escola como agência socializadora e formativa. No trabalho de intervenção busca-se, pela atuação dos educadores, garantir o retorno, o acesso e a permanência na escola.

No eixo Organização de Meninos, procura-se assegurar o protagonismo das crianças e jovens, sujeitos na relação com a sociedade, pela participação em atividades de formação política, mobilizações e eventos sociais e atividades lúdicas voltadas para o conhecimento das leis de proteção à infância e adolescência. O fato de existir esse eixo de ação leva o PMMR a ser uma instituição na qual os jovens têm uma presença e uma participação bastante efetivas[7]. Por intermédio da Organização de Meninos, garante-se a continuidade da ação pedagógica e política, com a formação de novas lideranças para atuar nos espaços comunitários e políticos.

Até março de 2001, o PMMR se organizava em três áreas: Atendimento, Organização/Formação e Intervenção em Políticas Públicas. Hoje, o PMMR estrutura-se em duas grandes áreas. A primeira, Atendimento, conjuga as seguintes ações: trabalho de rua, espaço de convivência e família. Na segunda, Intervenção Social e Política, estão: organização de núcleos, organização de eventos (Sábado de Lazer, Eureca[8], acampamentos, ativi-

---

7 A questão da maioridade dos jovens constitui-se num problema tanto no que se refere às instituições de atendimento à infância e adolescência quanto às políticas públicas, já que o Estatuto da Criança e do Adolescente (ECA) preconiza a defesa dos direitos da criança, que vai de zero a 12 anos, e do adolescente, que se inicia aos 12 e termina aos 18 anos. Há, portanto, uma descontinuidade política, porque as instituições de atendimento e as de cumprimento de medidas socioeducativas devem, a rigor, deixar de atender esses sujeitos, após completarem 18 anos. Até o final dos anos 1980 não havia, efetivamente, políticas públicas que assegurassem a passagem da adolescência à idade adulta. Na maioria das vezes, os jovens eram, e ainda são, despejados das instituições de atendimento por não caberem no quadro legalmente constituído pelo ECA. Segundo Sposito e Carrano (2003a), é na década de 1990 que emerge, no plano das políticas federais, o tratamento do tema juventude, reconhecendo-se os problemas que afetam uma expressiva parcela da população jovem. Uma discussão sobre a concepção de juventude que sustenta essas políticas é apresentada no segundo capítulo.

8 O Bloco Eureca (Eu Reconheço o Estatuto da Criança e do Adolescente) é um bloco de carnaval fundado pelo PMMR em 1992. Este bloco, composto por crianças atendidas no

dades sociais) e acompanhamento de organismos de efetivação das políticas públicas (CMAS, CMDCA, ENES)[9].

A relação já estabelecida com os educadores do Projeto Meninos e Meninas de Rua facilitou meu contato. Tenho uma carinhosa relação de amizade com os educadores e educadoras, somos parceiros em atividades sociais e políticas. E foi esse contato que me aproximou dos jovens que se organizam em torno das atividades oferecidas pelo PMMR. De fato, conhecia a forma de atuação do PMMR e sua história. Antes mesmo que fosse pautada a questão do protagonismo juvenil, esta instituição gestava metodologias de trabalho e uma proposta pedagógica que considerava as crianças e jovens atores em seus processos educativos. É evidente que os conflitos e as crises são muitos, mas os resultados são visivelmente positivos.

A cidade de São Bernardo do Campo

São Bernardo do Campo é uma das sete cidades que integram o complexo regional do ABC paulista. Santo André, São Caetano do Sul, Diadema, Ribeirão Pires, Rio Grande da Serra e Mauá juntam-se a ela para compor o tecido urbano da Região Metropolitana da Grande São Paulo, com cerca de 20 milhões de habitantes. O destaque dado ao ABC paulista e, no caso específico desta pesquisa, à cidade de São Bernardo do Campo (SBC), deve--se a dois aspectos que particularizam esta região.

Primeiro é a implantação, na década de 1970, e consolidação, nos anos 1980, de um complexo parque industrial. O segundo aspecto, vastamente discutido em pesquisas sociológicas, é a presença de um forte movimento

---

PMMR e de outras entidades da grande São Paulo, tem como objetivos discutir e divulgar de modo lúdico a Lei 8069/90 que garante os direitos das crianças e dos adolescentes. Todo o processo organizativo é feito coletivamente pelas crianças, adolescentes e jovens com o apoio técnico dos educadores sociais, desde a escolha do tema, a composição do enredo, o aprofundamento do tema, a confecção das fantasias e alegorias. É uma manifestação política que tem, a cada ano, ganhado as ruas de São Bernardo do Campo, abrindo o carnaval e mobilizando a comunidade local. Em torno do bloco Eureca, nasceram outras atividades lúdicas, culturais e educativas, como a oficina de percussão e de circo.

9 As siglas correspondem a Conselho Municipal de Assistência Social, Conselho Municipal dos Direitos da Criança e do Adolescente, Encontro Nacional de Educação Social. As duas primeiras são atividades locais, com frequência mensal, e a terceira é uma atividade de caráter nacional e internacional, com frequência bienal. A participação nessas instâncias políticas têm alcance local, regional, estadual e nacional.

operário e sindical que se diferencia do usualmente presente no restante do país. Nos dois aspectos, a região exerceu um papel político e econômico indiscutível já no final do século XIX, e mais fortemente nas décadas de 1970 e 1980.

De fato, o parque industrial do ABC, bem como a rede de serviços que construiu em torno de si, conferiu à região um grande potencial político-econômico. Pelos conflitos originados na dominação político-econômica, a luta operária se constituiu com a mesma vitalidade. A luta operária que potencializou essa região pode ser descrita em três momentos históricos. O primeiro foi a luta operária anarco-sindical que emergiu da própria indústria, em oposição à falta de limites do capital, à exploração da mão de obra e às más condições de trabalho. Este primeiro "ato" da luta operária ocorreu entre 1881 e 1922. O segundo momento sucedeu-se entre as décadas de 1930 e 1950, é o Partido Comunista que encamparia uma luta internacional contra o capitalismo e pela mudança social.

Nos anos 1960 e início dos anos 1970, o Brasil viveu à sombra da ditadura militar. Um período no qual os movimentos sociais e sindicais "saem da arena pública". Todavia, é um período fecundo de gestação das lutas e enfrentamentos sociais e políticos que estariam por ocorrer. No final da década de 1970 e início dos anos 1980, eclodiam o novo sindicalismo e os novos movimentos sociais. A autonomia conquistada pela classe trabalhadora e a politização das relações de trabalho contribuíram para que a região do ABC erigisse como referência na luta nacional e internacional nesse terceiro momento.

Ainda que a preponderância da luta operária no ABC tenha sido do movimento sindical, outras lutas e ações se instituíam também nos pequenos espaços, como associações, escolas, comunidades e igrejas. Os novos movimentos sociais traziam para a agenda política campos de luta até então difusos na luta sindical: questões de raça/etnia, gênero, saúde, meio ambiente, cultura, infância e adolescência, política partidária, dentre outros. São novos atores sociais que "produzem seus territórios, suas temáticas e identidades coletivas: os estudantes, as mulheres, os jovens, os trabalhadores da cultura, os professores, compondo um quadro ímpar" (Almeida et al., 2005, p.8).

Foi na concretude dessas lutas, na emergência dos novos movimentos sociais que os anos 1990 viram surgir uma preocupação regional com os problemas que articulam tanto os atores estatais quanto os da sociedade civil dos sete municípios do ABC. O mais grave problema que demandava uma solução regional era o contraste entre a extrema desigualdade econômica e a riqueza gerada pela indústria regional. Outro fator que contribuiu para buscar uma solução regional para os problemas sociais foi o impacto da reestruturação industrial na queda tanto relativa como absoluta do trabalho metalúrgico no ABC (Rodrigues e Martins, 2005).

No tocante às práticas políticas, com exceção do município de São Caetano do Sul, as administrações locais do ABC contam – há pelo menos duas décadas – com gestões progressistas e de natureza democrática, o que instituiu novos padrões de interação entre o Estado e a sociedade civil, oportunizando a implementação de políticas públicas orientadas para o desenvolvimento social, a efetiva garantia dos direitos e a participação na gestão municipal.

É nesse contexto social, econômico e político que a Região do ABC, desde 1983, investe recursos públicos para a consolidação de uma política de educação básica e superior. A partir de 1987, nasce um conjunto de programas e ações educacionais destinadas especificamente à educação de jovens e adultos. Já na década de 1990, surgiram projetos e propostas de atuação com e para e a juventude. Mas é somente a partir de 1997 que os governos locais de Santo André, São Bernardo do Campo, Diadema, Ribeirão Pires e São Caetano do Sul iniciam o processo de institucionalização das ações públicas para a juventude por meio de instâncias ou órgãos de assessoria e coordenadorias, gestores públicos e destinação de recursos orçamentário-financeiros para a implementação de projetos, programas, atividades e eventos.

Ao examinar atentamente as políticas direcionadas para a juventude, vislumbram-se duas esferas de intervenção pública. Uma que tem os jovens como sujeitos e atores sociais na esfera pública, considerando por isso a necessidade de desenvolver ações com eles e outra que enfatiza o jovem como problema social ou vítima. Ao focalizar as políticas de educação de jovens e adultos sob uma perspectiva etária – jovens entre 15 e 24 anos –, Almeida et al. (2005) observam a quase inexistência de ações parametrizadas por referências etárias. Somente o município de Santo André apresentava esses dados segmentados, o que permite inferir a existência de um percentual significativo de jovens que frequentam as ações de educação de jovens e adultos.

Para a pesquisa *Juventude, escolarização e poder local*, Almeida et al. (2005) produziram um conjunto de dados que focalizam as políticas educacionais destinadas a jovens e adultos e as políticas de juventude desenvolvidas pelos governos municipais do ABC. Ainda que suas análises não enfatizem especificamente o município de São Bernardo do Campo, consideramos que as hipóteses levantadas a propósito das relações entre essas duas modalidades de intervenção, que têm os jovens como elementos centrais, permitem situar a realidade dos jovens investigados neste trabalho.

Já no plano teórico, pode-se afirmar que no universo multifacetado da juventude, os jovens são iguais, contudo diferentes. Cada sujeito, condicionado pelas experiências, pelo pertencimento social, institui um modo de viver essa fase da vida. A esses modos diversos como a condição juvenil é vivida, Abramo (2005), dentre outros autores, chamará *situação juvenil*. De uma perspectiva cultural, discorrer-se-á sobre os aspectos que marcam a complexa juventude: a cotidianidade, a dimensão simbólica, as formas específicas de relacionar-se com seu entorno e os modos de expressão juvenis.

Os jovens, sujeitos e autores de sua própria condição, não são os mesmos em todos os lugares. Aquilo que os assemelha é, no reverso, o que os particulariza quando tomados em condições materiais, culturais e geográficas tão díspares quanto as que se apresentam no Brasil. Os sujeitos de nossa pesquisa compõem a juventude, mas não são todos os jovens. São um grupo que se diferencia por sua localização geográfica, cultural e econômica. Encontrá-los nos lugares onde produzem a si mesmos, onde constroem os significados e sentidos para sua existência ou mesmo onde são produzidos é o que faremos a seguir.

2
A INVENÇÃO DA JUVENTUDE

O que é a juventude? Uma condição biológica? Parte do ciclo vital? Fase da vida humana? Ou um modo de ser do humano? Quando começa e quando termina a juventude? A resposta mais imediata seria dizer que a juventude é uma progressão no ciclo da vida humana. Um período da vida caracterizado por intensas mudanças físicas e psíquicas. Um momento de efervescência, de ebulição. Mas as controvérsias se instalam mesmo quando se trata de definir a idade correspondente a essa fase da vida. Há autores que incluem o período da adolescência, há outros que apresentam a adolescência e juventude como momentos distintos do ciclo vital. A adolescência seria o período da puberdade, da maturação fisiológica, e a juventude seria o período mais fortemente relacionado à maturação da personalidade. Embora admitindo que essa fase da vida conjugue uma condição natural (puberdade fisiológica) a uma condição cultural (o reconhecimento do status adulto), o tema da universalidade construiu-se em torno de consensos e dissensos nas teorias formuladas por historiadores, psicólogos, antropólogos e sociólogos.

Bourdieu (2002) já afirmava que só mesmo um eficiente trabalho de abstração pode categorizar a efemeridade desse momento do ciclo vital. Em decorrência disso, qualquer esforço por conceituar a juventude deve iniciar-se pelo reconhecimento de que a categoria etária não é suficiente para apreendê-la. A juventude apresenta-se como um fenômeno da modernidade. Talvez mais que isso, um fenômeno das culturas ocidentalizadas, das sociedades estatais e industrializadas. Mas, e os jovens das sociedades segmentárias? E as culturas tradicionais, primitivas? Em que momento, em quais sociedades surgem as representações culturais sobre a juventude?

Para compreender as formas como as sociedades organizam a passagem da infância à vida adulta, Feixa (2004) realiza um rastreamento da etnologia e da história, apresentando em sociedades diversas a também diversa forma de encarar, no espaço e no tempo, essa fase da vida. Para ele, um retrospecto etno-histórico, passando por diversas sociedades e períodos, permite vislumbrar o fenômeno da juventude em sua complexidade e, por conseguinte, analisar a condição juvenil de nossos dias.

Baseado em investigações antropológicas e etnológicas, Feixa apresenta cinco tipos de sociedades e seus correspondentes modelos de juventude: "[...] 'os púberes' das sociedades primitivas; os 'efebos' das sociedades estatais antigas; os 'garotos' das sociedades camponesas; os 'rapazes' das sociedades industriais avançadas e os 'jovens' das sociedades pós-industriais" (Feixa, 2004, p.261). Ao estudar as sociedades primitivas (segmentárias ou sem Estado), classifica-as em catadoras-recoletoras, horticultoras, de pastoreio, agricultoras e indígenas. Nestas sociedades, destaca-se a pluralidade de modelos no ciclo vital, que vai desde as pausadas transições até classificações etárias rígidas que impossibilitam afirmar um modelo único de duração ou mesmo a existência da juventude como fase da vida.

As diferentes formas de organização da passagem da infância à idade adulta estariam associadas a uma multiplicidade de fatores, dentre os quais as formas de subsistência e as instituições políticas. Em relação à forma de subsistência, Feixa observa, por exemplo, que a invenção da agricultura tornou relevante a atividade econômica dos jovens nas sociedades horticultoras e a agricultura intensiva de caráter sedentário influenciou a determinação do período juvenil. De todo modo, o traço unificador da condição juvenil em tais sociedades é o reconhecimento da puberdade e o valor a ela outorgado como fase de maturação biológica e de formação dos agentes produtivos. Como estes dois processos são fundamentais para a reprodução material e social do grupo, os rituais de iniciação demarcam a entrada dos indivíduos no mundo dos adultos.

Ao tratar da juventude nas sociedades estatais, Feixa (2004) percorre da Antiguidade Clássica (Grécia e Roma Antiga) ao México pré-hispânico. Seu intuito é evidenciar como a emergência do poder estatal, os processos de divisão do trabalho, a urbanização e a hierarquização social fazem aparecer, a um só tempo, uma série de imagens culturais e valores simbólicos associados a um grupo de idade que não goza plenamente de seus direitos sociais. Na Europa do antigo regime e nas sociedades camponesas contemporâneas, a juventude se apresenta como uma etapa de semidependência. Ao mesmo tempo em que se inserem precocemente na cadeia produtiva, os jovens continuam subordinados à família. Na Europa medieval e moderna, a precocidade da inserção na vida adulta torna difícil identificar uma fase do ciclo vital que corresponda à juventude. Ariès (1973, apud Feixa, 2004) destaca um sistema de educação tradicional baseado no trabalho precoce e a não segregação das crianças e jovens dos espaços adultos. A necessidade de distinção e de uma passagem entre o mundo da infância e o mundo adulto era desconhecida pela civilização medieval.

É sobretudo na sociedade industrial, no largo processo de transição do feudalismo para o capitalismo e na sociedade pós-industrial, que se observa, historicamente, a emergência de um grupo social nomeado juventude. Ariès (1973, apud Feixa, 2004) relata que, a partir do século XVIII, a família passa a desenvolver um papel importante na educação dos filhos, assumindo cada vez mais a responsabilidade por sua aprendizagem, aumentando consequentemente a dependência econômica e moral destes em relação aos pais. Mais tarde, a escola torna-se outra instituição-chave na tarefa de instituir a infância e a juventude, inclusive com a diferenciação das idades. Esta separação das idades começa pela burguesia, estende-se progressivamente a todas as classes sociais e irá consumar-se com a difusão dos colégios secundários no final do século XIX.

Musgrove (1964, p.33 apud Feixa, 2004) afirma que "[...] o jovem foi inventado ao mesmo tempo que a máquina a vapor. O principal inventor da máquina a vapor foi Watt, em 1765, e do jovem foi Rousseau, em 1762". A juventude é uma invenção moderna sucedida no progresso da civilização industrial que, em razão da complexidade econômica e política, tende a discriminar grupos sociais que competem entre si, marcando simbolicamente sua preeminência atual ou futura. Todavia, é somente no século XX, na sociedade pós-industrial, que a juventude aparece como um grupo social consistente e difundido entre as classes sociais.

Continuando o mapeamento conceitual, encontramos no campo da psicologia evolutiva e da psicanálise dois teóricos que defendem a tese da universalidade dessa fase da vida: o psicólogo estadunidense G. Stanley Hall e o psicanalista Erik Erikson. A obra *Adolescence: its Psychology and its Relations to Physiology, Anthropology, Sociology, Sex, Crime, Religion and*

Education, publicada em 1904, por Stanley Hall (1904, apud Feixa, 2004) é considerada o primeiro tratado teórico sobre a juventude contemporânea, na qual apresenta uma imagem da adolescência como o período da vida livre de responsabilidades, um devir.

Essa teoria foi amplamente difundida entre pedagogos, pais, políticos e psicólogos, sustentando-se ainda hoje. Hall afirmava, inclusive, a universalidade das crises e conflitos que, por serem uma determinação biológica da espécie humana, caracterizariam esse período. Inspirado no conceito darwiniano de evolução biológica, Hall referia-se à adolescência – que se estenderia dos 12-13 aos 22-25 anos – como uma etapa pré-histórica, uma fase de amadurecimento biológico e um estado turbulento de transição, na qual a oscilação e as tendências contraditórias são a marca registrada.

Já Erikson publica, em 1968, uma série de Ensaios – escritos duas décadas antes, sob o título *Juventude: identidade e crise*. Sua preocupação central era discutir nesses ensaios a conceitualização de identidade e a consequente crise de identidade que ocorre em um determinado estágio do desenvolvimento individual: entre a adolescência e o começo da idade adulta.

Segundo Erikson (1972), a passagem da infância para a idade adulta requer – nos diferentes indivíduos e sociedades – grandes variações na duração, intensidade e ritualização da adolescência. Esse período sancionado é institucionalizado por cada sociedade e cada cultura com o intuito de garantir aos seus jovens um tempo para a integração dos elementos da identidade e, ao mesmo tempo, um compasso de espera na assunção dos compromissos de adultos. Denomina-se *moratória* o período de espera que a própria sociedade concede ao adolescente para que este consiga integrar os elementos da identidade que antes eram atribuídos à infância. Em realidade, não se trata apenas de uma espera, mas de uma "[...] tolerância seletiva por parte da sociedade e uma atividade lúdica por parte do jovem" (Erikson, 1972, p.156).

A interpretação da realidade juvenil realizada por Erikson opunha-se radicalmente ao pensamento de Hall. Enquanto o segundo colocava a adolescência como paradigma do progresso industrial, a juventude como idade da moda, postulando uma juvenilização da sociedade; o primeiro atestava a emergência dos movimentos juvenis em 1968, a crise econômica, o novo capitalismo mundial e a revolução tecnológica como exemplos de acontecimentos e transformações sociais que denunciavam essa suposta unidade de representação e atitudes, postulada por Hall. A década de 1970, salientava Erikson, propunha outra resposta à tese da universalidade da juventude.

A crise à qual se referia Erikson foi traduzida pela antropóloga Margaret Mead (1997) como uma crise na função de transmissão intergeracional. Influenciada pelas características dos movimentos juvenis das décadas de 1960-1970, Mead analisara o fenômeno da transmissão cultural, admitindo os distintos graus de complexidade e as diferenças essenciais entre as culturas primitivas, históricas e as contemporâneas posteriores à Segunda Guerra Mundial. Para a antropóloga, estaríamos trilhando um caminho rumo a uma universalização do conceito de juventude, fato que atestava por meio de seus estudos etnológicos junto aos adolescentes samoanos, na década de 1920. O aparecimento de uma comunidade mundial e as mudanças que se registraram simultaneamente dentro do ciclo vital de uma geração foram de tal forma intensas que reposicionaram as gerações.

> Neste ponto de ruptura entre dois grupos radicalmente distintos e intimamente vinculados, é inevitável que ambos estejam muito sós, enquanto nos olhamos uns aos outros seguros de que eles nunca experimentaram o que nós estamos experimentando e que nós nunca poderemos experimentar o que eles experimentam. (Mead, 1997, p.109, tradução nossa)

Mead procura explicar as mudanças no processo de transmissão cultural e a ruptura definitiva entre as gerações, distinguindo "[...] três diferentes tipos de cultura – pós-figurativa, na qual os jovens aprendem primordialmente com os mais velhos; cofigurativa, na qual tanto os jovens quantos os adultos aprendem com seus pares; e a pré-figurativa, na qual os adultos também aprendem com os jovens [...]" (ibidem, p.90, tradução nossa).

Enquanto nas culturas pós-figurativas as mudanças são lentas e imperceptíveis, nas sociedades cofigurativas (modernas) aceitam-se tacitamente as descontinuidades geracionais, pois se presume que as novas gerações conhecerão, a seu turno, um mundo tecnologicamente distinto da anterior. Todavia, Mead afirmava a emergência de uma cultura com a qual não tínhamos nenhuma familiaridade, pois os mecanismos de mudança e transmissão cultural diferem fundamentalmente daqueles conhecidos pelo homem moderno. Nas sociedades pré-figurativas, os jovens são os que sabem e ensinam. Segundo Mead, os jovens vivem em um mundo que a maioria dos adultos nunca conhecera e poucos sabiam que iria suceder-se. A divisão entre as gerações trouxe consigo uma ruptura sem precedentes com o passado e completa ausência de futuro. Não se trata somente de uma ruptura entre dois grupos radicalmente distintos, mas de uma sensação de distância, um sentimento "[...] de que falta uma conexão viva com os membros da outra geração. [...] Os adultos formam uma geração estranhamente isolada. [...] Deste ponto de vista precisamos reconhecer que não temos descendentes, do mesmo modo que nossos filhos não têm antepassados" (ibidem, p.108-109, tradução nossa).

É partindo dessa perplexidade que Margaret Mead convida ao exame de nosso conhecimento atual sobre a condição juvenil. Uma perplexidade salutar como o foi para a antropóloga, que ao retornar vinte e nove anos depois a uma aldeia da Nova Guiné, deparou-se com a mudança. E não era uma mudança nos costumes, nos rituais. É que, quando ela e sua equipe chegaram à aldeia, os nativos não pediram medicamentos e outras mercadorias que portavam os estrangeiros, como habitualmente faziam. Em 1967, a pergunta foi: "Tens um gravador?" "Sim, temos. Por quê?" "É que temos ouvido pelo rádio as músicas de outros povos e queremos que eles também ouçam as nossas".

Esse diálogo – às vésperas da década de 1970 – prenunciava o desenvolvimento de um novo tipo de cultura, que implicava um rompimento com os estilos anteriores (pós-figurativo e cofigurativo). Nesse novo estilo, não era o pai ou o avô que representaria o futuro, mas o filho. Uma metáfora bastante singular para denotar que todos os povos da Terra, por diferentes caminhos do passado, desembocariam em uma nova comunidade mundial. Mead compreendeu naquele instantâneo diálogo que os habitantes de Tambunam compartilhavam do nosso mundo. Ao pedir o gravador, eles não recusavam ou negavam sua cultura oral. Ao contrário, eles sabiam que o gravador era, simbolicamente, a chance de manifestarem sua existência para o mundo. Eles sabiam ainda que a tecnologia do gravador não era somente instrumental, era um novo modo de aprender, ouvir e criar sua musicalidade. O gravador permitia a cotemporalidade: podiam escutar-se uns aos outros, escutar a si mesmos, escutar os ruídos, as interferências externas. Significava, sim, uma alteração em sua experiência cultural, mas não era o fim.

Para a antropóloga, os jovens de qualquer sociedade ou cultura são os únicos nascidos para esta época. São os que podem melhor compreender e decifrar o mundo em que vivemos. Sendo os mais afetados pela aceleração das mudanças sociais e pelas inovações tecnológicas, os jovens que nascem neste novo mundo são os que estão mais profundamente comprometidos com o futuro e é com eles que precisamos desenvolver um novo tipo de comunicação, um diálogo contínuo no curso do qual tenham liberdade de atuar segundo suas iniciativas e por meio destas conduzir os mais velhos rumo ao desconhecido. Sem a participação direta dos jovens é impossível construir o futuro, pois somente a juventude pode acessar um tipo de conhecimento que permite traçar planos significativos: o conhecimento experimental. Um conhecimento que se constrói no presente, na circularidade dos processos sociais, nas mutações, na instabilidade, na incerteza.

Mead (1997) assevera que a urgência, hoje, não é de explicar a natureza, a gênese e a função da adolescência e da juventude. O problema urgente é delinear a natureza da mudança, seus ritmos e dimensões, para melhor distinguir o que se sucedeu no passado e o que se registra na atualidade. O desafio é, portanto, apreender o que se transforma na sociedade contemporânea e como a juventude se situa diante dos novos ordenamentos socioculturais.

Melucci (2001a) informa que os jovens – em seus modos de ser e estar no mundo – produzem uma condição existencial singular: a condição juvenil. Mais que qualquer outro grupo social, eles experimentam e testemunham a mudança, a ruptura intergeracional sem precedentes que leva à reorganização dos modelos de socialização e à reestruturação espaço-temporal.

Para o sociólogo, a importância da juventude nesse cenário é que – como salientara Mead (1997) – os jovens são os únicos nascidos para este mundo novo. São os que experimentam e exprimem uma transformação que não pode ser aprendida nem interpretada tendo por base o referencial construído na modernidade. Para o sociólogo, não se trata de saber se estamos na modernidade ou na pós-modernidade, mas de compreender as mudanças em nossas bases naturais e sociais.

Sua hipótese é de que experimentamos uma substancial descontinuidade com o passado, que pode ser verificada em três vertentes. A globalização, a interdependência do sistema mundo é apontada pelo sociólogo como a primeira. Uma globalização que não se restringe ao espaço físico ou geográfico, mas afeta também o espaço mental e relacional. O segundo é a hiperssocialização do sistema-mundo, em que o social depende cada vez mais das relações, decisões, formas de organização e poder que ele mesmo produz. O dualismo ação-conhecimento que consistia no fundamento epistemológico moderno é substituído por um sistema em que o conhecimento entra de modo permanente no circuito da ação e vem a ser uma forma de ação. A ação da sociedade sobre si mesma move-se até os mecanismos de constituição dos atores individuais, resultando – em uma terceira vertente – em processos de individualização das formas sociais.

Continuando sua análise, Melucci (2001a) salienta que, por suas condições culturais e biológicas, os jovens constituem o grupo mais diretamente exposto aos atributos antes associados exclusivamente à fase da adolescência (incerteza, mobilidade, transitoriedade, abertura para mudança). E é ainda o grupo capaz de dar visibilidade social aos conflitos e aos dilemas com os quais a humanidade se confronta. Ao agregar à condição biológica uma definição cultural, nossa sociedade estendeu a adolescência para além dos limites etários, ampliando a duração da juventude, associando "a suspensão de um compromisso estável, com um tipo de aproximação nômade em relação ao tempo, espaço e cultura" (Melucci, 1997, p.9).

Quando insiste na centralidade da condição juvenil, Melucci apresenta e reitera alguns temas que estão no cerne das relações entre juventude e sociedade contemporânea. Traz a questão de uma temporalidade intrínseca ao "ser jovem", dos processos de constituição identitária juvenil e da emergência dos jovens como atores coletivos.

A juventude como um tempo social

> Nos tempos que correm, os jovens vivem uma condição social em que as setas do tempo linear *se cruzam com o enroscamento do* tempo cíclico. *Temporalidades ziguezagueantes e velozes, próprias de uma sociedade* dromo...crática, na qual os tem*pos* fortes *se cruzam com os* fracos *e, em ambos, se vivem os chamados contratempos. São muitos destes* contratempos *que caracterizam a condição juvenil contemporânea.* (Pais, 2005, p.9, grifos do autor)

Há duas razões para postularmos que a juventude é um tempo eminentemente social. Primeiro, porque é nessa fase da vida que o jovem experimenta o tempo como uma dimensão contraditória e significativa na construção da identidade individual. A dinâmica social na qual se inscrevem os diversos grupos juvenis dificulta qualquer tentativa de segmentação, pois os jovens são produto de seu tempo. A juventude é uma experiência temporal caracterizada pela limitação, é "[...] uma particular afiliação à geografia temporal, como uma nacionalidade estranha em termos de duração, que convive com outras nações temporais sob a mesma jurisdição, a mesma soberania: o presente" (Margulis e Urresti, 2002, p.11, tradução nossa).

Segundo, porque, como veremos, o tempo – este elemento medidor e mediador das relações sociais – confunde-se com a própria condição juvenil. Melucci (1997, 2001a) sinaliza que as novas condições temporais são um elemento chave para compreender as relações entre a condição juvenil e a cultura pós-industrial. Esse tempo de indeterminação vivido pelo jovem não é tão somente um tempo de expectativas e de projeção, mas é a realidade concreta de um presente estendido ou de um futuro presentificado.

Melucci (2001a) informa que a experiência da idade sempre esteve relacionada com o tempo, mas é a partir da adolescência que ela ganha uma conotação emocional. É no tempo que os jovens ordenam suas escolhas e comportamentos, resultando daí um conjunto de referências para suas ações. É no tempo de vida juvenil que as perguntas sobre quem se é e quem se quer ser dão sentido à ideia de passado-presente-futuro e demarcam os limites entre infância, juventude e idade adulta. Mas é, sem dúvida, no seio da sociedade que isso se conforma.

Nossa sociedade organiza-se em uma dimensão espaço-temporal. O tempo da moderna sociedade era um tempo linear, caracterizado pela singularidade e pela continuidade dos acontecimentos. Leccardi (2005) pondera que a perspectiva de um horizonte temporal estendido – um futuro separado do passado e do presente – orientava a ação individual e coletiva. A juventude, então considerada um período de preparação para a vida adulta, era uma etapa de vida na qual vivia-se o presente projetando o futuro. A autora usa a expressão *diferimento das recompensas* para explicar que todo o processo de socialização moderno tinha em sua base a perspectiva do futuro como espaço para a construção de um projeto de vida. Era a presença de um futuro que permitia ao jovem desenvolver uma grande capacidade de autocontrole, de programar-se e projetar o que faria em um tempo vindouro.

Na pós-modernidade, afirma Harvey (2006, p.257), a volatilidade e a efemeridade do tempo impede qualquer planejamento de longo prazo e a

"[...] compressão do espaço e do tempo tem tido um impacto desorientado e disruptivo sobre as práticas político-econômicas, sobre o equilíbrio do poder de classe, bem como sobre a vida social e cultural". Enquanto a sociedade moderna experimentava a dimensão de um futuro aberto, de um tempo apreendido em projetos individuais e coletivos, o futuro da sociedade contemporânea é indeterminado, governado pelo risco. Um cenário de imprevisibilidades, no qual o presente referencia os horizontes temporais.

Como receptora e perceptora da cultura de hoje, a juventude é o grupo diretamente exposto a esses processos de diferenciação, multiplicação e desnaturalização do tempo. Os jovens, duplamente situados no tempo, percebem que o tempo de ser jovem não constitui uma superação da infância, nem termina com a passagem para a idade adulta, mas recai sobre a infinitude do presente e um futuro inexistente. A incerteza e a escolha são o destino inevitável da vida social e individual na sociedade contemporânea. A juventude deixa de ser uma condição meramente biológica para tornar-se uma condição social, quando os jovens desafiam as pautas simbólicas dominantes de organização temporal e as convertem em matriz de sua experiência cultural e identitária:

> Os indivíduos não são jovens porque (ou somente porque) têm uma certa idade, senão porque seguem certos estilos de consumo ou certos códigos de comportamento e vestimenta. Agora, a adolescência se prolonga muito mais além de suas fronteiras biológicas, e as obrigações para com a vida adulta se põem para até depois dos 25 e inclui os 30 anos. (Melucci, 2001a, p.138, tradução nossa)

Ao evaporarem as fronteiras entre a infância e o mundo adulto, a juventude torna-se um tempo sem precedentes. Essas condições de abertura e transformação entre juventude e idade adulta não mais sinalizam a existência de trânsito entre elas. Os jovens se veem imersos em uma situação paradoxal pois, ao mesmo tempo em que se prolonga a condição juvenil, a carência de signos de transição impede a entrada no mundo adulto. De uma condição provisória que tenderia a desaparecer no decurso do tempo, "[...] os jovens são socialmente solicitados e desafiados a construir formas positivas de relação entre seu tempo de vida e o tempo social" (Leccardi, 2005, p.47-8). De uma sequência linear, previsível e sucessiva, o tempo finito da fase juvenil é agora, na sociedade contemporânea, um tempo infinitamente presente.

Attias-Dontuf (1996) pondera que, na condição juvenil contemporânea, os aspectos que inviabilizariam uma análise unívoca da superposição entre a geração e as faixas etárias convertem-se em dimensões fundamentais para a leitura da realidade juvenil. A juventude não se limita a um período da vida porque os jovens de hoje são confrontados à decomposição de um modelo de ciclo da vida ternário, centrado no trabalho. A incerteza, a instabilidade do trabalho reflexiona na própria fase da vida. Os jovens experimentam uma situação historicamente nova, de uma sociedade multigeracional. As situações de dependência familiar, amplificadas pelos problemas econômicos, obrigam a coexistência dos jovens em relação direta com as duas gerações que o antecederam. Entre o futuro incerto e desconhecido da ausência de trabalho e o passado das relações intergeracionais, existe uma fratura na qual os jovens inventam, originalmente, o presente, e pretendem criar as conexões entre o passado e o futuro.

Concomitante aos processos sociais pelos quais a juventude assume um caráter temporal próprio, também as representações sociais acerca da juventude têm contornos mais amplos. Até o final do século XIX e início do século XX, a juventude era uma prerrogativa dos jovens pertencentes aos setores médios e altos da sociedade, porque essa fase da vida era identificada pela construção de trajetórias biográficas bem lineares e reconhecíveis, que se iniciava com a preparação para o trabalho por meio da formação escolar, o exercício de uma atividade profissional remunerada, a constituição da família até a aposentadoria. Os jovens das camadas populares eram excluídos desse contexto de transição, pois a entrada no mundo do trabalho dava-se muito precocemente, as chances de concluir a educação básica e superior eram mínimas e, em muitos casos a constituição da família era uma realidade já na adolescência.

Entretanto, na medida em que a juventude perde a característica de transição, estende-se e consolida-se em uma condição social, esse período de permissividade que se situa entre a maturidade biológica e a maturidade social, esse modo particular de estar no mundo – a moratória social a que se referia Erikson (1972) – deixa de ser exclusividade dos jovens dos setores médios e altos da sociedade, alcançando todos os segmentos juvenis.

Ainda que em situações socioeconômicas e culturais bastante distintas e mesmo que sejam reduzidas suas possibilidades e expectativas de vida, esses indivíduos são jovens porque, factualmente, encontram-se envoltos pelos mesmos enredamentos sociais. *Nômades do presente*, assinalava Melucci (2001b), ou *nativos do presente*, como dizia Mead (1997), são jovens os indivíduos que compartilham o tempo como um campo de experiências reversíveis e multidirecionais. São jovens porque – concentrados no presente – expressam esta passagem de tempos regulares a tempos alterados. Os nascidos nessa nova ordem mundial capitalista testemunham, explicam e são explicados por seus conflitos com o intemporal, o permanente e o absoluto.

Herdeiros de um tempo imaterial e intangível, nem todos os jovens que vivem a moratória possuem os recursos sociais e culturais para exprimir-se. Aqueles que possuem os meios para exercer controle sobre a incerteza conseguem diferenciar-se utilizando de modo favorável a velocidade e a mobilidade temporal. No entanto, os jovens com poucos recursos sofrem por viver um tempo livre não legitimado e que não se confunde com o tempo da moratória social, pois é um tempo de impotência, uma circunstância desafortunada, que lhes empurra para a marginalidade, a delinquência e a desesperança. Para a maior parte dos jovens, a aceleração do tempo é mais um mecanismo de exclusão social. Seu tempo livre é vivido como o tempo da falta de trabalho, da impossibilidade de alargar o período de formação ou mesmo da descrença nas credenciais escolares como perspectiva de ascensão social (Margulis e Urresti, 2002).

Imersos nas tramas de um tempo social que lhes faculta e, paradoxalmente, lhes nega a própria juventude, os jovens desafiam a dimensão dominante do tempo e definem, por suas capacidades performativas, estratégias de sociabilidade e de constituição da identidade individual. Os jovens definem-se por seus múltiplos pertencimentos, pela participação em diferentes contextos, grupos e dimensões da vida social. Exprimem um desejo de experimentar o presente, sem postergar seus ideais a um futuro perfeito e o fazem com uma capacidade espantosa de aceitar a fragmentação e a incerteza do ambiente como um dado a ser transformado. Depositam suas esperanças no presente e é sobre ele que incidem suas ações, ainda que em pequena escala e em um contexto social delimitado. Não obstante a centralidade do presente, os jovens que podem, afirma Leccardi (2005), reestruturam sua relação com o tempo biográfico e o tempo social e se empenham em atingir objetivos mais gerais no tocante ao futuro.

Em resposta ao tempo que lhes é oferecido, os jovens tendem a fazer projetos de curto ou curtíssimo prazo, facilmente maleáveis e que incidem sob arcos temporais mínimos. Para Leccardi (2005), esse modo *sui generis* de reagir à aceleração do tempo parece mais uma reação à inquietação que lhes evoca a ideia de futuro. Em outros casos, são mesmo marcados pela concretude e pelo desejo de concluir atividades já iniciadas. Ainda que essa nova condição temporal seja vivida por toda a juventude, para os jovens das camadas populares a tipologia dos projetos curtos talvez seja a única referência possível, uma vez que foram antecipadamente impossibilitados de construir as condições adequadas mediante o quadro de indeterminação do futuro.

A juventude é um tempo social porque, se o presente está na centralidade da vida social contemporânea, os jovens são quem melhor correspondem a esse tempo. Os jovens se inscrevem no presente e o vivem não como desvalorização, como mutilação, mas como a forma mesma de seu próprio tempo. Sua empatia pelos aparatos tecnológicos, realidades virtuais, ciberespaço não é mera habilidade ou interesse difuso. As novas tecnologias digitais são uma forma de interação, conexão e desconexão em um mundo sem fronteiras, sem conexões espaço-temporais. Martín-Barbero (2002) chama de *cumplicidade expressiva* a capacidade de viverem seu cotidiano em relação direta com as tecnologias audiovisuais e informáticas, de estarem sintonizados com essa nova temporalidade, apropriando-se da fragmentação e da velocidade para expressar suas identidades.

A constituição das identidades juvenis

A ausência de um percurso previsível para a idade adulta exige do jovem uma atitude temporal tão aberta quanto a amplitude que o horizonte temporal adquire para cada indivíduo na atualidade. E isso muda radicalmente o modo de o jovem organizar sua biografia. Se, na modernidade, a juventude permitia pensar a superposição entre identidade individual e identidade social na constituição de projetos pessoais; hoje cada um deve organizar autonomamente sua biografia e definir continuamente sua identidade.

As instituições sociais que tinham um papel preponderante na construção de sentido para as trajetórias biográficas juvenis perdem esse caráter e ocupam-se apenas de cadenciar os tempos do cotidiano. Ocorre com isso, afirma Leccardi (2005), uma separação entre trajetórias de vida, papéis sociais e vínculos com o universo institucional que conferiam uma forma estável à identidade. Impossibilitados de ancorar suas experiências no mundo das instituições sociais e políticas, a escolha e a definição dos limites depende do próprio jovem, de sua capacidade individual de construir e reconstruir continuamente os sentidos de sua experiência.

Mediante a fluidez das estruturas sociais, os jovens experimentam movimentos oscilatórios e reversíveis, verdadeiros vaivéns: entram e saem do mercado de trabalho, saem da casa dos pais e retornam, abandonam e retomam os estudos, casam-se mesmo ante as dificuldades materiais e a inconstância afetiva. Pais (2005) utiliza a metáfora do ioiô para expressar esse modo de os jovens cadenciarem suas existências ao se depararem com um futuro indefinido. Em um cenário de imprevisibilidades, preferem as escolhas arriscadas, as rupturas e os desvios, ou seja, abrir-se às oportunidades que o instante lhes oferece.

Cultural e biologicamente instalados no tempo, enraizados no presente, os jovens forjam suas identidades fazendo frente às metamorfoses e flutuações. Inventam ritmos de entrada e saída que lhes assegurem comunicar-se com o mundo exterior, mantendo uma unidade interna. A metamorfose é a resposta mais adequada à exigência de continuidade temporal. Alterar a forma, redefinir-se reiteradas vezes no presente, anular decisões anteriormente tomadas são alguns modos de garantir a unidade e a continuidade da experiência individual e afirmar a alteridade.

> Para dizer em outros termos, a juventude é um espaço de irreversibilidade menor que a adultez porque é menor a série de jogadas realizadas e maior a que ainda há por fazer, porque as possibilidades abertas são mais amplas, o que implica uma maneira diferente de estar no mundo, com percepções e apropriações distintas, com leques de opções mais amplos, e com uma freqüente sensação de invulnerabilidade que deriva desta falta de sinais prévios, de onde emana essa característica imagem de disponibilidade. (Margulis e Urresti, 2002, p.10-11)

"De forma generalizada, a pessoa se converte no árbitro e regulador dessas oscilações, pois é a única capaz de marcar o ritmo e a cadência" (Melucci,

2001b, p.129, tradução nossa). E isso exige dos seres humanos uma nova sabedoria. Uma sabedoria que os jovens manifestam na busca de novas relações entre o processo e a criação pessoal em face da incerteza. Em sua relação com o tempo, sugere Leccardi (2005), os jovens não absolutizam o presente, nem se restringem a viver o aqui e agora. As expectativas no futuro, ainda que indeterminado e incerto, são projetadas e os jovens vivem essa incerteza quanto ao futuro como disponibilidade diante do acidental, do acaso.

Talvez por isso a metáfora do palimpsesto sugerida por Martín-Barbero (2005) seja também adequada para aproximarmo-nos da compreensão desses constructos identitários que desafiam nossa racionalidade. As identidades juvenis assemelham-se a esses textos nos quais um passado quase esquecido emerge nas entrelinhas do presente. As trajetórias biográficas juvenis, estes palimpsestos, se inscrevem em linhas temporais e espaciais bastante difusas, atravessam nossas conhecidas demarcações culturais, territoriais e históricas.

O passado e o futuro aparecem na memória juvenil como episódios, cada qual com seu próprio sistema temporal de referência. Contrapondo-se às referências identitárias baseadas na cultura letrada, na língua e no território, os jovens estruturam suas referências por intermédio de comunidades hermenêuticas. Configuram identidades temporais menos largas, mais precárias, contudo mais flexíveis, com uma elasticidade que lhes possibilita amalgamar ingredientes originados dos mais diversos contextos culturais, constituindo assim "[...]uma identidade marcada menos pela continuidade que por uma amálgama na qual inclusive a articulação dos tempos largos são produzidas pelos tempos curtos, são estes que vertebram internamente o palimpsesto tanto das sensibilidades como dos relatos em que se narra a identidade" (Martín-Barbero, 2002, p.34-35).

A constituição da identidade no mundo contemporâneo não se dá pela via do desejo, mas da falta. O sentimento de falta, incompletude, incerteza e indeterminação é constitutivo da vida cotidiana e é marcado ainda por um paradoxo: o fato de que é impossível não escolher. Escolher é liberdade e necessidade. Deve-se decidir o que fazer mesmo que não o saiba, deve-se decidir para onde caminhar ainda que não se tenha destino certo. Deve-se renunciar a partes de si que não correspondem ao percurso escolhido, deve-se abandonar partes da experiência que não se encaixam no hoje. A escolha é o destino e a perda é uma condição permanente.

A multiplicação dos espaços, tempos e cursos para a ação fez da perda uma condição permanente na experiência individual contemporânea. Perde-se não porque há um horizonte no qual a perda é uma das possibilidades, mas porque no curso da experiência social, o indivíduo deve sacrificar aquelas partes do *eu* que não se encaixam no *aqui* e no *agora* e deve renunciar àquilo que não se traduz em uma ação. Perde-se porque o indivíduo, instado a construir autonomamente os significados e sentidos de sua ação, vê reduzida sua capacidade de conferir a si mesmo uma identidade estável e definida. Em suma, perde-se porque a multiplicação das oportunidades nem sempre vem acompanhada das condições materiais para sua realização.

A experiência cultural descrita por Melucci (2001b) afeta a todos os grupos sociais e grupos de idade. Mas, nos processos de construção identitária juvenis, essa experiência é mais intensa. É que, sem horizontes temporais estendidos e destituídos das condições materiais de vida, os jovens dispõem somente das condições simbólicas, de sistemas de signos e estímulos imaginários para dar respostas às perguntas identitárias. Essas possibilidades simbólicas ofertadas pelo sistema, contudo, não correspondem a experiências concretas que instituem reais limites ao indivíduo. A metáfora do nômade, evocada por Melucci (1998), é o que melhor descreve as trajetórias biográficas juvenis porque no tempo presentificado, no limite das condições sociais de insegurança e de risco e ainda, por suas desiguais condições materiais, os jovens constroem trajetórias biográficas de curtos episódios, descontínuas e indeterminadas.

> Ser nômades sugere a liberdade dentro do *espaço*; ser nômades do presente sugere a liberdade em relação ao *tempo*. [...] O único atributo permanente do eu é sua volatilidade. Sua estabilidade reside no mutamento perpétuo e sua única definição durável é dada pela transitoriedade de cada sucessivo estado momentâneo que isto assume. (Bauman, 2003, p.58)

Bauman (2003) assevera que Melucci (1997, 2001a, 2001b) foi um dos primeiros pensadores sociais a notar a mudança radical nas condições existenciais e também a modificação nas estratégias da definição identitária. A partir da ênfase que Melucci (2001b) confere ao aprofundamento das mudanças sociais e suas implicações para a configuração da identidade contemporânea, é possível articular sua teoria ao pensamento de Giddens (2002) e Bauman (2003, 2005). Sobre um aspecto esses teóricos são unânimes: a modernidade procedeu à dessacralização dos fundamentos da identidade, enviando para o agir humano e para o meio social as fontes do processo de identificação. A possibilidade outorgada ao indivíduo de pensar a si mesmo em termos individuais, de pensar seus vínculos e suas relações sociais é um legado da vida social moderna. A identidade torna-se um produto da ação consciente e resultado da autorreflexão e a individuação é mais vivida como uma ação do que uma situação. De fato, pensarmo-nos em termos de indivíduos, demarcar fronteiras entre os níveis individual e coletivo, individual e social converteu-se em algo potencialmente disponível para o conjunto da sociedade moderna.

Todavia, na experiência cultural contemporânea, adverte Melucci (2001b), tem lugar uma transformação nos processos de construção da identidade que acarreta uma crise no conceito moderno de indivíduo. O conceito essencialista de identidade que abriga uma estrutura estável com a qual o indivíduo ou grupo se identifica ou mesmo a ideia de um sujeito ou de um ator que teria um núcleo forte definido metafisicamente desloca-se para dar lugar aos processos pelos quais o indivíduo ou o grupo constrói sua identidade. A imagem moderna do indivíduo-em-si tem se esvaziado progressivamente de suas dimensões substancialistas e vem abrindo-se para a imagem do indivíduo-como-processo que busca constantemente construir-se a si mesmo, salvaguardar seus limites, preservar suas raízes biológicas e sociais. A dificuldade desse novo indivíduo não é a de saber como mudar o curso de sua vida, mas como assegurar sua continuidade e sua unidade. A pergunta "Quem sou eu?" deve ser respondida pelo indivíduo no curso de sua existência e em virtude de um sistema de relações sociais que se mantém em estreita conexão com suas ações.

Giddens (2002) declara que muitas das características da modernidade tardia já estavam impressas nas atividades sociais desde o advento da modernidade. Por essa razão, as mudanças descritas por Melucci (2001b) são mais qualitativas que quantitativas. Já no advento da modernidade, o descolamento das relações sociais de seus contextos locais, os processos de reorganização do espaço-tempo e o desencaixe das instituições sociais, associados ao uso regularizado dos sistemas de conhecimento transformaram o conteúdo e a natureza da vida cotidiana, estendendo a dimensão do risco, da dúvida e da incerteza para a constituição do *eu*.

Aceitar o risco como elemento constitutivo da identidade é admitir que nenhum aspecto de nossa atividade social segue um curso predestinado e que estamos expostos às contingências. Diante do risco e da imprevisibilidade, o indivíduo deve preparar um curso de ações futuras em sua trajetória biográfica. Deve-se considerar não apenas um modo de vida, mas os possíveis modos de vida aos quais deve responder satisfatoriamente no desdobramento temporal da autoidentidade.

O caráter performativo da constituição identitária e a adoção de um estilo de vida assumem, na vida social moderna, um significado particular. Não basta apenas seguir um estilo de vida que se considera "adequado" à sua identidade, mas, sobretudo, deve-se escolher um conjunto de práticas que darão forma material a uma narrativa particular da autoidentidade.

> [...] a auto-identidade não é um traço distintivo, ou mesmo uma pluralidade de traços, possuído pelo indivíduo. É *o eu compreendido reflexivamente pela pessoa em termos de sua biografia*. A identidade ainda supõe a continuidade no tempo e no espaço: mas a auto-identidade é essa continuidade reflexivamente interpretada pelo agente. [...] Uma pessoa com um sentido razoavelmente estável de auto-identidade tem uma sensação de continuidade biográfica que é capaz de captar reflexivamente e, em maior ou menor grau, comunicar a outras pessoas. [...] A identidade de uma pessoa não se encontra no seu comportamento nem – por mais importante que seja – nas reações dos outros, mas na capacidade de *manter em andamento uma narrativa particular*. (Giddens, 2002, p.54-56, grifos do autor)

Essa substancial alteração nas narrativas identitárias resume-se em três aspectos: a obrigatoriedade da escolha, a exigência da adoção de um estilo de vida e o impacto existencial da escolha sobre a vida cotidiana. A "liberdade de escolher" e a necessidade da renúncia, conjugadas à escassez de tempo, dão à incerteza uma amplitude jamais imaginada. E o sentimento de desamparo diante da incerteza é o terror mais profundo.

Com efeito, agir perante a multiplicidade de escolhas, adotar um estilo de vida é uma tarefa complexa. Bauman (2005) sublinha que, na "modernidade sólida", a liberdade de conceber a autoidentidade vinha acompanhada de uma confiança do indivíduo em si mesmo, nos outros e na sabedoria coletiva da sociedade (na confiabilidade de suas instruções e na durabilidade de suas instituições). Contudo, no ambiente de vida "líquido-moderno", as identidades são a encarnação mais comum, mais aguçada, mais profunda e perturbadora da ambivalência. A sociedade e suas instituições não mais sinalizam os caminhos para os indivíduos e não são mais os árbitros de suas tentativas e erros.

Opostamente, a força e o poder das instituições baseiam-se em sua não locabilidade, na versatilidade, na volatilidade e na imprevisibilidade de seus movimentos. As âncoras sociais que faziam parecer natural e predeterminada a identificação foram retiradas e o indivíduo deve buscar por si mesmo os substitutos válidos. "As identidades ganharam livre curso, e agora cabe ao indivíduo, homem ou mulher, capturá-las em pleno vôo, usando os seus próprios recursos e ferramentas" (Bauman, 2005, p.35).

Construir a identidade (ou as identidades pessoais) não se assemelha a compor um jogo de quebra-cabeça. Enquanto na "modernidade sólida", o indivíduo tinha em mãos todas as peças necessárias à composição de "uma figura", a autoidentidade; na modernidade líquida, o indivíduo experimenta a construção identitária com o que tem em mãos e seu problema não é alcançar *um* ponto pretendido, mas saber *quais* pontos podem e merecem esforço para serem alcançados com as peças (meios) que tem em mãos. A caixa do quebra-cabeça não vem com o desenho, o modelo a ser seguido.

Se na "modernidade sólida" o indivíduo guiava-se por uma racionalidade instrumental, ele agora deve guiar-se por uma racionalidade do objetivo. E o mais paradoxal é que ajustar peças para formar um todo consistente e chamá-lo identidade não é, não pode e não deve ser a preocupação do indivíduo contemporâneo. Uma identidade coesa é sinal de inflexibilidade, de limitação da liberdade de escolha. Sinal de modernidade agora é "flutuar na onda das oportunidades mutáveis e de curta duração" (ibidem, p.60). A mudança obsessiva e compulsiva é a essência do jeito moderno de ser e a experimentação infindável é a forma assumida para a construção identitária.

Todavia, encontrar-se diante de muitas opções não significa que as escolhas estão abertas para todos. A modernidade não produz apenas oportunidades, também produz diferença, exclusão e marginalização. A potencial disfunção do capitalismo é a mudança da exploração para a exclusão. Bauman concorda e assevera que a exclusão está na base das polarizações sociais, do aprofundamento das desigualdades e do aumento da pobreza, a ponto de criar as identidades de subclasse, grupo de pessoas que perderam a condição de sujeito socialmente reconhecido e tiveram seu *bios* reduzido a *zoe* (uma vida puramente animal).

> [...] a identificação é também um fator poderoso na estratificação, uma de suas dimensões mais divisivas e fortemente diferenciadoras. Num dos pólos da hierarquia global emergente estão aqueles que constituem e desarticulam as suas identidades mais ou menos à própria vontade, escolhendo-as no leque de ofertas extraordinariamente amplo, de abrangência planetária. No outro pólo se abarrotam aqueles que tiveram negado o acesso à escolha da identidade, que não têm direito de manifestar as suas preferências e que no final se vêem oprimidos por identidades aplicadas e impostas por *outros* – identidades de que eles próprios se ressentem, mas não têm permissão de abandonar nem das quais conseguem se livrar. Identidades que estereotipam, humilham, desumanizam, estigmatizam... (ibidem, p.44, grifo do autor)

Abrir-se a um "[...] constante processo de negociação entre as diversas partes do *eu*, tempos diversos do *eu* e ambientes ou sistemas diversos de relações [...]" é a prerrogativa para responder à "[...] multiplicidade e contraditoriedade de elementos que nos compõem em cada momento" (Melucci, 2004, p.67). Porém, é o que confere aos indivíduos a autonomia necessária para serem sujeitos de sua ação. Os processos de individualização atestam a emergência de um ator social que produz sentido para aquilo que diz e faz por meio de suas interações, que fala de si com um certo sentido de unidade e de permanência, ainda que estejam multiplicadas as facetas de sua identidade.

A perspectiva apontada aqui remete à responsabilidade atribuída ao indivíduo de definir os horizontes, reconhecer os limites e possibilidades de um campo de relações que constitui sua própria identidade. Com isso, o *processo de negociação* é, para o sociólogo, a tarefa mais árdua para o indivíduo. A negociação é o contínuo reajustamento da perspectiva temporal e da capacidade individual ao tecer – no presente – a ligação entre memória e projeto. Nesse processo, nada é definitivamente perdido porque também nada é adquirido. Os processos de individualização resultam em um tipo de subjetivação e de interiorização da identidade que é profundamente social.

Pensar a identidade em termos de possibilidades e limites é também indagar pelos modos como esta se forma e se mantém. Decerto, as respostas oferecidas pela sociedade e o pressuposto metafísico da unidade do sujeito moderno já não comportam pessoas e grupos imersos em processos de fragmentação e multiplicação identitários que referem a si mesmos como sujeitos de ação. Nos sistemas modernos, o sujeito era definido pela interiorização do social e a separação entre ator e sistema era evidente. A identidade moderna constituía-se pela existência de um sujeito, sua delimitação em relação aos outros e a capacidade de reconhecer e ser reconhecido por esses outros. Até aqui, as interações primárias, as instituições de socialização tinham papel fundamental na experiência do sujeito, de tal modo que era impossível separar os aspectos individuais das raízes relacionais e sociais identitárias.

Melucci (2001b; 2004) ressalta que os recursos disponibilizados para a individualização, ou *identização* (como prefere o autor), fazem que os processos de construção do significado da experiência sejam cada vez mais uma prerrogativa dos atores individuais. O sentido da ação – que nos sistemas tradicionais e modernos estava depositado em outro lugar – é produzido e reconhecido pelo indivíduo. O que Melucci (2001b) sugere e Dubet (1994) assegura é que a experiência individual agora construída pelo ator não é resultante de uma lógica de ação, mas de combinatórias subjetivas de elementos objetivos.

Para Dubet (1994, p.15), a sociedade não é mais estruturada por um princípio de coerência interna, regido pelos sistemas de integração e de competição e pela cultura. Na sociedade pós-industrial, cada um desses sistemas tem sua própria lógica e se define sobre um campo e um espaço particular. Numa sociedade em que a dispersão das lógicas de ação torna-se a regra, as condutas sociais não são redutíveis à pura aplicação de códigos interiorizados nem podem ser explicadas pelo encadeamento de escolhas estratégicas que fazem da ação uma decisão racional. Só podem ser compreendidas como "[...] condutas individuais e coletivas dominadas pela heterogeneidade de princípios constitutivos e pela atividade dos indivíduos que devem construir o sentido de suas práticas no seio desta mesma heterogeneidade". Se os atores são obrigados a gerir diversas lógicas de ação, é porque o lugar onde isso ocorre – o sistema social – é ele mesmo estruturado por princípios autônomos e por diferentes lógicas.

Para o autor, as condutas sociais não se diluem no fluxo contínuo da vida cotidiana, elas são organizadas por princípios estáveis, porém heterogêneos. Também não se reduzem a papéis sociais ou à busca estratégica de interesses, mas se evidenciam por três elementos essenciais: o primeiro é a heterogeneidade dos princípios culturais e sociais que as organizam; o segundo é a distância subjetiva que os indivíduos mantêm para com o sistema e o terceiro é a construção de uma experiência coletiva que substitui a noção de alienação, central para a análise sociológica. Em síntese, a experiência social engendra uma atividade dos indivíduos, uma capacidade crítica e um distanciamento de si mesmos.

Com base em seus estudos empíricos, Dubet (1994) recusa a ideia de uma socialização total e explica que na experiência social moderna não existe uma adequação absoluta entre a subjetividade do ator e a objetividade do sistema, o que explica um certo estranhamento, um sentimento de inadequação do indivíduo a seu mundo. Os símbolos culturais servem como orientação, por seu valor de uso e de troca nas relações sociais, mas ao inscrever sua experiência, o indivíduo o fará sob registros múltiplos e não congruentes. A liberdade e a necessidade de gerir diversas lógicas de ação são vividas sob a forma de angústia, de incapacidade de escolher e de inquietude em relação às consequências das escolhas. A subjetividade dos atores, a consciência que têm do mundo e de si mesmos repousa em uma atividade exercida em meio ao sofrimento, pois o desejo de serem autores de sua própria vida é mais um projeto ético do que uma verdadeira realização pessoal.

Em seu trabalho de combinar uma variedade de lógicas de ação, o ator não adere a nenhum dos papéis e, centrado em sua experiência, distingue sua subjetividade como indivíduo da objetividade do sistema. Desse ponto observa-se nitidamente o trabalho reflexivo do ator que passa seu tempo a explicar o que faz e por que o faz. Essa prática de justificação destaca o ator de sua experiência, permitindo-lhe julgar e argumentar sobre seu papel. A *noção de experiência* considera cada indivíduo um intelectual, um ator capaz de avaliar conscientemente sua relação com o mundo.

Para demarcar as lógicas de ação pelas quais o indivíduo constrói sua experiência, Dubet (1994) começa por uma operação de ordem analítica, visando isolar e descrever as lógicas presentes em cada experiência concreta. Numa segunda operação, ele procura compreender a atividade do ator, ou seja, o modo como combina e articula as diversas lógicas. Por último, ele remete tal experiência ao sistema, no intuito de conhecer a heterogeneidade dos sistemas de ação e a maneira pela qual os atores sintetizam e catalisam essas lógicas no plano individual e coletivo. No tocante às lógicas de ação, Dubet observa que as contradições do sistema levam o indivíduo a articular sua experiência social por meio de três lógicas de ação dela decorrentes: uma lógica de integração, a lógica estratégica e a lógica de subjetivação.

Lógicas que nos remetem à estrutura do conjunto social, constituída por um sistema de integração (comunidade), um sistema de competição (mercado) e um sistema cultural.

> Assim, dentro da lógica de integração, o ator se define por seus pertencimentos, visando mantê-los e fortalecê-los no seio de uma sociedade considerada um sistema de integração. Na lógica da estratégia, o ator tenta garantir a realização de seus interesses em uma sociedade concebida como um mercado. No registro da subjetivação social, o ator se representa como um sujeito crítico confrontado a uma sociedade definida como um sistema de produção e de dominação. (ibidem, p.111)

Ao descrever a lógica de integração, Dubet recupera o lugar da família, da comunidade de origem no processo de socialização primária do indivíduo. Para ele, nenhum de nós escapa às formas de identificação originadas em uma tradição familiar, no pertencimento a uma classe social, religião, sexo, língua, nação e em valores que constituem nossa segunda natureza. A identidade é originariamente vivida como uma adscrição, uma atribuição social por meio da qual o ator se constitui como ser social e é assim que o ator reforça, confirma e reconhece seu pertencimento a um grupo.

> A socialização, como educação de uma parte e como controle social de outra, assegura os fundamentos desta lógica de integração. [...] quaisquer que sejam suas posições, seus gostos, seus interesses, o indivíduo herda de uma sociedade, de uma língua, de uma cultura, de esquemas corporais que são seus sem ser necessariamente obra sua. É por este mecanismo que a lógica de integração é determinada, que ela fornece o estoque de ferramentas culturais e sociais a partir das quais ele pode construir uma lógica integrativa. (ibidem, p.138-139)

Opostamente, na lógica estratégica a ação tem uma racionalidade instrumental, um utilitarismo voltado para as finalidades concorrenciais do mercado. Aqui o ator se mobiliza para aproveitar as oportunidades abertas por determinada situação, adaptando os meios aos fins. O ator sabe que seu sucesso dependerá tanto da estrutura de oportunidades que lhe são oferecidas, como de sua capacidade de mobilizar os recursos necessários à realização de seus projetos individuais ou coletivos. Autônomo e racional, o indivíduo faz suas escolhas em função das oportunidades oferecidas. Entretanto, o conjunto de oportunidades a escolher precede a racionalidade do indivíduo, são posicionamentos socioculturais, vantagens e recursos materiais distribuídos pelo sistema capitalista em um jogo em que todos os atores são obrigados a jogar. A subjetivação é, para Dubet, uma atividade crítica do indivíduo, seu modo de – mesmo sendo movido por seus interesses – observar seu trabalho de ator imerso em outras lógicas de ação. O ator adota um ponto de vista do qual distingue-se de si mesmo e analisa sua própria atividade social. A tensão entre a cultura e as relações sociais, entre a comunidade e o mercado é, por excelência, objeto da atividade crítica do ator.

Dubet (1994) assevera que a identidade social profunda do ator não é uma realidade, mas simplesmente o trabalho de fazer *da* experiência social *sua* experiência. Cada objeto da experiência é percebido pelo ator a partir dos três pontos de vista (estratégico, subjetivação e integração) e é o ator quem estabelece um princípio de autonomia para viver na interface dessas lógicas de ação. Pela dissociação das lógicas, o indivíduo não se associa completamente a seu papel, a seus interesses e à sua cultura. É essa impressão de estranhamento, de não adesão que diferencia a experiência da ação social. A experiência social do ator não tem centro, oscila de uma conduta a outra na medida das circunstâncias e das oportunidades.

Enfatiza Dubet que a ideia de uma explicação causal, de uma hierarquia funcional e de unidade nos processos de constituição identitária deixa de ser uma evidência, em uma sociedade em que a pluralidade de lógicas de ação – a heterogeneidade dos princípios que remete à heterogeneidade dos sistemas que, por sua vez, admite a heterogeneidade dos mecanismos de determinação dessas lógicas – nos autoriza a falar da existência de um ator, alguém que, por sua capacidade de ação, dá sentido e coerência à sua experiência.

A heterogeneidade de experiências socializadoras evocada por Dubet (1994) confirma a suposição de Melucci (2001b) de que os atores constroem o sentido de suas experiências por meio de suas interações e de que cada um experimenta muitas facetas de si e diversos pertencimentos a uma identidade individual e coletiva. Portanto, as perguntas "Quem sou eu? e "Quem são os outros?" são refeitas no cotidiano agonizada e insistentemente. E as respostas não estão prontas, são construídas continuamente pelo ator, no plano individual e coletivo. O fato de não poder renunciar a essa busca de unidade, ainda que seja para afirmar sua multiplicidade, faz que indivíduos e grupos experimentem uma arriscada construção de si marcada por descontinuidades e por fraturas, pela qualidade e diversidade dos recursos, por crises e quebras visibilizadas de forma extrema nos males do corpo e da alma.

Não obstante a terminologia utilizada pelos autores para descrever seus modos de apreensão teórica da realidade, Dubet (1994) e Melucci (1997, 2001a, 2001b) acentuam que os processos de modernização da sociedade exigem ferramentas analíticas mais sutis para debruçar-se sobre a experiência social dos atores individuais e coletivos. Os caminhos empíricos pelos quais Dubet e Melucci desenvolveram suas reflexões são a razão dessa aproximação teórica que fazemos. Ao investigar grupos juvenis e movimentos sociais, seus caminhos teóricos se entrecruzam quando afirmam que os indivíduos são atores que, individualmente e no coletivo, produzem reflexivamente os sentidos para sua existência em um mundo altamente complexo e diferenciado.

A situação juvenil: a concretude dos modos de ser e estar no mundo

Quem são, efetivamente, os jovens de quem falamos? Esta indagação nos remete a apresentar certos enfoques sob os quais tem convergido a investigação sobre a juventude. Em resposta a tal indagação, aproximamo-nos de autores que elegem a perspectiva cultural em suas análises e nos brindam com um conjunto de investigações que, contrapondo-se às concepções funcionalistas, abordam a vida juvenil em seus modos de expressão, sociabilidades em suas múltiplas manifestações. Constitui parte desse intento o exame das temáticas: territórios culturais, lazer e sociabilidades juvenis; tribalização; consumo cultural; corporeidade; gênero e identidades culturais.

Um trabalho expressivo que situa o debate latino-americano sobre a condição juvenil na sociedade contemporânea é o livro *Viviendo a toda: jóvenes, territorios culturales y nuevas sensibilidades*, publicado inicialmente em 1998. Ao reunir textos de investigadores ibero-americanos, a obra tem por mérito focalizar a condição juvenil sob diferentes temáticas e apontando problemáticas que atravessam a questão juventude nos países de origem dos referidos autores. Os relatos de pesquisas e as reflexões teóricas, sedimentadas na realidade concreta dos jovens deste nosso continente, coincidem com as temáticas que circulam no cenário mundial e, por essa razão, merecem destaque. Há, por sua vez, aquelas temáticas que envolvem diretamente nossa juventude, pelos condicionantes históricos, culturais e sociais que lhe são próprios. Contudo, há que se dizer que estamos longe de esgotar o assunto, pois além dessa consistente publicação, há coletivos de pesquisadores ou mesmo aqueles que, isoladamente, têm se ocupado de estudar a juventude e as dinâmicas socioculturais que atravessam a vida desses sujeitos.

Territórios culturais, lazer e sociabilidades juvenis

Visiones de una joven en la urbe, de Sonia Muñoz (2002), é uma bela descrição da maneira como os jovens interpretam e ocupam os espaços-tempo da cidade, do bairro e os espaços virtualmente eleitos por seus grupos. Mais preocupada em compreender como uma jovem colombiana de 18 anos *vê* a cidade em que habita do que verificar seu conhecimento sobre a cidade, o trabalho da autora consiste em penetrar a consciência dessa jovem informante para saber como ela torna legível sua cidade, que esquemas utiliza para captar visualmente, reconhecer e organizar as distintas partes desse espaço e quais são os diminutos espaços-tempo que coexistem, combinam, se sucedem, se opõem e se confrontam no trajeto juvenil. Para a autora, essa polifonia contínua de cenas e cenários pode ser interpretada como uma das formas de expressividade juvenil na sociedade contemporânea.

Muñoz descreve a experiência da jovem pesquisada como um tempo de aventura, pois a intensidade e a tensão com que a vida pode ser sentida é o que inspira a jovem em suas andanças pela cidade. A necessidade de estar ali, de submeter-se a uma espera só para ver o que acontece, de fixar-se cotidianamente em determinados pontos para observar uma sucessão de cenas e cenários está intrinsecamente relacionada com as formas juvenis de habitar a cidade.

Para Martín-Barbero (2002), as identidades juvenis desafiam nossa compreensão porque são gestadas em um duplo movimento des-historicizador e desterritorializador que perpassa as demarcações culturais. Por essa razão, os jovens são os únicos capazes de habitar espaços em que prevalecem a destruição da memória das cidades contemporâneas e a projeção da vida sobre o presente. As novas possibilidades de orientação espaço-temporais da sociedade contemporânea alteram profundamente o ritmo da vida nas cidades. A velocidade dos ritmos, os fluxos constantes e ininterruptos de veículos e informações, a acelerada obsolescência dos objetos cotidianos, as incoerências e amálgamas são os elementos balizadores desses territórios nos quais os jovens constroem suas trajetórias biográficas. Por essa razão, a memória juvenil interage com a memória da cidade descentrada e caótica, feita de restos, de pedaços. A biografia da cidade descrita pela jovem colombiana (Muñoz, 2002) não é sequencial, linear e não se projeta em espaços e tempos distintos. Até o modo de olhar para a cidade mostra uma espécie de "sabedoria juvenil": apreciação metafórica, uma capacidade de produzir histórias a partir de indícios ou marcas.

Isso demonstra explicitamente que as cidades habitadas pelos jovens não são as mesmas habitadas pelos adultos. Os jovens habitam nomadamente a cidade. Avançam, exploram, alteram periodicamente seus lugares de encontro em um tipo de desenraizamento que são seus modos de enraizar-se. Essa capacidade de olhar a cidade com "olhos estranhos" requer uma particular disposição a experimentar o indeterminado e o incerto que os jovens são capazes de ter. É preciso desenvolver um relativo desapego aos cenários, às cenas, convertendo cada lugar em um ponto de passagem.

A territorialidade, a relação com a cidade é, para Feixa Pampols (2002), um importante elemento de análise da cultura juvenil porque os jovens são uma metáfora do meio ambiente em que surgem. Ser jovem em um bairro periférico não é o mesmo que ser jovem em um bairro do centro urbano, em uma metrópole, em uma cidade perdida no meio rural ou no meio urbano etc. E ainda, em cada domínio urbano os jovens desempenham distintos papéis, como o doméstico e de parentesco, de recreação, de vizinhança e de trânsito.

Mesmo que habitem realidades espaço-temporais distintas e restritas, os jovens são capazes de construir territórios próprios. A ação juvenil serve tanto para redescobrir territórios urbanos esquecidos ou marginais quanto para dotar de significados determinados espaços e áreas da cidade invisibilizados e esquecidos. Os jovens estabelecem relações intensas com o território, desde âmbitos subalternos a espaços centrais, da micrópolis ou da macrópolis, os jovens se apropriam dos espaços livres da cidade e constroem neles suas identidades sociais. Desafiados a construir uma experiência memorial do tempo cotidiano, os jovens inventam seus espaços privados, deixando impressos neles suas marcas; evocam suas identidades comunitárias, vinculadas ao local de moradia ou mesmo restituem a razão de existir a determinados espaços públicos esquecidos, como praças, ruas e zonas da cidade.

Carrano (2003) declara que os jovens fazem, a cada dia, uma nova cidade. Seus modos de relacionar-se com o espaço-tempo das cidades são característicos da experiência social juvenil profundamente marcada pelo hedonismo, pelo domínio do tempo livre e pelas interações que afirmam o sentimento de pertença a um grupo. Uma exigência é diferenciar o tempo livre da moratória social dos aspectos estreitamente vinculados à organização social juvenil. Ou, como sugere Pais (1993), o método apropriado para contrariar essa tendência a associar o tempo livre e o lazer juvenis a uma fase da vida é desmantelar o mito da juventude homogênea, que acaba por constituir modelos de ação de coletivos juvenis ou marginalizá-los, quando comparados às práticas culturais das gerações mais velhas.

O modo juvenil de ocupar o espaço-tempo da cidade está fortemente ligado às suas práticas de sociabilidade e lazer grupais. A ação juvenil sobre espaços urbanos constitui-se por meio de redes grupais e essas práticas estão sempre associadas a atividades de lazer. O lazer é para os jovens uma experiência cultural coletiva, pois é no interior dos grupos, no domínio do tempo livre que os jovens produzem suas próprias expressões culturais, constituem espaços e modos de ser que os diferenciam do mundo adulto. Não há ação isolada na ocupação dos espaços públicos e, de fato, é o coletivo quem dá sentido ao território e às práticas de lazer.

O lazer aqui não se confunde com um tempo social acessório do trabalho, menos ainda com o tempo livre da falta de trabalho, mas é um campo com relativa autonomia que se caracteriza pela suspensão das rotinas da vida cotidiana e pela fuga das obrigações sociais. O lazer é um campo potencial de construção das identidades, pois é um efetivo espaço de aprendizado das relações sociais e de descoberta das potencialidades humanas. Nas atividades de lazer os jovens "[...] consolidam relacionamentos, consomem e (re) significam produtos culturais, geram fruição, sentidos estéticos e processos de identificação cultural" (Brenner et al., 2005, p.177). Se é nos espaços de lazer que os jovens podem experimentar sua individualidade e as múltiplas identidades necessárias ao convívio social, as práticas coletivas que transcorrem em espaços públicos são os laboratórios onde se processam tais experiências e onde se produzem as subjetividades.

Carrano (2003) considera que, na vida social juvenil, o entorno tem grande influência na formação das redes de sociabilidade. Na relação com os espaços públicos, há um conjunto de circunstâncias que definem os efeitos sociais das escolhas de cada sujeito sobre si mesmo e sobre os outros. Em meio à reconfiguração dos espaços públicos e privados, a família aparece como uma ordem simbólica importante na socialização e na construção da identidade juvenil. Mesmo que insistam noutros referenciais em seu processo de individualização, os jovens buscam na família a possibilidade de manter os eixos de referências simbólicas que esta representa: o lugar de afetividade e palco de conflitos.

Sarti (2003, p.126) pondera que a família, seja qual for sua composição e organização, é um espaço simbolicamente situado para o jovem. É ela a primeira rede de sociabilidade, o lugar onde se constrói a autoimagem e uma imagem do mundo exterior, o espaço de elaboração das experiências vividas pelo jovem. Mas é, sobretudo, o lugar onde o jovem se percebe e é percebido como o "outro" necessário. Na família, o jovem é um não-mais-criança e um não adulto. Ora contrapondo-se ao mundo adulto, ora objeto de expectativas familiares, o jovem ocupa um lugar na família "[...] tão necessário quanto imprescindível em seu projeto de tornar-se sujeito, na família e no mundo social".

A nova natureza da família redefine as fronteiras do mundo familiar que são marcadas mais pelos significantes que criam os elos de sentido nas relações que pelos laços biológicos. É no grupo de pares e noutras formas de expressão no espaço público que os jovens ampliam seu campo familiar e falam de si no plural. No pertencimento a diferentes grupos sociais, os jovens desnaturalizam as relações familiares, o que lhes permite singularizar-se no seio da própria família. Por isso, a maneira como a família incorpora os outros (amigos e pares) tem um relevante significado na existência pessoal desses sujeitos. A abertura para o diálogo com o mundo externo, a disponibilidade em aceitar e lidar com os outros oriundos do mundo juvenil são os fatores determinantes nas relações entre jovens e família.

Oliveira (2006) destaca que as formas juvenis de intervir, atuar e habitar o mundo moderno revelam as diferenças entre o mundo juvenil e o mundo adulto. Porém, não é nisso que reside a centralidade da condição juvenil. Basta olhar para os aparatos tecnológicos e perceber que, enquanto nós, adultos, fazemos uma apropriação instrumental e utilitária da rede, os jovens experimentam uma continuidade entre o mundo real e o mundo virtual. Suas sensibilidades e suas percepções do mundo são mediadas e alimentadas pela cultura tecnológica. Esse fato muda, diametralmente, os processos de transmissão e expressão cultural. Exige um olhar para as práticas cotidianas juvenis, para suas produções e consumos simbólicos, no sentido de compreender como se produzem, na experiência social juvenil, essas formas de estar e de relacionar-se com o mundo.

Tribalização e grupos culturais

> *Quais são e como se articulam as distintas formas de resposta juvenil, por onde passam os processos de agregação social para os jovens, quais são os projetos e as utopias que os mantêm, que os agrupam e produzem os enfrentamentos entre si e com o sistema, quais os itinerários, as práticas e as formas nas quais se articulam ao tecido social?* (Reguillo, 1998, p.58, tradução nossa)

Na obra *O tempo das tribos*, Maffesoli (1987) centra sua análise em um paradoxo essencial, em uma tensão fundadora da socialidade desse período: o vaivém constante que se estabelece entre a massificação crescente e o desenvolvimento dos microgrupos a que nomeia tribos. Seu argumento é de que há um esgotamento das formas sociais modernas que se baseiam na centralização, na especialização, na constituição de uma sociedade e de um saber universais. A modernidade multiplicou a possibilidade das relações sociais, mas, em parte, as esvaziou de conteúdo real. A pós-modernidade, por sua vez, favorece o reconhecimento no próprio grupo e um aprofundamento das relações no interior desses grupos.

Para Maffesoli, o pequeno grupo é capaz de restaurar, estruturalmente, a eficácia simbólica perdida na modernidade, na racionalização da emoção, do afeto. Essa rede mística faz ressurgir o cultural na vida social, no cotidiano. A tribo é uma forma de socialidade na qual predomina a lógica de rede e, nesta, o afeto, a eletividade e a escolha são os vetores. Quer dizer que mesmo estando junto, coletivamente, não se está junto de quem quer que seja. Não há um compromisso ou uma finalidade que dê sentido à relação indivíduo-grupo que não seja o próprio afeto, o desejo de estar junto, o que Maffesoli denomina *estetização* da vida diária.

As socialidades tribais se constituem na margem, são leigas e descentralizadas, livres de um corpo de doutrinas dogmáticas e intangíveis. As redes que ligam o grupo e a massa não são rígidas como os modos de organização que conhecemos. Remetem-se mais ao ambiente, ao estado de espírito e manifestam-se por meio dos estilos de vida, privilegiando a aparência e a forma. E é por essa razão que os instrumentos de análise elaborados em uma perspectiva política não conseguem apreender esse fenômeno grupal. Há um equívoco em analisar o recuo do político ou a perda do sentido social como um ressurgimento do individualismo. Ao contrário, o que ocorre é uma saturação do modelo de organização macrossocial, constituído de uma estrutura projetiva e extensiva direcionada para o futuro.

Nos modos de vida juvenil, o grupo ou a tribo ganha preeminência porque não se projeta no futuro, na distância. Vive no concreto mais extremo que é o presente. Os agrupamentos retomam uma antiga estrutura antropológica (a família ampliada) em que as formas de comunicação são intensivas e reduzidas no espaço e a negociação da paixão, do conflito se faz de perto. Em que pesem as disparidades entre os distintos grupos de inscrição identitária, Reguillo (1998) informa que a constância desses grupos de pares baseia-se na comunicação cara a cara. O grupo é um espaço de produção, confrontação e circulação de saberes que, por vezes, se traduzem em ações. Por constituírem experiências identitárias marcadamente coletivas, as expressões gregárias têm importância fundamental na construção de sentidos coletivos e na preservação da identidade juvenil.

A estrutura social dos grupos juvenis é um conjunto organizado de identidades sociais que se associam por determinados comportamentos e imagens. Tais comportamentos e imagens têm grande eficácia no nível simbólico e das práticas grupais. As ações, reações e interações conferem aos grupos juvenis a dimensão de atores coletivos. O sentimento de pertença ocorre em uma participação diferenciada e aberta. O aparato tecnológico possibilita a criação de tribos (como os antigos clãs ou aldeias) que se diferenciam somente pela temporalidade própria de cada uma. Um tribalismo efêmero, no qual as pessoas são celibatárias, mas não vivem isoladas.

> A memória ou as lembranças coletivas, sejam elas públicas, privadas ou familiares, que fazem de um bairro, de uma cidade, *lugares* onde vidas se sedimentam, transformando-os em lugares habitáveis, mostram este feed-back entre o grupo e a pessoa. Sentimos sempre em nós uma porção de pessoas e na verdade nunca estamos sozinhos. (Maffesoli, 1987, p.81)

A pertença a uma tribo é confirmada pelo exercício dos rituais. Para Maffesoli (1987), estes rituais de interação grupal representam uma ética específica de cada grupo, que só pode ser conhecida se experimentada. É o grau de *feeling* que vai definir a integração ou rejeição, tanto pelos membros do grupo como pelo postulante. Pais (2005) repara que, ao procurar contato, o jovem busca a si mesmo. O grupo de amigos funciona mais como uma proteção às múltiplas experiências de socialização às quais estão expostos. Tais agrupamentos – provisórios, efêmeros e instáveis – permitem que os jovens se integrem em um sistema simbólico e prático que lhes ajuda a suportar as pressões exercidas pelo sistema sobre sua identidade. As formas tribais juvenis articulam-se por diversos estilos que encontram sua correspondência nas mais distintas pautas éticas, estéticas, comportamentais e ideológicas. Estas pautas são, a seu turno, determinadas por condições de classe, gênero, origem social e étnica.

> Os adolescentes e jovens que se *inscrevem* nelas (as tribos) encontram um certo amparo aos assédios da ânsia de identidade que vivem objetiva e subjetivamente. Encontram uma *máscara* com a qual proteger-se, um apoio do grupo, um sentido gregário e os signos externos de identidade que lhes facilitam perambular pela *anônima* cidade. Fazem do estilo e da imagem suas referências básicas para a negociação identitária com o entorno social e praticam uma apropriação simbólica do território que parece confortar sua real perda de espaço *debaixo dos pés*". (Tornero, 2002, p.272, grifos do autor, tradução nossa)

A uma sociedade que amplia o campo de oportunidades para além de sua experiência e de suas possibilidades individuais, os jovens respondem com outra faceta da construção da identidade relacionada com o sentido da limitação: as relações interpessoais. É na profunda experiência da relação com alguém diferente de si que o jovem reintroduz a limitação como referência para suas ações e apropria-se de suas potencialidades. Acrescenta ainda uma pluralidade psicológica à pessoa, visto que seu valor se inscreve na pertença a um grupo.

Juventude, signos da juvenilização social e consumos culturais

A respeito da juvenilização da sociedade, Margulis e Urresti (2002) informam que a juventude é sinônimo de convenções estéticas, formas e comportamentos típicos que se modificam e se renovam no decorrer do tempo. Contudo, adverte Pais (1993), os signos culturais não têm significado em si mesmos. É preciso compreender os múltiplos significados atribuídos pelos jovens aos signos que constroem e usam. Ao ler os mapas de significação compartilhados pelos grupos juvenis portugueses pesquisados, Pais conclui que os signos culturais são grupais e geracionais. Os signos juvenis grupais são aqueles criados e exibidos por determinados grupos para manter uma identidade, em uma solidariedade grupal. Os signos juvenis geracionais são apropriados pelo coletivo e negam as diferenças entre grupos.

Com base nessa distinção e apoiando-me em Margulis e Urresti (2002), creio ser possível denominar juvenilização a esse complexo e articulado sistema de signos que atravessa o contexto cultural e que é reflexo de duas séries de acontecimentos. De um lado, o avanço da cultura da imagem e a elevação de um juvenil fetichizado pelas linguagens hegemônicas da sociedade de consumo. Desde os anos 1960, quando os anseios e as demandas de uma geração foram capitalizados pelo mercado, o juvenil passou a constituir-se em uma nova fatia do mercado, em um *slogan*, e tornou-se imperativo categórico – condição para o pertencimento a uma elite atualizada e vitoriosa.

O avanço dos meios de comunicação de massa em consonância com os apelos da crescente indústria cultural foi suficiente para projetar uma imagem do jovem hedonista, belo, livre e sensual com a qual se identificam os jovens de todas as camadas sociais e que convoca pessoas de todas as idades. Com o prestígio da juventude, Kehl (2004) salienta o quanto é difícil e humilhante para muitos deixar de ser jovem, a tal ponto que passamos da juventude à velhice, deixando vazio o lugar do adulto em nossa sociedade. A *teenagização* (grifo da autora) da cultura ocidental chega ao extremo de nossa sociedade perder os códigos de referência para as gerações mais jovens. Como o adulto *teenager* não quer tirar suas conclusões sobre a vida e construir regras para seus descendentes, a falta de parâmetros sociais será preenchida pelas razões do mercado.

Decorre disso que o juvenil transforma-se em sinônimo de modernidade. Todos querem ser jovens e, por isso, signos juvenis como pautas estéticas, *looks*, estilos de vida, consumos, gostos, preferências, imagens e indumentárias antes restritas aos grupos juvenis são, mediados pela publicidade, hipersecularizados, medicalizados, estetizados e transformados em possibilidades e opções para todos. A juventude é erigida à condição de fetiche publicitário, de motivo estético, em um contexto de complexificação social, de desvalorização da experiência e de estreitamento temporal, sugerindo que a transição entre gerações ocorrerá sem parâmetros e fronteiras delimitadas.

Oliveira (2005) atesta que o consumo simbólico dá-se pelo estético, ou seja, passa por uma relação de identificação e de projeção com o mundo. Por isso, ao indagar pelas formas de consumo juvenis é importante considerar que o consumo pode ser tanto o lugar da alienação, da passividade, como o lugar da expressão, da individuação. Os grupos juvenis que, por sua vez, se articulam e afirmam identidades pela construção e adoção de estilos, encontram disponibilizados na sociedade de consumo os mais variados produtos culturais e simbólicos pelos quais podem expressar e constituir suas identidades. São imagens, símbolos, objetos, bebidas, vestuário, territórios e mercadorias de todo tipo que servem tanto às afirmações identitárias grupais juvenis quanto para caracterizar no jovem a imagem do moderno, a permanente novidade.

Ao converter os jovens em sujeitos de consumo, o mercado transforma essas novas sensibilidades em matéria-prima para seus experimentos. A despeito de serem expressões culturais juvenis, a moda e a música são dois bons exemplos de signos apropriados pelo mercado. O universo juvenil é constantemente atravessado por imagens, textos, linguagens, roupas e estilos os mais variados que reforçam a imagem do jovem como paradigma do moderno, não somente no sentido da inovação, do novo, como também no sentido do *post* ou tardo-moderno, do atual. O jovem-moderno passa a significar então o fresco, o espontâneo, o informal, isto é, o que converge os valores da idade com a supervalorização atual do corpo. O corpo, primariamente território de inscrição das diferenças grupais, é apropriado pelo mercado de consumo e transformado em símbolo da eterna jovialidade.

> O jovem é então o duplo imaginário de um corpo são e belo, quer dizer, ágil e atrativo, e uma moda espontânea e informal. [...] O jovem 'se libera' então da idade e se converte no imaginário que obsessiona aos velhos fazendo-lhes sonhar com o hormônio milagroso que renova os tecidos, lubrifica as artérias e potencializa indefinidamente a atração erótica. (Martín-Barbero, 2002, p.31-32)

Tornero (2002) afirma que, paralelamente à juvenilização – este fenômeno de amplificação e extensão de determinados valores dos jovens no universo da cultura massiva – ocorre outro processo de construção intensiva do receptor, no caso o próprio jovem, mediante mecanismos psicológicos que operam sobre a identidade. Desse modo, a juvenilização cultural consiste em construir um receptor modelo com traços singularmente juvenis: o gosto pelas novidades, a busca da identidade, tendência à solidariedade com os pares etc. Esse movimento discursivo toma os jovens e seus perfis como a norma obrigatória, o modelo ideal ao qual qualquer receptor deve adaptar-se. Em seguida, esse universo de valores é revertido diretamente para a juventude, singularizando sua relação com o universo midiático. Assim, enquanto os outros grupos de idade têm como modelo um operativo de aspiração, os jovens tendem a identificar-se e projetar-se em si mesmos.

Contudo, é por intermédio do consumo e da produção cultural que os jovens exprimem seus gostos e preferências, expressam suas identidades. O vestuário e os estilos musicais são a maneira como os jovens usam, reinterpretam e recriam o sistema da moda, os objetos que circulam no mercado de consumo para expressar suas formas de criação cultural. Oliveira (2006) ressalta que o consumo simbólico não se restringe a conteúdos, mas a diferentes práticas significantes. O consumo não é apenas o lugar da alienação. Pelas escolhas estéticas, musicais, tecnológicas, os jovens dizem quem são e o que fazem. Seguindo seus percursos de consumo, é possível compreender suas formas de socialização, suas maneiras de relacionar-se com o mundo.

Identidades corporais

Melucci (2001a, p.161) fala de uma profunda ambivalência e ambiguidade do corpo, ao considerar seu papel em nossa sociedade. Sob o ponto de vista fenomenológico, a experiência do corpo representa uma experiência pessoal singular e profunda para os indivíduos. O corpo é o "[...] único espaço que conecta a experiência humana com a natureza, com o nível mais elevado de cognição e com a experiência espiritual e as experiências criativas". Por sua natureza biológica e cultural, o corpo é traduzível em linguagem e parte da experiência humana que não pode ser completamente traduzida. O corpo é, portanto, nossa linguagem secreta, o que nos difere dos outros.

Ao analisar os processos culturais de relacionamentos nas relações entre corpos/sujeitos ao longo da história, Carrano (2004) também assinala que o corpo não é só uma estrutura biológica, pois todas as sociedades humanas, em suas referências culturais, fabricam os corpos utilizando-se das estruturas simbólicas necessárias para tal realização. São processos sociais múltiplos e diferenciados que dão significados à experiência individual e coletiva da corporeidade. Carrano (idem, p.41) utiliza a expressão corporeidade para designar "[...] o processo instituído pelo conjunto das práticas humanas que se evidenciam em relações políticas de influência recíproca, entre os corpos/sujeitos e os complexos sociais urbanos que chamamos de cidades".

No entanto, esses autores sustentam que, de um ponto de vista sociológico, o corpo foi convertido em um espaço de crescente intervenção social em termos de modelação e configuração da experiência corporal. A medicina, a moda, os rituais coletivos vinculados à música e à publicidade são algumas áreas da vida social que transformaram o corpo em objeto de manipulação e signo de comunicação. Acrescenta-se a isso a intervenção social nas estruturas do cérebro humano, na biologia humana, que – fundamentadas no paradigma da clínica moderna e em interação com os interesses do capital – desloca para o exterior os processos de constituição das identidades.

Para Ortega (2005), a ênfase que a sociedade contemporânea tem dado aos diversos procedimentos de estetização e medicalização do corpo colabora para firmar novas formas de sociabilidade (biossociabilidade) e identidades corporais somáticas (bioidentidades). A biossocialidade constitui, na afirmação de Ortega, uma forma de socialidade apolítica na qual o agrupamento se dá por critérios de saúde, performances corporais, longevidade, doenças específicas etc. Nesse plano, o corpo e a comida ocupam o lugar da sexualidade como fonte de patologia. A definição do significado do corpo não é mais do indivíduo, é uma definição manipulada e externa baseada em regras higiênicas, regimes de ocupação do tempo, modelos ideais de sujeitos que dirão o que devem ser o prazer, a saúde, a boa alimentação etc. As atividades que anteriormente eram exclusivas da sociabilidade e da ludicidade são conformadas em práticas de saúde. E as modernas práticas ascéticas corporais irão produzir as bioidentidades, indivíduos que fazem de seus corpos lugar da disciplina e do controle.

Na sociedade contemporânea, "[...] o domínio do corpo, de suas performances, movimentos e indicadores substitui a ordem moral. O corpo torna-se o lugar da moral, é seu fundamento último e matriz da identidade pessoal" (Ortega, 2005, p.46). O desenraizamento cultural e a desterritorialização levam os indivíduos a fazerem de seus corpos um universo em miniatura, pois fornecem o sentimento de realidade que a sociedade não consegue mais fornecer. Diante da contingência, a incerteza e a perda, características da construção identitária contemporânea, o indivíduo encontra no investimento corporal, nas modificações corporais, a sensação de segurança, de permanência, de realidade e de proteção. Entretanto, se na cultura da biossocialidade, a aparência corporal torna-se o centro da identidade, a marca corporal pode ser tomada como a busca de autenticidade, de uma localização real na sociedade e uma tentativa de recuperar o corpo como sujeito de sensação e de experiência. Os comportamentos de risco, a velocidade, o medo e a dor são vividos como práticas que resgatam o corpo da monotonia sensorial das normas sociais ou como formas de intensificação sensorial e sensitiva.

A partir desses dois enfoques, propomos averiguar os significados da experiência corporal para as identidades juvenis. Margulis e Urresti (2002) atentam que a alta cotização da juventude no mercado dos signos e o programa biossocial de juvenilização do corpo dão lugar a uma modalidade de jovem, a juventude-signo, independente da idade. Esta ideia de que o juvenil é algo que se pode adquirir dá lugar às práticas apolíticas e individualistas de disciplinamento corporal que se oferecem no mercado. Ao mesmo tempo, a submissão da juventude à produção e comercialização de valores-signo faz confundir a condição juvenil com o signo juventude.

O corpo, tomado como território de inscrição das diferenças sociais, é a manifestação mais evidente e também a mais enganosa dos fenômenos sociais vinculados à juventude. Em um sentido amplo, o corpo é o primeiro plano de interação social, uma mensagem que se apresenta de antemão, um portador de sentido que mediatiza as relações sociais. Tomado sob um aspecto específico (a juventude), é preciso considerar o processo de produção dessa imagem que não reflete a totalidade dos grupos sociais. Nem todos os jovens são juvenis, porque nem todos se assemelham aos modelos propiciados pelos meios de comunicação e pelo mercado de consumo. Há boas razões para se afirmar que nem todos os jovens possuem o "corpo legítimo, o *look* juvenil": primeiro, porque este *look* juvenil é patrimônio dos jovens de certos segmentos sociais que têm acesso a consumos valorizados e custosos no terreno da vestimenta e dos códigos do corpo.

Segundo, porque, na medida em que conforma uma aparência, o aspecto físico do corpo traz as marcas de um processo no qual se entrecruzam fatores sociais profundos, como a origem, a trajetória de classe e suas derivações, dentre as múltiplas eventualidades derivadas da posição que o jovem ocupa no amplo espectro da diferenciação social. Martín-Barbero (2002) relaciona essa imagem do juvenil a uma hegemonia do corpo, uma obsessão pela saúde e pela beleza construída a partir dos atributos estéticos da classe dominante, que opera uma expropriação simbólica sobre os demais setores sociais e estiliza os corpos, colocando-os como centro de cuidado e de experimentação.

Juventude e relações de gênero

Sobre a condição juvenil também se interpõe a variável gênero. Desde os aspectos ligados à identidade e corporeidade, nos grupos culturais, nas dinâmicas de territorialidade e consumos culturais, perpassando ainda os condicionantes macroestruturais, a conformação de uma condição juvenil feminina apresenta nuances que são pouco ou quase nunca explicitadas no debate acadêmico. Para Margulis e Urresti (2003), o discurso acadêmico dos grupos feministas não conseguiu ainda incorporar a questão juvenil e, especificamente, da jovem.

Margulis e Urresti (2003) apresentam, sucintamente, alguns aspectos da condição juvenil atravessada pela variável gênero que merecem destaque. Acerca do tempo, um dos temas mais abordados na questão da construção identitária juvenil, os autores referem-se à cultura e à biologia para sustentar que são distintos os ritmos e tempos para homens, mulheres e seus corpos. O corpo feminino tem seu tempo limitado pela aptidão para a maternidade. Este relógio biológico, que é instalado no corpo da mulher desde a concepção, incide sobre suas necessidades e comportamentos, impõe ritmos e urgências no plano da vida, delimita sua condição juvenil e opera ainda sobre seus sentimentos, emoções e atitudes perante a maternidade. Pode-se afirmar que, no plano biológico, as mulheres têm um crédito social e vital menor que os homens.

Há ainda a predominância do pertencimento sociocultural. As possibilidades de realização pessoal e o lugar culturalmente pautado pela família e por outras instituições dão a cada mulher, de diferentes gerações, um crédito vital que lhes possibilita empreender projetos e aventurar-se rumo ao futuro. Em tempos de avanço social na luta pela igualdade, é sobretudo a condição socioeconômica que garantirá possibilidades de realização pessoal além da maternidade. Nos setores médios e altos, o progresso científico-tecnológico, as conquistas sexuais e sociais têm possibilitado novas modalidades de realização pessoal. Porém, quando se observa as mulheres das classes populares, isso se restringe drasticamente, restando-lhes na maternidade o único modo de realização. Se para essas mulheres a capacidade de procriar é que fará evoluir positivamente o status da mulher na família e no grupo social, para aquelas das camadas médias e altas, as possibilidades de realização em outras esferas da vida social resultam na necessidade de enfrentar tais opções, postergando a maternidade ou reduzindo o número de filhos. A postergação da maternidade, e da formação de uma família, quando se trata da juventude principalmente nos setores médios, pode ser uma escolha mediante a flexibilidade temporal oferecida pelos aparatos científico-tecnológicos disponíveis ou é vivida como uma situação de vulnerabilidade e instabilidade econômica de muitos casais que preferem adiar a aventura de formar uma família ante a insegurança e incerteza no futuro.

Novamente, a desigualdade social se evidencia, uma vez que estes "benefícios" (o progresso científico-tecnológico, as conquistas sexuais e sociais) não se estendem naturalmente aos jovens e às jovens provenientes das camadas populares. As diferenciações de origem social, gênero e raça são dois recortes que devem ser adicionados a esse quadro, o que reduz ou limita as possibilidades de escolha. No tocante ao mercado laboral, Novaes (2005) salienta que o emprego doméstico é ainda a crescente alternativa para as mulheres pobres, que ganham menos ao dividir com os homens os mesmos postos de trabalho. A exigência da "boa aparência" é outro requisito mercadológico excludente e que afeta mais intensamente jovens negras e/ou pobres.

Fruto das lutas emancipatórias no plano dos direitos e das relações de gênero, as mudanças na condição sociocultural da mulher são sentidas inclusive nas relações entre juventude e gênero. A liberdade sexual e a maior abertura no mundo do trabalho e intelectual provocam diferenças culturais entre as mulheres de distintas gerações e entre mulheres e homens de uma mesma geração: as jovens experimentam transformações mais intensas, mais profundas e com maior carga afetiva que os jovens. A propósito da sexualidade, Goldenberg (2005) analisa o comportamento sexual dos jovens oriundos da classe média do Rio de Janeiro para discutir as diferenças de gênero e apresenta interessantes considerações. Há uma proximidade entre homens e mulheres no que se refere à iniciação sexual e ao número de parceiros ao longo da vida. Dezesseis anos é a idade em que os sujeitos pesquisados afirmam ter tido sua primeira experiência sexual. No número de parceiros, as mulheres pesquisadas foram mais precisas, contudo, tanto para eles quanto para elas, a média revelada era de dois a cinco parceiros. A imprecisão nas respostas dos jovens e as discrepâncias foram analisadas como uma necessidade de afirmação e de enquadramento em um modelo de masculinidade hegemônico.

A pesquisa realizada por Goldenberg (2005) oferece um panorama das mudanças que estão ocorrendo nas relações de gênero. Novas formas de interação e de sociabilidade revelam-se um desdobramento das contestações e críticas feitas pelas gerações anteriores. Também o contexto cultural onde se dá a relação entre os sexos mudou profundamente, pondera Melucci (2004). As diferenças, que antes eram controladas pelos contextos sociais de dominação masculina, emergem perante os processos emancipatórios e as conquistas dos movimentos feministas. Todavia, estamos academicamente distanciados da realidade juvenil quanto às temáticas gênero, etnia, sexualidade e orientação sexual. Mesmo no interior de grupos de pesquisa e movimentos sociais, o entrecruzamento dessas temáticas tendo como eixo a juventude é ainda reticente.

Uma das dificuldades teórico-metodológicas reside na própria representação social da juventude como fase da vida. A realidade social na qual se inscrevem os grupos juvenis tem uma dinamicidade que incide sobre o próprio conceito de juventude e que deve ser considerada. Dois fatores são constantemente ponderados por pesquisadores que discutem a temática da juventude: é nos modos de vida específicos e nas práticas cotidianas que os jovens se situam de maneira diversa e é somente interrogando suas variadas formas de inserção na vida pessoal e social que podemos fazer uma leitura mais ou menos coerente dessa paradoxal juventude. Desafiados a conhecer a diversidade juvenil, aproximamo-nos mais diretamente da realidade brasileira para examinar como tem se constituído esse campo, quem o descreve e distinguir nessa multifacetada realidade os aspectos que interessavam à nossa investigação.

Os jovens no Brasil: universalidade e diferenciação

Se de fato os jovens constituem heterogeneidades, universos sociais diferenciados e se de fato a noção de geração abarca somente delimitações etárias, com que variáveis podemos distinguir os grupos juvenis que habitam a realidade brasileira? Velho (2005, p.193) dá uma primeira pista. Sugere que, por intermédio de "[…] uma permanente e complexa negociação da realidade que envolve variáveis dos mais diversos tipos – econômicas, políticas, de organização social e simbólicas […]", é possível estabelecer fronteiras e classificações etário-geracionais e estas serão constantemente influenciadas por variáveis histórico-culturais. Portanto, desnaturalizar as representações de idade, tomar a juventude como campo de possibilidades e considerar seus multipertencimentos é um caminho a ser trilhado para o entendimento das juventudes brasileiras.

Nas duas últimas décadas e sobretudo nesta última, emerge uma série de estudos quantitativos e qualitativos que traçam um mapa da juventude brasileira. A confluência dos estudos quantitativos está na diversidade dos instrumentos de coleta utilizados, no entrecruzamento das variáveis e na demarcação de distintas fronteiras e classificações etárias. Tratando-se das pesquisas qualitativas, há dois aspectos que merecem destaque no conjunto de dados produzidos. Um deles é a inversão de perspectiva ou, pelo menos, a tentativa de contraposição aos estudos fundados na concepção funcionalista que existiam até então. Essa inversão veio acompanhada de uma perspectiva cultural que permite ver a juventude em sua complexidade e em sua multiface. Outro aspecto, fruto desse olhar cultural, é a ampliação do cenário e horizonte juvenis para além da juventude "paradigmática", tradicionalmente herdeira da moratória social, como afirmam Margulis e Urresti (2002): os jovens estudantes universitários das camadas médias e altas da sociedade brasileira.

Se quisermos saber quem são os jovens-sujeitos das investigações e pesquisas, Novaes (2003) responde que são brasileiros nascidos há catorze ou vinte e quatro anos. Ainda que esses limites não sejam fixos, grande parte das pesquisas e políticas tem se pautado nessa faixa etária. Com o aumento das expectativas de vida e as transformações sociais e econômicas, o tempo da juventude se amplia. Para os jovens da classe média, a necessidade de uma formação escolar mais complexa para atender às exigências do mercado de trabalho tem alargado a juventude até 29 anos. Entretanto, o oposto ocorre com os jovens das camadas populares, que são obrigados à entrada precoce no mercado de trabalho, majoritariamente informal ou subemprego. Para estes, a desigualdade impõe-se, prioritariamente, pela classe social. Além do trabalho e escola, outros recortes interferem na trajetória dos segmentos juvenis, como gênero e raça. Preconceito racial, discriminação de classe e gênero são fatores que se conjugam e interferem nas trajetórias juvenis, constituindo os segmentos juvenis.

Dentre os estudos quantitativos produzidos, destacamos a pesquisa intitulada *Juventude: cultura e cidadania*, realizada pelo Projeto Juventude, do Instituto Cidadania. Iniciada em 2003 e finalizada em 2004, a pesquisa contou ainda com uma publicação na qual um grupo de pesquisadores examina minuciosamente os dados estatísticos, estabelece cruzamentos, interpreta e levanta novas indagações. Trata-se de um conjunto de análises que apresentam os jovens "como sujeitos fundamentais, com toda a complexidade de suas dificuldades e potencialidades, nos processos de conformação e transformação de suas vidas e da sociedade, junto (em paralelo, na confluência ou em conflito) com outros segmentos e atores sociais" (Abramo e Branco, 2005, p.22).

O que faz dessa pesquisa um divisor de águas, uma singularidade diante do conjunto de dados estatísticos produzidos sobre a juventude entre as duas últimas décadas é a concorrência dos indicadores objetivos à dimensão subjetiva da condição juvenil e a ampliação do bloco temático combinados ao rigor técnico e à representatividade da população juvenil de 15 a 24 anos. Uma série de investigações, anteriores a essa, compõe um conjunto dos trabalhos que, mais localizados e atendendo a demandas específicas, produzem informações relevantes para os Estados, regiões metropolitanas, regiões geográficas ou mesmo para áreas específicas, como saúde, trabalho, educação, dentre outras.

Sem pretensões de exaurir o quadro, apresentamos dois exemplos desses tipos de pesquisas. O primeiro trabalho, coordenado pelo Grupo Técnico para Elaboração de Propostas de Políticas para Adolescentes de Baixa Escolaridade e Baixa Renda e finalizado em 2002, apresenta o diagnóstico intitulado *Adolescência: escolaridade, profissionalização e renda*, acompanhado de propostas de políticas públicas para adolescentes de baixa escolaridade e baixa renda. Considerando que, no Brasil, um em cada oito brasileiros tem a idade compreendida entre 12 e 18 anos, o documento chama a atenção para a diversidade desse contingente de adolescentes. Diversidade expressa nas condições de vida, no perfil demográfico, nas diferenças de raça e gênero e nas diferentes situações, como trabalho, moradia, saúde e educação.

O segundo trabalho intitulado *Juventude, escolarização e poder local* é resultado de uma pesquisa coordenada por Marília Sposito e realizada entre 2003 e 2006. Esse trabalho representa mais um esforço para investigar a realidade juvenil, pautando as questões relativas às imagens que sedimentavam as políticas e ações destinadas aos jovens, bem como às modulações que tais políticas e ações provocam na imagem juvenil dominante na sociedade. Ao tomar os executivos municipais como base empírica, a pesquisa considera a importância que a gestão municipal adquire no processo de democratização social. Foram pesquisados 74 municípios, situados em regiões metropolitanas de quatro macrorregiões brasileiras: Sul, Sudeste, Nordeste e Centro-Oeste. O universo investigado correspondeu a 8 milhões de jovens, entre 15 e 24 anos.

Sposito et al. (2006b) ressaltam uma crescente abertura na agenda política dos governos municipais seguida de uma ampliação no número de organismos envolvidos nas ações e uma baixa concentração destas ações em secretarias ou coordenadorias de juventude. Além da dispersão, da fragmentação e da superposição, observa-se a concentração das ações na área da assistência social, o que mostra uma provável associação com a questão social. Um aspecto não menos relevante é o caráter instrumental das ações que aparece nos objetivos descontextualizados ou mesmo esvaziados de sentido.

Algumas tensões relacionadas com a gestão das ações foram apontadas pela pesquisa. Na questão grupo alvo e escolaridade, a simples obrigatoriedade da matrícula ou o mero retorno à escola não muda a realidade dos processos excludentes que geraram o fracasso escolar. O caráter educativo não escolar das ações que, na prática, reproduzem o universo escolar, também parece constituir-se em uma via paralela de educação completamente desarticulada das redes de ensino. As distintas concepções de cidadania e a ênfase em um conceito de cidadania como ação socializadora passam longe da concepção de direitos e de promoção da igualdade. Por fim, a obrigatoriedade da ação voluntária enfatiza uma relação de troca e a ideia de que o jovem pobre deve dar a contrapartida ao "favor" que lhe é feito.

Os resultados da pesquisa informam que as imagens sob as quais as ações municipais são desenvolvidas têm duas orientações. Uma estigmatizada em torno do adolescente pobre e outra em torno do jovem. A primeira resulta da clivagem entre infância e adolescência pobre. Os autores observam que, após a promulgação do ECA, a clivagem existente entre criança e menor desloca-se para o adolescente pobre, sobretudo negro e habitante das periferias urbanas. A imagem que se constitui impede o reconhecimento do adolescente pobre como sujeito de direitos e nega sua condição de indivíduo em formação e desenvolvimento. Esses sujeitos incorporam o estereótipo de ameaça à sociedade e lhes são reservadas as ações de inserção social compensatórias e de forte caráter socioeducativo. Os outros, os que minimamente podem usufruir dos direitos, são "os jovens".

O conjunto das pesquisas revela tanto a diversidade de orientações que alimentam projetos e programas destinados à juventude quanto a tentativa por exprimir a complexidade e a singularidade da realidade juvenil brasileira. Nas representações normativas correntes sobre este grupo social, os atores jovens são vistos ora como problemas que precisam de atenção, ora como mão de obra a ser formada, ora como sujeitos de direitos. Sposito e Carrano (2003a) ressaltam que, tanto na sociedade civil como nos próprios segmentos juvenis, há uma heterogeneidade de concepções sobre juventude, embora haja um consenso sobre a necessidade de implementação de políticas públicas destinadas a esse grupo social.

No que concerne às pesquisas qualitativas, observa-se um aprofundamento das hipóteses e constatações apresentadas em pesquisas de amplo espectro. As questões relativas à constituição das identidades juvenis, as formas de sociabilidade, as redes grupais, os movimentos sociais protagonizados pelos jovens, as variadas formas de articulação dos interesses juvenis têm sido objeto de investigações etnográficas que tomam os jovens como sujeitos na conformação de suas vidas, atores que se oferecem ao diálogo com a sociedade e com o mundo adulto.

Dentre os elementos mais fortemente presentes na vida juvenil, destacamos neste estudo a escola e o trabalho. A escola, sublinha Sposito (2005, p.123), ao lado da família, é legitimada pelos jovens como instituição fundamental em suas experiências de socialização. Contudo, ressalta a autora, a crise vivida pela instituição escolar e as tensões decorrentes desta nos processos escolares juvenis merecem ser investigadas. Além disso, deve-se considerar os sentidos que os jovens atribuem às suas relações com a escola, sobretudo porque os jovens que "[...] incorporaram a variável escolar no seu repertório de práticas e expectativas [...] experimentam a condição juvenil em espaços não escolares e já adentram na instituição com essas práticas e modos de vida consolidados porque possuem alternativas e querem, certamente, preservá-las".

A ênfase na condição de aluno ou estudante não deve, contudo, ignorar dois aspectos das relações jovens e escola, que são a entrada massiva dos jovens no cenário escolar e outras dimensões da sociabilidade juvenil com as quais constroem suas experiências escolares. Constata-se a existência de pesquisas que se debruçam sobre as trajetórias escolares juvenis deslocando-se dos mecanismos de exclusão escolar para avançar na compreensão desses sujeitos imersos no cotidiano escolar.

A pesquisa aqui proposta insere-se neste desafio que se coloca à reflexão acadêmica: examinar as práticas juvenis tomando como pressuposto a condição estudantil dos jovens oriundos das camadas populares. Os processos de mutação da instituição escolar, a expansão das oportunidades escolares combinadas com a entrada e permanência dos jovens no sistema de ensino sugerem a necessidade de analisar as relações que os grupos juvenis estabelecem com o mundo escolar, bem como de perguntar pela efetividade dos processos educativos escolares para os jovens oriundos das camadas populares.

Já o tema do trabalho insere-se nesta pesquisa por sua inter-relação com os processos escolares juvenis. Ao analisar o conjunto da produção acadêmica no período 1980-1998, Corrochano e Nakano (2005) certificam que a maior contribuição dessas pesquisas é que partem do universo escolar para discutir a esfera do trabalho. Contudo, o jovem aparece apenas como um informante das condições de adequação/inadequação da escola em interação com o trabalho. Outro destaque é que o estudante-trabalhador é sempre examinado pela óptica da escola noturna, o que deixa à margem o universo juvenil que trabalha e frequenta a escola diurna. A lacuna teórica apontada pelas autoras refere-se à necessidade de investigar as peculiares formas de inserção juvenil no mundo do trabalho, as experiências juvenis com o trabalho formal e informal, as situações de desemprego, tudo isso em interação com a experiência escolar. O que se requer é, de fato, um diálogo mais estreito entre o mundo do trabalho e o mundo escolar pautado pelas juventudes.

Jovens e mundo do trabalho

Os elos entre juventude e mundo do trabalho têm sido amplamente discutidos no meio acadêmico e político desde as três últimas décadas. A começar por temas que envolvem as mudanças no trabalho e seu significado para a sociedade contemporânea, passando pelos áureos tempos de plena expansão do emprego até chegar ao período da reestruturação produtiva, do desemprego em massa, reconfigurando as relações no mundo do trabalho. Há um conjunto de teses e argumentos que enfatizam ora a aversão dos jovens à escola, ora a inadequação da escola ao trabalho.

Em reação a essas concepções generalizantes e na tentativa de apresentar um quadro argumentativo da realidade do trabalho juvenil, referenciamo-nos na investigação desenvolvida por Pais (1993) que, ao pesquisar jovens portugueses de diferentes estratos sociais, sugere a existência de reações diferenciadas em relação ao trabalho, emprego e desemprego. No caso brasileiro, Madeira (1986), Frigotto (2004) e Guimarães (2005) examinam sob perspectivas diferentes, porém convergentes, as questões conjunturais e estruturais que interferem, afetam e constituem o imaginário e a realidade do trabalho juvenil.

Pais (1993) constata que há um conjunto diversificado de fatores que interferem nas representações que os jovens têm acerca do trabalho e do emprego. As estratégias de inserção profissional dos jovens das camadas médias e populares estão condicionadas por fatores externos ao indivíduo, tais como as oscilações do mercado de trabalho que afetam a estrutura das oportunidades de emprego e determinam suas trajetórias sociais, e por fatores internos, que dizem mais respeito aos indivíduos e composição familiar. A conjugação desses fatores irá incidir decisivamente sobre a relação e o valor atribuído ao trabalho.

Entre os jovens do meio operário, Pais (1993) nota uma relação mais instrumental com o trabalho. Segurança e dinheiro são mais acentuados que satisfação e realização profissional. Comparativamente, os jovens das camadas médias e altas pesquisados são mais exigentes e procuram um trabalho que lhes possibilite realização profissional, rejeitando aquelas ocupações que desvalorizam a autonomia, a capacidade de participação do indivíduo na organização dos processos de trabalho. Entretanto, é entre esses jovens que a incerteza quanto ao futuro profissional aparece mais fortemente, o que lhes incita ao prolongamento dos estudos. Para alguns jovens com estratégias de mobilização social ascendente, a realização de um bom curso está diretamente vinculada a um bom emprego. Outros, em virtude do crescente desemprego, não creem nessa vinculação positiva entre escolarização e reais oportunidades de emprego.

O que fica evidente na pesquisa é que a flexibilização contratual e a alta rotatividade nos postos de trabalho não se configuram como uma negatividade. Além de estarem conscientes desse efeito da introdução das novas tecnologias, os jovens também se sentem em condições de analisar o custo e o benefício do trabalho realizado e, em algumas situações, considerar a aquisição da experiência laboral um fator preponderante. Neste ponto, recuperamos o argumento de Leccardi (2005, p.51) de que os jovens, ante as condições de incerteza e de imprevisibilidade do futuro, projetam as estratégias possíveis de controle sobre seu tempo biográfico. Aceitam "[...] a fragmentação e a incerteza do ambiente como um dado não eliminável, que deve ser transformado em recurso graças a um exercício constante de consciência e reflexividade".

Essa assertiva não subtrai as frustrações juvenis quanto ao futuro profissional, o sentimento de impotência perante o desemprego e a precariedade das condições de trabalho. No que de fato se quer insistir é que qualquer proposição teórica no tocante ao trabalho juvenil deve considerar os muitos significados do trabalho para os jovens. Deve atentar-se ainda para os componentes socioeconômicos, de escolaridade, de gênero, étnicos e etários que afetam os interesses e necessidades laborais dos grupos juvenis.

Quanto à situação de desemprego, esta também revela comportamentos, atitudes e sentidos diferentes para os jovens pesquisados por Pais (1993). Já na família e na escola, os jovens das camadas populares são gradativamente conscientizados das dificuldades de obtenção de emprego e talvez por isso sejam aparentemente menos afetados pelas frustrações em comparação com jovens da classe média. Como afirmou um jovem operário, a entrada precoce no mercado de trabalho e a escolarização precária lhes preparam para encarar as oportunidades que aparecem e não alimentam, como os jovens de classe média, expectativas de ajustar suas aspirações profissionais às qualificações escolares. De fato, os jovens não diplomados e de origem operária conseguem manter-se em atividade por mais tempo, ao contrário dos jovens diplomados que buscam rentabilizar o capital escolar, procurando um tipo de trabalho mais próximo das expectativas criadas. No caso das mulheres, o risco de desemprego e precariedade é maior para aquelas menos escolarizadas e das camadas sociais mais baixas. Estas são fatalmente excluídas do mercado de trabalho, especialmente as que se casam e têm filhos e são direcionadas para o trabalho doméstico não remunerado.

No relatório encomendado pela Comissão Econômica para a América Latina e Caribe (Cepal), Madeira (1986) circunscrevia os elementos centrais de transformação da vida social que afetaram diretamente a juventude brasileira. Escola, família e trabalho são categorias centrais para compreender as mudanças estruturais que vive a nossa sociedade. Entretanto, especificamente no caso brasileiro, ainda não havíamos incorporado o fato de que, junto ou em decorrência dessas mudanças sociais, emergiam novos atores que reivindicavam sua participação na sociedade. Ao elaborar um diagnóstico sobre a situação dos jovens em diferentes dimensões, Madeira (1986) avalia o impacto das mudanças quantitativas e qualitativas na estrutura econômica brasileira nas condições de trabalho de crianças, adolescentes e jovens. Efetivamente, o diagnóstico propunha-se

> [...] duas tarefas básicas e complementares – a de mostrar como estas parcelas da população foram condicionadas a participar das tendências do mercado

de trabalho ocorridas ao longo deste período, contribuindo à sua maneira para os novos contornos que assumiu a sociedade brasileira, e em segundo lugar, mostrar como estas mudanças acionaram mecanismos de acesso pelos setores populares à identidade jovem. (Madeira, 1986, p.15)

Madeira (1986) destacava alguns limites das pesquisas demográficas e econômicas, pois estas, ao incluir a temática da juventude ou das mulheres, por exemplo, desconsideravam que esses grupos biodemograficamente delimitados acrescentam variáveis específicas ao conjunto das variáveis socioeconômicas clássicas, quais sejam: renda, ocupação, zona residencial, nível educacional etc. Tais limites demonstravam a ausência de estudos que considerassem a dimensão juvenil, sua participação singular na População Economicamente Ativa (PEA), bem como a incidência mais direta das transformações sociais sobre esse grupo. Referindo-se à necessidade de estudos sobre a condição juvenil, Madeira apontava dois aspectos que deveriam pautar o debate: o primeiro era a necessidade de relativizar o problema da marginalidade e pobreza nas análises sobre a inserção de crianças e jovens no mercado de trabalho. O segundo era a importância de indagar pelas relações de trabalho e pelo sentido da escolaridade não somente da óptica do capital, mas tomando em conta esta categoria, este ator específico, o jovem.

Se admitíssemos que o trabalho é um direito e um componente essencial na formação do jovem, este deixa de ser a marca da tragédia do subdesenvolvimento familiar e se configura como uma prática que tende a generalizar-se em famílias pobres e não pobres. Madeira (1986) advertia que é extremamente limitado focalizar a problemática do jovem trabalhador na óptica recorrente da pobreza; deve-se recuperá-lo analiticamente como parte integrante e estrutural do processo social de produção. Também Leite (2003) salienta que o reconhecimento dos jovens como atores sociais, sujeitos de direitos, é fundamental para saber como estes interpretam e ressignificam as identificações que lhes foram impostas e é crucial para entender os usos que fazem das instituições sociais, como família, escola e trabalho. Os jovens não seriam vistos apenas como vítimas da miséria ou da exclusão, mas também como atores sociais que sofrem as injunções sociais.

Tratando-se das relações de trabalho, o diagnóstico confirmava que o problema do desemprego aberto ou oculto (mascarado pelo trabalho precário), a transitoriedade, a dupla atividade (escola/trabalho) e a intermitência são as características que segmentam os jovens no Brasil e na América Latina. Quanto à escolaridade, os dados evidenciaram que, ao longo da década de 1970, ela se tornou uma importante credencial para o acesso ao mercado de trabalho. Nota-se, por um lado, a visível transformação nos níveis educativos entre os jovens e a extensão da escolaridade até o ensino médio, e por outro, o atraso escolar como um fenômeno disseminado e a combinação escola-trabalho. Aspectos que, consequentemente, vão empurrando os jovens pobres para os cursos noturnos e supletivos. Madeira (1986, p.27) acrescenta que, ao

> [...] analisar os motivos que levaram os jovens a interromper seus estudos, aparecem mais as dificuldades relativas ao acesso à vida escolar ou à sua própria estrutura que a necessidade de trabalhar [...] e principalmente por situações ligadas à própria estrutura do ensino, no que se refere à organização, conteúdo e didática.

No intervalo de duas décadas, produziu-se uma série de dados quantitativos e estudos qualitativos que focalizam atentamente as relações juventude e trabalho e debruçam-se sobre trajetórias ocupacionais de jovens para captar suas representações sobre trabalho e desemprego; os novos e diferenciados significados do trabalho juvenil a partir de seus macro e micro contextos; suas trajetórias biográficas e seus perfis. Em sua análise, Frigotto (2004) conjuga dados da Pesquisa Nacional por Amostra de Domicílios (PNAD) de 1999 com o Censo Demográfico de 2000 para examinar a temática juventude, trabalho e educação. Os aspectos priorizados nesse exame são: o dimensionamento do universo juvenil brasileiro e a inserção precoce dos jovens no mercado de trabalho; as questões conjunturais e estruturais que circundam o problema e as políticas públicas de caráter emergencial e estrutural que se situam em face da problemática. Guimarães (2005), a seu turno, baseia-se na pesquisa *Perfil da juventude brasileira*[1] para discutir o significado e a importância do trabalho para os jovens brasileiros.

Partindo de um recorte de classe social, Frigotto (2004) delimita o universo juvenil investigado: são filhos da classe trabalhadora, imersos em

---

1 A pesquisa intitulada *Perfil da juventude brasileira* deu origem e foi publicada na obra *Retratos da juventude brasileira*: análise de uma pesquisa nacional, organizada por Abramo, H. W. e Branco, P.P. M., publicada em 2005.

empregos precários no campo e na cidade, atravessados por particularidades geográficas, socioculturais e étnicas. Estes jovens, em suas singularidades, se aproximam quando estão em jogo as condições de trabalho e inserção precoce e precária no mercado de trabalho formal e informal. Compõem este universo jovens que trabalham para o tráfico ou nas redes de prostituição infanto-juvenil.

A sobreposição pobres e negros é um componente importante nas estatísticas do PNAD, que revelam uma desvantagem dos negros quanto à inserção no mercado laboral. Entre as crianças trabalhadoras na faixa etária dos 5 aos 9 anos, 61,7% eram afro-descendentes. Na faixa dos 10 aos 14 anos, 61,3%, dos 15 aos 17 anos (idade legal para estágios e ingresso no mercado formal), os negros são 53% e na faixa dos 18 aos 24 anos, a proporção cai para 41%.

Esses indicadores, quando associados às taxas de escolaridade, deixam mais visíveis as desigualdades entre jovens negros e brancos, bem como os problemas relativos à trajetória escolar dos jovens brasileiros. Basta saber que, em 2000, da população juvenil entre 18 e 24 anos somente 46,8% estavam na escola, dispersos entre alfabetização e a pós-graduação. A distorção idade-série também tem suas implicações na vida juvenil. No ano 2000, 48% dos jovens entre 15 e 24 anos eram assim distribuídos: 6,2% na alfabetização e 42,6% no ensino fundamental. Os indicadores de raça mostravam que, em 1999, 46% dos brancos não concluíram o ensino fundamental contra 66,5% de negros. O ensino superior era uma realidade para apenas 2% dos jovens negros.

O desmonte da escola básica é, para Frigotto (2004), um problema da mesma ordem que o acesso à educação. O problema da baixa escolaridade não é mais relevante que o problema da qualidade do ensino. E, no caso brasileiro, esses fatores se conjugam em uma equação perversa já denunciada por Bourdieu e Champagne (1998). A expansão da escolarização veio acompanhada de uma desqualificação da escola pública, tornando-a mero aparato filantrópico do Estado. Da mesma forma, o fato de os jovens negros terem os piores empregos, remuneração e escolaridade mais baixas não se resume à condição étnica, mas toma parte em um engendrado mecanismo socioeconômico que, desde o longo processo de escravidão, lhes empurra às camadas sociais mais baixas. Frigotto (2004) sinaliza que "[...] a inserção precoce no emprego formal ou 'trabalho informal', a natureza e as condições de trabalho e a remuneração ou o acesso ou não à escola, a qualidade dessa escola e o tempo de escolaridade estão ligados à origem social dos jovens" (ibidem, p.193). Do mesmo modo, a rigidez do mercado de trabalho e a inovação científico-tecnológica são responsáveis pelas alterações no mundo do trabalho, pelo desemprego ou pela escolaridade precária. A explicação está na capacidade do sistema capitalista em lidar com sua própria crise, criando as mais sutis variações nas relações sociais e nas relações de poder.

Guimarães (2005) parte daí para reencontrar a teoria sociológica produzida na segunda metade do século XX acerca das mudanças no trabalho e seu significado para as formas de sociabilidade contemporânea e desconstrói discursos que apontariam a decrescente importância do trabalho para os jovens, em virtude da reestruturação produtiva e das modificações nos mercados de trabalho internos e externos. A autora começa dizendo que, para compreender as relações juventude e trabalho, é relevante demarcar que o constructo teórico juventude não é unívoco e que o trabalho – como um campo específico – tem suas próprias regras para cortes etários ou geracionais. Guimarães ressalta que, no mercado de trabalho, encontrar-se-ão distintas formas de socialização profissional de jovens que, por seus variados pertencimentos, constroem variadas percepções, representações, aspirações e interesses a propósito do trabalho.

Guimarães (2005) informa que os "intrigantes achados" na pesquisa *Perfil da juventude brasileira* (citada anteriormente) foram justamente estes: o trabalho é tema que está na ordem do dia para os jovens brasileiros, ou seja, é dotado de múltiplos significados e aparece como um valor, uma necessidade e um direito. Aparecendo como secundária na escala de valores, a *dedicação ao trabalho* é importante para os jovens que têm ou tiveram trabalho regular, para os homens, na faixa etária entre 18 e 20 anos, e para os jovens mais escolarizados.

O trabalho é uma necessidade sentida pelos jovens. A tal ponto que, instados a escolher, aparece como o primeiro, segundo e terceiro assunto de interesse. Assunto que em seu reverso constitui um problema, quando o fantasma do desemprego entra em cena. Novamente, um problema que afeta mais diretamente um segmento etário e socioeconômico: os jovens entre 18 e 20 anos com baixa escolaridade e baixa renda. Guimarães destaca que os jovens entendem o trabalho como direito, como condição de cidadania. O direito ao trabalho, ao emprego, a ter uma profissão é significativo para 15% como resposta única e para 30% quando há mais de uma resposta.

A centralidade do trabalho no imaginário juvenil e seu significado subjetivo não são uma coincidência. Como já sinalizou Madeira (1986), Guimarães (2005) conclui que grande parcela da juventude brasileira tem uma longa experiência no mundo do trabalho e a primeira evidência é que essa inserção é impactada pela dinâmica demográfica e seus determinantes. As transformações no aparato produtivo explicam parcialmente as relações entre oportunidades seletivamente preenchidas e percursos no mercado de trabalho. Mas é preciso atentar para os fatores que geram o alargamento e descontinuidades etárias intervenientes na dinâmica da oferta de trabalho.

Uma segunda evidência nesse quadro são as relações entre escolaridade e oportunidades de trabalho, o que nos encaminha para uma análise dos padrões de inclusão e exclusão que se manifestam no sistema escolar brasileiro. Deterioram-se as condições de trabalho para os jovens com baixa escolaridade, na mesma proporção em que aumentam as chances de emprego daqueles que concluem o ensino médio. Os que estão fora do sistema escolar e os que enfrentam a distorção idade-série têm maiores dificuldades de incluir-se no mundo do trabalho, principalmente no mercado formal.

A terceira evidência são as formas de ingresso juvenil no mercado de trabalho. Os mecanismos informais de intermediação são os mais eloquentes instrumentos para iniciar as incursões no mercado de trabalho. Geralmente, esse modo protegido e supervisionado de buscar algum tipo de rendimento e independência financeira conta com a participação da rede de familiares, conhecidos e amigos. Essas intensas transições, que deveriam ser uma exceção, constituem a regra na maior parte das trajetórias ocupacionais juvenis nos mercados metropolitanos. Não obstante as condições precárias e instáveis de inserção laboral, Guimarães (2005) reafirma que as dificuldades de inserção no mundo do trabalho não diminuem seu significado e sua importância para a experiência social juvenil. Ao contrário, suscitam a produção de novos e diferenciados significados, que refletem os distintos contextos e trajetórias ocupacionais.

Jovens e escola

Os múltiplos pertencimentos juvenis, os modos pelos quais estruturam suas identidades individuais e coletivas são aspectos que não podem ser isolados da análise da experiência escolar juvenil. No caso brasileiro, Sposito

(2006a, p.236) sugere que uma observação atenta dos processos de formação desses atores em seus grupos pode evidenciar os reais sentidos que estes sujeitos atribuem à sua relação com a escola. A escolarização pode ter significados muito diferentes daqueles pretendidos pelo mundo adulto escolar, uma vez que

> [...] na condição de portadores de uma identidade coletiva construída, na maioria das vezes, de forma distante do universo escolar, pode haver um percurso de volta à escola, não como aluno, isolado, mas como ator coletivo. Esse novo encontro, difícil e tenso, enfrenta resistências da cultura escolar e de seus protagonistas – técnicos, professores e funcionários – tão ou mais consistentes do que as práticas observadas na experiência dos movimentos populares radicados nos bairros em busca de uma participação mais densa na vida escolar.

Diante desse fato, é preciso indagar: em que condições se é aluno? Quais são as condições atuais de enunciação escolar? De fato, mesmo em um contexto de desinstitucionalização da juventude e da escola, os jovens resistem e inventam subjetividades. A questão é pensar como essas novas identidades juvenis se constroem e qual seria a função da escola na relação com os jovens que nela adentram, e o primeiro passo é entender o contexto histórico em que a instituição escolar toma parte na constituição da identidade juvenil, para em seguida examinar o contexto atual no qual interagem escola e segmentos juvenis.

É consenso entre alguns teóricos que a articulação Estado, família e escola constituiu um dos suportes fundamentais da ordem social moderna. Essas instituições apareciam como uma rede de proteção e de regulação da vida social. A construção da identidade era quase exclusiva do contexto familiar de origem e, mais tarde, do contexto escolar e profissional. Na modernidade industrial, a expansão do ensino secundário e superior para as camadas médias estendeu o alcance da escolarização e, ao mesmo tempo, confirmava à família e à escola papéis complementares na formação e socialização dos indivíduos.

A família, como espaço de afeto, era responsável por um patrimônio e pela herança cultural de base (socialização primária); a escola era o espaço público de formação, educação moral, social e profissional desses mesmos indivíduos, ou seja, a socialização secundária. A crença na capacidade reguladora da escola fez que a moderna sociedade do século XIX e XX apostasse na escolarização como um dispositivo de mobilidade social. Nesse contexto, as instituições de socialização família e escola operariam, preponderantemente, na construção das identidades sociais e individuais juvenis.

Na modernidade tardia – e no momento exato da democratização do ensino no caso brasileiro – esse quadro mudou e atualmente os jovens enfrentam as profundas alterações na função da escola. No processo de socialização contemporânea, foram reconfigurados os papéis da família e da escola na formação da individualidade e subjetividade do indivíduo. De uma parte, o crescimento do mercado de bens simbólicos e o fenômeno da cultura de massa fazem surgir um universo cultural plural e diversificado, consolidam um mercado difusor de informações e de entretenimento com forte caráter socializador, no qual os aparatos tecnológicos partilham com essas instituições a tarefa educativa.

De outra parte, os processos político-econômicos de desinstitucionalização da escola contribuem para sua fragilidade no que tange à sua capacidade formativa e socializadora. A instituição escolar não garante mais o sentido de continuidade biográfica nas trajetórias individuais juvenis. A massificação do ensino secundário e superior ocorre em um quadro de crescente desemprego, as chances de mobilidade social via escolarização são cada vez menores. A integração ao sistema social já não ocorre em um fluxo temporal contínuo em direção ao futuro, e as credenciais escolares não representam um real *empowerment* capaz de conferir um novo sentido à existência dos indivíduos (Leccardi, 2005; Setton, 2005). À medida que o poder socializador dessa instituição declina e o mercado de trabalho se desintegra, o jovem vive a impossibilidade de pensar sua autonomia existencial em estreita relação com a independência social e econômica.

Um componente importante nesta análise é o que Sandoval (2002) trata como a questão da qualidade da educação no contexto da sociedade moderna e que para Dubet (1996a) corresponde ao esgotamento do "programa institucional" da escola moderna, frutos de sua crise e mutação. Para Sandoval (2002), a inserção da escola colombiana na modernidade ocorreu com fraturas que são sentidas mais profundamente pelos jovens que adentram o espaço escolar. A "fratura fáustica" ocorre quando, para acompanhar a velocidade do processo de modernização, a escola toma o caminho mais curto e mais fácil: elege a transmissão de conhecimentos e a expansão do sistema escolar para atender às demandas da economia, abandonando assim sua outra missão essencial que é a criação de conhecimento. A cisão entre o discurso e a prática pedagógica é a segunda fratura sofrida pela escola. Eco e Ninfa são as duas figuras míticas que explicam o narcisismo de uma escola centrada em si mesma.

A terceira fratura, representada por Jano, resume a fragmentação, a cisão, a dupla identidade que a escola colombiana experimenta ao entrar na segunda modernidade. A primeira face da fratura bifronte se expressa na maneira como o tempo escolar dissente do tempo das sociedades urbanizadas e do tempo juvenil. A segunda face é a fratura cultural, que se define pela convivência de diferentes temporalidades e culturas em um mesmo espaço, a escolar e a juvenil. A cultura da escola se move com lentidão, propõe um conhecimento arcaico e um modelo de vida baseado na densidade e na solidez do tempo. A cultura dos jovens projeta-se na efemeridade do tempo presente, na instabilidade e velocidade do mundo virtual, dos aparatos tecnológicos.

É nesse cenário que os jovens colombianos das zonas mais modernizadas, afirma Sandoval (2002), vivem a experiência escolar. A proposta educativa escolar é para eles algo que talvez sirva para o futuro, mas é estéril no presente. O tempo que passam na escola é um tempo de não ser, de retardamento da vida. A este tempo de não ser, os jovens criam uma vida alternativa, maneiras de coexistir, de adaptar-se e de confrontar a cultura da escola. Como em um filme de *science-fiction* os jovens operam com três tempos: o tempo da lentidão escolar, o tempo da cultura moderna que lhes chega do exterior e o tempo da sociedade colombiana no qual se mesclam os tempos pré-moderno, moderno e pós-moderno.

Ao enfocar a entrada massiva dos jovens franceses no ensino médio, Dubet (1994) observa que estes "novos estudantes secundaristas" estão no centro de tensões muito mais fortes que as gerações precedentes: de uma parte, eles são os beneficiários da massificação do ensino e do alongamento da escolaridade e, por isso, são a primeira geração de suas famílias a concluir o ensino médio. De outra, suas capacidades de projetar um futuro profissional têm sido progressivamente menores e a escolarização não tem sido suficiente para evitar a exclusão social.

Ao investigar as questões mais próximas do mundo escolar, observa que o programa institucional francês pensado para a escola moderna vive uma crise sem precedentes. Os processos de mutação e crise vividos pelo ensino mostram que a função de socialização, bem como as funções educativas e de subjetivação dos sujeitos, se distinguem e se constroem sob diferentes registros. Essa separação nas funções clássicas da escola provoca modalidades particulares da experiência escolar, segundo os níveis do sistema de ensino e das classes sociais dos sujeitos. E a escola, por não conseguir articular sua função de socialização com as tarefas de aprendizagem dos conhecimentos e subjetivação, delega ao aluno a obrigação de construir por si mesmo os sentidos de sua experiência escolar.

Tal perspectiva de análise da educação escolar desloca-se do tema do fracasso e sucesso escolares e dos problemas exaustivamente abordados há três décadas: a repetência, a evasão escolar e a falta de vagas. A democratização do acesso ao sistema de ensino e os processos de mutação social transformaram a própria natureza da ação socializadora da escola e, por conseguinte, a natureza da dominação. São os indivíduos que constroem "livremente" sua "escolarização", nas possibilidades que a experiência social de cada um comporta. Quanto menos "[...]os atores dispõem de recursos, de performances, de capitais escolares, mais eles são dominados [...] mais fortes são as tensões de sua experiência" (Dubet, 1994, p.206, tradução nossa).

Duschatzki e Corea (2002) nomeiam contextos instáveis e imprevisíveis os espaços escolares nos quais os grupos juvenis constroem suas subjetividades. Para conhecer as condições atuais das escolas urbano-marginais da cidade de Córdoba e para verificar a eficácia da escola na formação das subjetividades, as autoras se aproximaram dos alunos, perguntando-se como estes habitam as novas condições sociais, as situações de pobreza, nomeadamente a expulsão social, nas quais estavam imersos. A resposta veio na seguinte formulação: os alunos de hoje não são os mesmos de ontem porque estão suspensas as condições de enunciação do jovem moderno, aquelas condições que possibilitavam à família e à escola instituir subjetividades.

Para Duschatzki e Corea (2002), a escola está posicionada entre a destituição e a invenção. A destituição, para as autoras, não é a inexistência ou a ausência. É talvez mais brutal, porque a ficção que se criou em torno deste dispositivo pedagógico moderno – a escola – deixou de ter um poder performativo na interpretação dos jovens. A pressuposição é de que a escola perdeu a credibilidade em seu potencial para fundar subjetividades.

Abrantes (2003) também discute a produção das identidades juvenis em interação com a escola. Ao pesquisar os jovens estudantes da cidade de

Lisboa, o autor remarca que eles constroem suas identidades por meio de experiências, estratégias e interações particulares. Contudo, as estruturas sociais, como classe e gênero, são componentes centrais no processo de construção identitária. Ainda que marcada por uma forte positividade, constata-se a existência de uma "adesão distanciada" dos jovens quando o assunto é a escola. Abrantes observa que, seguindo uma tendência das sociedades contemporâneas, os jovens constroem suas estratégias identitárias lidando simultaneamente com o presente e o futuro. Este aspecto é fundamental para a análise, pois resulta que o universo das identidades juvenis refletido na escola é marcado por diferentes tempos, dando origem às identidades transitórias e às identidades projetivas.

Ao descrever as trajetórias escolares juvenis, Abrantes (2003) mostra que alguns segmentos juvenis dispõem de uma posição confortável, seja na escola, seja no universo juvenil, que lhes permite deter os códigos e recursos nos dois campos, constituindo identidades construtivas. Por conseguinte, as identidades desvalorizadas são dos sujeitos jovens que ocupam lugares periféricos no mundo escolar e no mundo juvenil. Estes sujeitos desconhecem o funcionamento da escola, não reconhecem e não sabem lidar com seus mecanismos, suas regras, seus códigos, que são por sua vez as regras e códigos que veiculam em nosso cotidiano.

Dubet (2004) chama a atenção para a importância de potencializar experiências e oportunidades proporcionadas pela escola. De fato, o acesso aos bens produzidos na escola e pela escola tem um papel preponderante sobre a certificação. A escola, para os jovens, não é um lugar onde se aprende saberes, técnicas somente, mas é, acima de tudo, uma instituição que atribui títulos, afirma direitos e confere aspirações. Por fim, a posse de uma qualificação, no sentido mais estrito da palavra, tende a ser ainda um poderoso recurso identitário em nossa sociedade. No ensaio *L'école des chances: qu'est-ce qu'une école juste?*, Dubet (2004) evoca o princípio da diferença no campo das políticas sociais para dizer que a escola, se quer demonstrar eficiência em seu papel formativo, deve procurar novas articulações entre o princípio (igualdade meritocrática de chances) e a realidade (desigualdades sociais). Uma escola menos injusta deve ser útil não somente à aprendizagem dos conteúdos, mas também para a integração social e para formar sujeitos de uma sociedade democrática e solidária. Conclui que garantir uma cultura comum é a única medida de sua eficiência coletiva.

Não obstante as mudanças ocorridas no processo de democratização da educação básica nas últimas décadas, ou talvez desencadeados pelas políticas implementadas na década de 1990, constata-se uma democratização às avessas, com um ensino marcado pelo alongamento da escolarização, pelo aligeiramento dos processos e pela má qualidade. Políticas e ações que deveriam ser articuladas no sentido de possibilitar aos jovens a consolidação das habilidades básicas de leitura, escrita e resolução de problemas, aliada a uma formação cidadã e à educação profissional, têm se configurado na desobrigação do Estado para com a educação básica, ocasionando a redução da população juvenil à condição de excluídos no interior do sistema escolar.

Essas indagações nos remetem ao cerne dos processos de escolarização dos jovens urbanos e pobres. Pellegrino e Carrano (2003) destacam, na realidade educacional brasileira, a existência desses jovens em relação com o universo escolar. Os autores falam de uma escolarização expandida no tempo e degradada na qualidade à qual são submetidos os jovens das camadas populares. O quadro estatístico da escolarização juvenil no Brasil apresenta uma considerável expansão quantitativa da educação básica. Mas, ao lado da universalização do acesso, permanece um quadro de desigualdade sistêmica. Essas constatações evidenciam a instauração de um campo de conflito no que se refere ao aparato escolar: nem a escola existe para garantir a mobilidade social, nem os sujeitos que entram ali estão na unívoca condição de alunos. No interior da escola, os jovens instituem espaços de sociabilidade que precisam ser reconhecidos. No interior da escola, as destituições se produzem cotidianamente e as apropriações não são feitas com as mesmas lógicas pelos segmentos juvenis.

Uma análise sócio-histórica da instituição escolar permitiria vislumbrar o que efetivamente acontece no interior do sistema de ensino. O capítulo seguinte é dedicado a este fim: conhecer a escola, seus processos de ajustamento às exigências sociais e suas práticas de incorporação dos sujeitos. Vamos também conhecer os sujeitos: os jovens, suas práticas culturais e seus modos de interação com a escola.

3
Nos interstícios da instituição escolar

> *Para que uma diferença faça desigualdade, é preciso que todo mundo (ou pelo menos uma maioria tanto dos "privilegiados" como dos "lesados") considere que a privação de tal atividade, isto é, o acesso a dado bem cultural ou serviço, constitui uma carência, uma deficiência ou uma injustiça inaceitável.*
> (Lahire, 2003, p.4)

Já não podemos falar mais na incapacidade do sistema de ensino em receber crianças, adolescentes e jovens oriundos das camadas populares. A profusão dos dados estatísticos, as taxas de matrícula e os índices de aprovação escolar confirmam que a educação escolar ganhou espaço na agenda do governo brasileiro. Não obstante esse quadro, o problema da escolarização reaparece no tema da qualidade do que se ensina e se aprende na escola. A intensidade e a rapidez na implementação do projeto democratizador do ensino não repercutem na qualidade dos processos educativos escolares. Ao que parece, o sistema escolar agrega novos e dissimulados mecanismos e práticas excludentes. E somente olhando para o interior do sistema de ensino é possível enxergar o que Dubet (1996a) nomeia mecanismos de diferenciação interna e externa dos alunos, processos macroestruturais de desinstitucionalização da escola e processos microestruturais de individualização da experiência social e escolar dos sujeitos.

De um modo geral, trata-se de estabelecer uma relação entre os processos de mutação da escola e os processos sociais excludentes instituídos pelo capitalismo neoliberal. De modo mais específico, trata-se de investigar os

"[...] novos matizes nas análises dos processos de inserção e transição escolar, tornar possível novas leituras, tanto técnicas como políticas, e uma nova compreensão dos atores e dos processos microssociais em jogo" (Bonal et al., 2005, p.186, tradução nossa).

Há uma "silenciosa" produção do fracasso escolar no interior dos sistemas de ensino diante da ruidosa entrada de grupos sociais anteriormente impossibilitados de acessar a escola. Há uma dinâmica social que inclui de forma degradada ao possibilitar o acesso, mas exclui-integrando por mecanismos de controle e regulação. Um controle que, do modo como é exercido, faz o excluído acreditar em sua capacidade individual de construir sua trajetória escolar.

Reconvertendo-se em novas problemáticas ou mesmo adquirindo maior complexidade, o debate sobre a escolarização foi restituído ao cenário acadêmico. Como observa Zago (2006), é preciso descortinar outras facetas da desigualdade, pois a presença massiva das camadas populares no ensino não oculta as reais diferenças sociais entre os estudantes. Novas problemáticas colocadas por um velho e mutante ordenamento social exigem novas ferramentas de análise. À recomposição da temática do fracasso escolar sucede-se uma conformação no campo da pesquisa sociológica, dentre as quais "[...] destacam-se os estudos voltados para os processos escolares, envolvendo, entre outras questões, as estratégias familiares, as variações nas configurações escolares entre grupos sociais e no interior de um mesmo grupo" (Zago, 2006, p.226).

A propósito das relações entre educação escolar e os contextos socioculturais dos sujeitos sociais, surge uma gama de estudos[1] que tendem a evidenciar as mutações vividas pela escola desde sua constituição como agência socializadora nas trajetórias escolares dos sujeitos. O tema da escolarização deixa de ser analisado pelo fluxo entrada-saída de alunos do sistema de ensino e concentra-se na longevidade das trajetórias escolares, na qualidade dos processos escolares e no funcionamento do sistema de ensino.

---

1 Um grupo representativo de pesquisadores e observadores atentos dos reflexos das políticas educacionais tem indagado pelas condições de efetivação do ensino, pela qualidade dos processos pedagógicos, pelas relações sociais inscritas no interior da escola e pela interação entre os diferentes atores que compõem o mosaico da comunidade escolar: Dayrell (2001, 2003); Carrano (2003); Giovanni (2006); Sposito e Carrano (2003a); Sposito (2000, 2003b, 2005, 2006a); Gusmão (2005); Valente (2005); Freitas (2006); Zago (2006), entre outros.

Para além dos resultados escolares, essas pesquisas indicam que é preciso descortinar os aspectos "[...] da lógica social que condicionam a permanência, reprodução e alteração das hierarquias e estratificações sociais mais além dos discursos e dispositivos que, em princípio, teriam como função precisamente o contrário: assegurar a igualdade de oportunidades entre as pessoas independentemente de suas inscrições sociais" (Bonal et al. 2005, p.185, tradução nossa).

Julia (2001), Lahire (2002, 1992), Forquin (1990) e Chervel (1990) efetuam esse refinamento da problemática educacional ao colocar o tema da cultura escolar no cerne do debate sobre os processos de produção das desigualdades sociais. A cultura escolar não é simplesmente uma consequência ou produto específico originado na configuração dos sistemas educativos. A escola, além de efetivar a seleção entre os saberes e materiais culturais, realiza um trabalho de reorganização, de reestruturação didática, que não somente o de converter os conteúdos em saberes e modos de pensar tipicamente escolares. Por sua autonomia, a cultura que se produz na escola excede seus limites e intervém em outros contextos e atividades da vida social. Basta um olhar sobre os diferentes contextos da vida social para notar a marca didática e acadêmica nos comportamentos, saberes, hábitos, critérios de excelência e sistema de valores. Os modos de articulação do discurso, a própria escolarização da escrita demonstram claramente essa "força formadora dos hábitos" que tem a cultura escolar. Esse complexo sistema de regras, valores e modos de organização dos sistemas educativos se expressa e se institui na vida cotidiana, nas interações entre os sujeitos que adentram o espaço-tempo da escola.

As pesquisas e as observações feitas com os jovens sugerem que, junto da expansão do ensino, concorrem fatores de desinstitucionalização da escola e de subjetivação da experiência escolar. De fato, os jovens querem ser compreendidos em suas peculiaridades e em seus modos próprios de se relacionar com os espaços socializadores. Contudo, isso não supõe uma ausência dessas instituições. A família, a escola, o trabalho constituem três instâncias necessárias de socialização e de mediação simbólicas na relação desses sujeitos com o mundo.

No nosso entendimento, há três aspectos concernentes à democratização do ensino que fazem confluir a sociologia e a história da educação para o debate sobre a função socializadora da escola. O primeiro refere-se mesmo à cultura escolar, ou seja, ao funcionamento interno da escola, seus modos hegemônicos de socialização, sua gênese e sua particular configuração. O segundo aspecto é indagar pelos atores sociais que se constituem na escola. Aqui situamos os atores juvenis e seus modos de interação com o universo escolar. O terceiro aspecto é confluência dos diferentes ritmos e tempos no interior da escola: o tempo social, o tempo escolar e o tempo juvenil.

A cultura que se (re)produz escola: elementos para a compreensão dos processos educativos escolares

No artigo intitulado *A cultura escolar como objeto histórico*, Julia (2001, p.22) sustenta que o estudo das normas e das práticas escolares em estreita relação com as finalidades de cada época podem nos revelar que

> [...] o colégio não é somente um lugar de aprendizagem dos saberes, mas é, ao mesmo tempo, um lugar de inculcação de comportamentos e de *habitus* que exige uma ciência de governo transcendendo e dirigindo, segundo sua própria finalidade, tanto a formação cristã como as aprendizagens disciplinares.

Analisando a produção teórica francesa, o autor afirma que, mesmo com um considerável refinamento em suas problemáticas, o campo da história da educação desconheceu a importância do estudo das práticas escolares. Entre as décadas de 1960 e 1970, a sociologia da reprodução evidenciou na escola o caráter reprodutor das desigualdades herdadas e da herança cultural. Na trilha dos sociólogos críticos, os historiadores da pedagogia enxergaram na escola "[...] o meio inventado pela burguesia para adestrar e normalizar o povo" (ibidem, p.11). Nos anos 1980, o autor aponta um triunfo da pedagogia normativa, uma crença generalizada no potencial da escola e no projeto democrático de escolarização. Esta ilusão levou os mesmos historiadores a "[...] superestimar modelos e projetos e a constituir, no mesmo lance, a cultura escolar como um isolamento, contra o qual as restrições e as contradições do mundo exterior viriam a se chocar [...]" (ibidem, p.12).

Com intervalo de uma década, pode-se observar no Brasil a mesma trajetória nas pesquisas educacionais. Na década de 1980, ocorreu uma centralização nas pesquisas sobre o fracasso escolar, sustentadas teoricamente pela sociologia crítica, pelos estudos culturais e pelo multiculturalismo. Essa década enfatizaria o caráter reprodutor do sistema de ensino, provocando, na década seguinte, a crítica veemente do modo reprodutivista de pensar a educação. Coincidindo com a instauração do projeto de democratização da educação básica, com a reforma educacional e com a aprovação de uma nova lei do ensino, a década de 1990 encerrou-se com a crença no potencial equalizador da escola.

Para Forquin (1993), a sociologia da reprodução explicitou fatores de desigualdade escolar que não podem ser ignorados por nenhuma teoria do currículo, nenhuma filosofia ou política educacional: as diferenças sociais e as características culturais herdadas da cultura familiar influenciam diretamente o processo de escolarização. Ao criticar os saberes e práticas escolares, os teóricos da reprodução expressavam o sintoma de uma crise da cultura e teorizavam uma desilusão diante do utopia do direito à educação, da justiça distributiva e da escola meritocrática de chances.

A questão na qual insiste Forquin é que, ao associar o conceito de cultura à educação, os teóricos do multiculturalismo e dos estudos culturais provocaram uma tensão no interior do pensamento pedagógico contemporâneo. Forquin (1993) fala de duas leituras do fenômeno educativo ou, para utilizar uma expressão de Paul Ricouer (1969 apud Forquin, 1993), trata-se de um profundo e irresolúvel conflito de interpretações. Esses dois modos de "ler" o fenômeno educativo – a leitura pedagógica normativa e prescritiva e a leitura sociológica "positiva" – têm cada uma seu valor, são dois polos inseparáveis e, concomitantemente, inconciliáveis. Enquanto a primeira observa a escola de seu interior, do ponto de vista da intencionalidade educativa, a segunda observa do exterior, descreve, explica e analisa as instituições educativas como fenômenos situados no mundo. Forquin sinaliza que, a partir dessa ruptura intelectual, é legítima a coexistência e o uso pedagógico do conceito de cultura em duas vertentes: uma individual e outra coletiva, uma normativa e outra descritiva, uma vertente universalista e outra pluralista. Desse modo, ainda que as contribuições descritivas e analíticas sejam inegáveis e indispensáveis, o autor salienta as possibilidades

> [...] que o conceito propriamente etnológico de cultura podem trazer para a compreensão das práticas e das situações escolares: a escola é também um 'mundo social', que tem suas características de vida própria, seus ritmos e ritos, sua lin-

guagem, seu imaginário, seus modos próprios de regulação e de transgressão, seu ritmo próprio de produção e de gestão de símbolos. (Forquin, 1993, p.167)

Há uma evidência de que as práticas, condutas, modos de vida, hábitos, ritos, objetos, imaginário, modos de pensar e fazer, nomeados cultura da escola, caracterizam-na como uma organização, um mundo social. Esta "cultura da escola", continua Forquin, não pode ser confundida com o que se entende por "cultura escolar", os conteúdos cognitivos e simbólicos que são didatizados e transmitidos deliberadamente nos contextos escolares. Também não podemos ignorar, segundo Forquin, que a cultura não é somente este conjunto de imperativos no qual são inscritos os projetos pedagógicos. Ela se constitui no próprio objeto do ensino seu conteúdo substancial e sua justificação última. Ensinar é fazer com que os indivíduos incorporem à sua substância, à sua identidade intelectual e pessoal, os elementos da cultura considerados apropriados ao projeto de sociedade que se tem. E é por essa razão que não existe uma oferta cultural escolar independente de uma demanda cultural social. É ainda o que explica a tensão entre a cultura escolar e a cultura da vida cotidiana, tão fortemente denunciada pelas pedagogias inovadoras contemporâneas. O princípio mesmo de toda eficácia educativa está na tão questionada descontinuidade entre a cultura que a escola transmite e a demanda cultural espontânea dos indivíduos ou das instituições sociais. O problema é que no momento em que a sociedade institui a exigência da escolarização, o Estado institui seu subsistema, a escola. A socialização das gerações mais jovens pelas gerações adultas dá lugar a uma prática de aprendizagem específica exercida por um aparato de adultos especializados em uma instituição autônoma.

Verret (1975) informa que o aparecimento da escola como instituição específica e especializada na transmissão explícita e metódica dos saberes implica um sistema de condições que vão desde a existência de um conjunto de agentes especializados para essa transmissão até a existência de grupos etários a partir dos quais se define uma relação diferencial entre esses saberes e práticas. É também por meio de um sistema de transmissão didática que o conteúdo e a forma do tempo de aprendizagem passam a ser controlados. O princípio da transposição didática, esta espécie de lei fundamental da instituição escolar, explica a pertinência epistemológica das formas de regulação do objeto e das condições de transmissão do saber.

Viñao (1995, p.73, tradução nossa) insiste que esse conjunto de aspectos institucionalizados compõe uma "forma silenciosa de ensinar", uma vez que qualquer alteração em sua disposição modifica sua natureza cultural e educativa. A cultura escolar não é um produto específico do processo de configuração dos sistemas educacionais. É a escola, como instituição, que faz existir este "[...] conjunto de teorias, ideias, princípios, normas, pautas, rituais, inércias, hábitos e práticas (formas de fazer e pensar, mentalidades e comportamentos) sedimentadas ao longo do tempo na forma de tradições, regularidade e regras de jogo não explicitadas, e compartilhadas por seus atores, no seio das instituições educativas".

A sociedade solicita que a escola dissemine uma determinada cultura, mas, ao fazer isso, a escola cria seus próprios procedimentos de ensino e entrega à sociedade um produto cultural, seus antigos alunos. Para separar sua prática das outras práticas antecedentes (familiares), consequentes (profissionais) ou paralelas (religiosas, culturais), a escola constitui seu tempo e espaço e opera, segundo Viñao (1995), a mutação burocrática da regra de funcionamento prescrita pelo Estado, intensificando-a, homogeneizando-a e autonomizando-a. Assim, de um lado estão as normas (obrigatoriedade, duração, condições de recrutamento de alunos e professores e condições de funcionamento da instituição escolar) e os programas oficiais explícitos. De outro estão "[...] o conjunto dos efeitos culturais, não previsíveis, engendrados pelo sistema escolar em boa parte de modo independente" (Viñao, 2002, p.72, tradução nossa). A este conjunto, Verret (1975) acrescenta a organização e a divisão social nos grupos etários separados e fixos e a ampliação da escolaridade em extensão, obrigatoriedade e exigências de qualificação.

Essa concepção etnográfica da cultura escolar é a própria razão de sua continuidade, afirma Viñao (2002). Ao atentar para a realidade cotidiana das escolas, ver-se-á que a cultura escolar – os rituais da vida escolar, os fatores meio-ambientais, como o calendário escolar, as tarefas de casa, as comemorações escolares, as atividades extraescolares; os objetos e materiais tipicamente escolares; os sistemas de hierarquias internas e de sanções, recompensas e estímulos; a divisão da prática teórica em campos de saber, a despersonalização do saber; o controle regular das aprendizagens por meio de procedimentos de verificação; os sistemas de graduação etária e das matérias – caracteriza-se pela continuidade e persistência no tempo, por sua relativa autonomia em criar e sedimentar práticas que só podem ser conhecidas por um trabalho arqueológico de desenterramento.

Viñao informa alguns aspectos mais visíveis da cultura escolar, que são em primeiro lugar seus atores – professores, pais, alunos, pessoal administrativo e de serviços. Aos professores tem correspondido o papel mais relevante por sua posição no sistema de transmissão didática dos saberes e na conformação da cultura escolar. Esse fato explica as pesquisas e a necessidade de conhecer sua formação e seu grau de profissionalização. Todavia, existe uma lacuna no estudo de outros atores que compõem o cenário escolar, os alunos, os pais, os dirigentes e funcionários, como já observou Julia (2001). Em segundo, aparecem os discursos, linguagens, conceitos e modos de comunicação utilizados no mundo acadêmico e escolar. Existe no interior da escola uma linguagem específica, que precisa ser aprendida e manejada pelos atores da "comunidade escolar", a qual Vincent et al. (2001) denominam modo de socialização escolar. Em terceiro, o autor destaca os aspectos organizativos e institucionais, quais sejam as práticas e rituais da ação educativa, os modos de relação e comunicação didática e os modos organizativos formais. Um último mas não menos importante aspecto é a cultura material escolar, ou seja, tudo que constitui sua materialidade, como os edifícios, o material didático-escolar e o mobiliário.

Todos esses aspectos visíveis da cultura escolar podem sugerir a existência de uma estrutura única, que reúna todas as instituições educativas de um determinado lugar e período histórico. Mas não é bem assim. Verret (1975), por exemplo, ao estudar os usos do tempo de estudos dos jovens universitários franceses, observa que os usos e efeitos do tempo escolar não são idênticos para todos os agentes da escola. A capacidade de atualização e de socialização do tempo escolar depende dos níveis de sincronização, regulação, programação, autodeterminação e abstração temporal dos agentes da prática escolar. Viñao (2002) argumenta ser mais apropriado falar em culturas escolares para descrever as características peculiares que são impressas em cada estabelecimento docente, nos diferentes níveis educativos e em cada grupo de atores que interagem no cotidiano escolar.

Se cada estabelecimento escolar tem, mais ou menos acentuada, suas particularidades e sua própria cultura, é mister compreender o que faz de cada escola uma instituição peculiar. É preciso indagar pelas condições históricas que configuraram um modo de socialização "escolar" que se impôs a outros e que tem correspondido a uma pedagogização das relações sociais. A escola institui um modo de socialização pautado por regras aparentemente impessoais, resultantes de um enorme trabalho de objetivação e codificação. A criação das escolas e a hegemonia de seu modo de socialização estão no cerne da história do ensino e podem explicar a instauração de uma nova ordem pública urbana nas cidades europeias do século XVII. Uma análise sócio-histórica da emergência da forma escolar indica que as escolas desse período estavam menos preocupadas com a transmissão dos saberes e mais com o ensino dos ofícios e das regras de civilidade.

> Como toda relação social se realiza no espaço e no tempo, a autonomia da relação pedagógica instaura um lugar específico, distinto dos lugares onde se realizam as atividades sociais: a escola. E a escola torna-se um lugar privilegiado para a decodificação de um conjunto de práticas sociais que se fizeram escolares e de práticas escolares, que se configuram como modo de socialização e de exercício do poder. (Vincent et al., 2001, p.13)

Chervel (1990) refaz a historiografia da escola para atestar a necessidade de uma produção teórica que compreenda a escola por seu interior, ou seja, sua gênese, sua função e seu funcionamento. Por meio de pesquisas sobre as disciplinas escolares, questiona a suposta neutralidade do debate sobre esse tema e evidencia que a instituição escolar não é um simples agente de transmissão dos saberes e estes não são entidades *sui generis*, independentes e a-históricos. Chervel (1990, p.184) refere-se a um poder criativo da escola, a um estrito mecanismo do sistema escolar que, em relação com a sociedade, consiste em formar "[...] não somente os indivíduos, mas também uma cultura que vem por sua vez penetrar, moldar, modificar a cultura da sociedade global". Ao reconstruir a história das disciplinas escolares, ele fala de uma pedagogia que não se restringe às metodologias, que não é um simples lubrificante espalhado sobre o mecanismo do funcionamento real do ensino. Ela é um elemento desse mecanismo que transforma ensino em aprendizagens.

Chervel (1990) insiste na necessidade de conhecer a história das práticas culturais escolares, da organização do tempo e do espaço escolar, das diferenças ou semelhanças entre a cultura escolar e as culturas familiares ou profissionais, temas que demandam uma interpretação hermenêutica da escola, que responda por seu sentido e seu uso, que pergunte por sua unidade como configuração histórica particular surgida em uma determinada época e formação social ou, dito melhor, que busque compreender seu princípio de engendramento, sua inteligibilidade. "Dizer que o modo de socialização escolar é dominante não significa dizer que ele utilize as mesmas modalidades, em todos os lugares e circunstâncias e que não existam resistências objetivas por parte dos sujeitos sociais socializados em outras formas de relações sociais" (Vincent et al., 2001, p.42), mas implica em reconhecer que esse tipo de socialização, além de largamente difundido nas diversas instâncias socializadoras, é o único considerado legítimo.

O empenho desses teóricos em uma análise sócio-histórica da forma escolar de socialização tem demonstrado que há outras abordagens do fenômeno escolar ainda não constituídas para responder às questões em suspenso. As trajetórias investigativas de Lahire (2002) e Thin (2006) explicitam a fertilidade desse campo. Ao aprofundar no estudo do modo de socialização escolar, esses teóricos dizem que esta valorização dos modos de fazer e pensar próprios da escola, sua difusão e sua capacidade hegemônica precisam ser vistos na diversidade e na complexidade das práticas e dos atores, ou seja, do que efetivamente se passa no interior da escola. Também Julia (2001) assinala que uma das lacunas na história da cultura escolar é o estudo das culturas específicas dos grupos sociais para os quais se dirige a aculturação escolar: as crianças e jovens.

O interesse desses teóricos em investigar os atores sociais e as culturas que participam do cotidiano escolar não é fruto do acaso. É, sim, uma constatação de que a natureza do ato pedagógico é muito mais complexa do que pensamos. Para além dos limites impostos pela infraestrutura da escola, o real limite imposto à liberdade pedagógica de um professor é o grupo de alunos que encontra diante de si. Por isso, estudar a "[...] aculturação realizada pelo aluno no contexto escolar [...]" (Chervel, 1990, p.209) é perguntar pela transformação qualitativa do ensino operada pelos sujeitos que dela participam. Mais que isto, é considerar que a escola participa "[...] da cultura e da vida social de seu tempo" (ibidem, p.198) por meio de seus atores. No conjunto dos atores sociais que interagem com a escola e que se produzem na escola, destacamos os jovens oriundos das camadas populares e postulamos que o modo como se relacionam com a escola é um aspecto relevante nos resultados da escolarização desses sujeitos.

A constituição dos atores juvenis no cotidiano escolar

Uma descrição dos "ritos" escolares demonstra que fenômenos socioculturais, como o fracasso escolar, podem até ser explicados por um viés macrossocial. Todavia, as sutilezas dos mecanismos que os engendram podem ser enxergadas no estudo da cultura escolar. Sampaio (2004) torna explícita a relação entre currículo, ensino e fracasso escolar, ao examinar recursos escolares[2] e perceber que o julgamento destes não se baseava nos critérios de avaliação pautados pelo currículo oficial, mas em critérios que estavam submersos no currículo e que se instituíam nas práticas pedagógicas, as quais, por sua vez, objetivavam legitimar a função seletiva do sistema de ensino.

Sampaio (2004, p.87) analisa, por meio dos recursos impetrados pelos alunos (ou por seus pais), "[...] a relação entre os conteúdos mais valorizados no currículo e as dificuldades de aprendizagem [...]" dos estudantes. E o que a autora registra são os limites no processo de transmissão dos conhecimentos, a dissociação entre ensino e aprendizagem e os problemas que os alunos enfrentam em sua trajetória escolar. A distância entre os conteúdos e a realidade do aluno aparece como dificultador da aprendizagem e a reação de desinteresse e apatia é considerada, na avaliação dos professores, consequência de sua incapacidade em assimilar o conteúdo.

Para explicar por que os alunos não aprendem, não assimilam o conteúdo proposto pelo professor, os problemas são atribuídos aos alunos: "[...] falta de pré-requisitos, pouca assimilação, problemas ligados à leitura e escrita, desinteresse, baixa participação e falta de hábitos de estudo" (ibidem, p.101). Para Sampaio, o caráter genérico dos pareceres coloca todos os alunos em uma mesma situação, impedindo que sejam conhecidos em suas particularidades.

---

2 Os recursos são pedidos de reconsideração das notas e do resultado final feito pelos alunos em relação à avaliação efetivada pelo Conselho da Escola no final do ano letivo. Pelo Regimento das escolas estaduais de São Paulo, o aluno tem o direito de recorrer dos resultados da avaliação de seu desempenho por meio desse procedimento. O recurso pode tramitar desde a unidade escolar até as instâncias hierárquicas superiores. A pesquisadora tomou como fonte documental um conjunto de recursos impetrados por alunos ou pelos pais no período entre 1991 e 1995. Os recursos analisados totalizaram oitenta e permitiram constituir cinquenta relatos ou casos, distribuídos equilibradamente entre alunos do ensino fundamental e médio.

É interessante notar que os tais pré-requisitos que a escola espera que os alunos tenham, quais sejam: "[...] boas maneiras, disciplina para assistir e participar das aulas, hábitos de estudo, competências para ler e escrever bem, e que resolvam seus problemas fora da escola" (ibidem, p.102), eram, no século XIX, consideradas finalidades da escola: "[...] disciplinar a inteligência das crianças, isto constitui o objeto de uma ciência especial que se chama pedagogia" (Chervel, 1990, p.179). E ainda "[...] finalidades mais sutis, de socialização do indivíduo no sentido amplo, da aprendizagem da disciplina social, da ordem, do silêncio, da higiene, da polidez, dos comportamentos decentes etc." (ibidem, p.188). Quanto ao docente, sua tarefa não seria de convencer o aluno na ordem da razão e do dogma. "Trata-se de implantar as próprias formas de conhecimento, do raciocínio, da expressão normatizada, até mesmo do comportamento gestual" (ibidem, p.195).

Ao comparar as expectativas dos professores estudados por Sampaio e as normativas do século XIX, o que dizer de uma mudança tão profunda na função educativa a que se propunha a escola? O descompasso entre projetos educacionais e a mutação dos sistemas de ensino e da função educativa foram bem observados por Sampaio (2004) no tocante às escolas estaduais paulistas. O mapeamento dos problemas educacionais e dos fatores a eles associados a fez concluir que o contexto educacional pós-64, a expansão de vagas no sistema estadual, a reforma administrativa na Secretaria de Educação, as condições de trabalho docente e a reforma curricular trouxeram um novo modelo de escola: uma escola envelhecida e indiferente. Essa intricada relação, supõe Sampaio (2004, p.189), pode ter feito "[...] a escola resistir à entrada de novas propostas por uma questão de tradição arraigada ou por não ter conseguido mudar suas práticas [...]".

Thin (2006), por sua vez, relata que o confronto entre as lógicas socializadoras das famílias das classes populares e as lógicas socializadoras escolares é desigual para as famílias e se traduz em práticas antinômicas no que concerne à autoridade, aos modos de comunicação, na relação com o tempo e na apropriação dos sentidos da escolarização. Insistir na debilidade dos recursos culturais familiares é "[...] deixar de lado as relações efetivas dos pais com a escola, a forma como os pais se apropriam da escolaridade dos seus filhos, o sentido que eles atribuem a isso, as práticas socializadoras familiares [...]" (Thin, 2006, p.212), legitimando as exigências e normas instituídas pela escola.

Enquanto Thin (2006) concentra-se nas famílias e jovens das camadas populares procurando enxergar as contradições entre lógicas sociais e lógicas escolares, Gusmão (2005) dirá que o problema da "aprendizagem escolar" é esse tenso e conflitivo "encontro entre culturas diferentes" no interior da escola. Experiência semelhante é relatada pela autora quando narra o cotidiano escolar das crianças e jovens que habitam os Bairros de Lata ou Aldeias d'África, na periferia de Lisboa. Os professores que atuavam na escola afirmavam que ali não havia problemas raciais e que estes seriam de ordem social e cultural. No entanto, um dos problemas que se refletia na escola era a questão da linguagem. Ainda que os discursos oficiais se baseassem na afirmação do direito à igualdade, a prática educativa negava cotidianamente aos alunos imigrantes africanos a possibilidade de transitarem entre reinos psíquicos e culturais distintos: o crioulo, a língua própria e de uso cotidiano, e o português, a língua formal, exigida pela escola e pela sociedade.

> A questão, difícil e contraditória, remete-se, assim, à estrutura do próprio sistema capitalista em sua fase atual globalizada, porém heterogênea e conflitiva. Mais do que a harmonia e o equilíbrio pressupostos na ação educativa, está em questão o campo educacional como um campo de poder e de conflito, na escola e fora dela, colocando em jogo as possibilidades identitárias dos diferentes sujeitos sociais e seus direitos. (Gusmão, 2006, p.383)

Ao tomar como exemplo a questão da língua, Gusmão observa que, mesmo propondo uma educação multicultural, a escola da Quinta Grande não admite que a língua instituinte, o crioulo, se interponha à língua instituída, o português culto. Mesmo que todos os colegas o compreendam, a professora não entenderá o que ele diz e o aluno que fala crioulo está fadado ao insucesso. Se o processo de aprendizagem está centrado no português e o aluno fala o crioulo, pensa em crioulo, ele está impossibilitado de desenvolver sua aprendizagem.

O discurso da igualdade democrática esbarra nos condicionantes estruturais que sustentam a prática educativa, nos dispositivos sociais e culturais que a escola produz em seu interior. O equipamento escolar, para o qual adentram os sujeitos sociais com suas vivências, não teria nada de estranho não fosse o diapasão ao qual são submetidas as experiências dos sujeitos.

Na escola, os sujeitos viram alunos, a linguagem é unívoca, os sentidos são codificados. Os ritmos, as estratégias, os tempos e as propostas educativas são os mesmos. Por sua lógica instrumental, a escola "[...] reduz a compreensão da educação e de seus processos a uma forma de instrução centrada na transmissão de informações. Reduz os sujeitos a alunos, apreendidos sobretudo pela dimensão cognitiva" (Dayrell, 2001. p.140). Todavia, ao chegarem à escola, estes alunos já são sujeitos sociais significativos que viveram um conjunto de experiências nos mais diferentes espaços sociais. É na experiência vivida que os jovens articulam sua própria cultura, sendo impossível separar o sujeito de suas práticas culturais, de sua história pessoal e suas marcas sociais.

Ao introduzir um conjunto de pesquisas que abordam a problemática da infância e juventude, Freitas (2006) assinala que os jovens (e crianças) não são apenas "objetos de ciência", e se o são, é porque antes disso são "[...] atores e vítimas privilegiadas dos desmandos dos quais resultam guerras, invasões, devastações ambientais, ou dos descuidados que geram políticas públicas descomprometidas com o presente e com o futuro [...]" (p.9). Os jovens (e crianças) são sujeitos porque, reconhecidamente, expõem as fissuras de uma sociedade que lhes nega o direito de ser ao negar as singularidades de sua cultura e de sua experiência. Porque vivenciam e são a própria expressão da liminaridade, da provisoriedade. Enfim, porque se constituem como efeitos e nos efeitos das pressões sociais por homogeneização da experiência humana.

Essas pesquisas, ainda que focalizem diferentes aspectos da cultura escolar, são aqui evocadas para denotar como, em seu funcionamento interno, a escola – pelos mecanismos mais sutis, por subterfúgios e pelos simulacros mais engenhosos – produz e conforma sua particular cultura. Não obstante seu poder constitutivo e, por analogia, destitutivo de outras formas culturais, é também no interior da escola que está seu potencial transformador. Esses autores, por conseguinte, destacam a urgência dos estudos sobre a cultura escolar da perspectiva dos sujeitos para os quais a instituição escolar se destina. Sujeitos aqui compreendidos como categorias particulares historicamente construídas em relação com a forma escolar para as quais a escola define instâncias educativas específicas.

Ao propor sua "teoria das disposições", Lahire (2002) pondera que, em nossa sociedade, os sujeitos são produto de contextos heterogêneos, de diferentes experiências socializantes e não poderiam ser reduzidos à unicidade. Daí que o ator plural incorpora esquemas múltiplos de ação que se organizam em diferentes contextos sociais. E são estes contextos de ação que o impulsionam a mobilizar as disposições socialmente constituídas. Por essa razão, o autor fala de "disposições sob condições": a aparente unicidade da identidade é uma ilusão gerada na própria organização que o sujeito dá aos esquemas de sua ação. Na realidade, só é possível

> [...] apreender o grau de homogeneidade ou de heterogeneidade das disposições portadas pelos atores individuais em função de seu percurso biográfico e de suas experiências socializantes e, por outro lado, analisar de perto a articulação das disposições e dos contextos de sua implantação/apagamento ou, em outras palavras, examinar a questão das "disposições sob condições". (Lahire, 2002, p.6)

De fato, não dispomos de unicidade no agir e na forma de nos relacionarmos com o mundo, e no momento em que os conflitos emergem, fica evidenciada a oposição entre as experiências socializantes. Para Lahire (1998), a escolarização é um fenômeno do qual decorrem conflitos para o sujeito por causa da oposição entre as lógicas sociais dos indivíduos e a lógica de socialização escolar. A teoria das disposições procura mostrar como os sujeitos fazem-se atores ao interiorizar as estruturas sociais, ao incorporar em suas trajetórias individuais e nas situações do presente as desigualdades sociais herdadas.

Também para Charlot (2000), os sujeitos são seres sociais que nascem e crescem em uma família, que ocupam uma determinada posição em um espaço social e que estão inscritos em relações sociais. Portanto, agem no mundo e sobre ele, trazem consigo o saber como necessidade de aprender e como uma presença no mundo dos objetos, pessoas, lugares. Assim, para o autor, o sujeito como ser singular é um sujeito ativo, portador de uma história, que atribui sentido ao mundo e a seu lugar nesse mundo, às suas relações com os outros, à sua própria história e à sua singularidade.

Ao configurar-se como sujeito ativo, ele age no e sobre o mundo, e nessa ação se produz e, ao mesmo tempo, é produzido no conjunto das relações sociais em que se insere. A constatação da historicidade e singularidade dos sujeitos tem sido o foco dos trabalhos do autor para discutir a aprendizagem dos jovens. Os estudos de Charlot oferecem um marco teórico importante para a compreensão das relações entre atores juvenis e escola. Interessa-lhe saber que relações os jovens, como sujeitos inscritos em um dado contexto social – marcando e marcados pela pluralidade de relações que estabelecem cotidianamente consigo, com o outro e com os contextos sociais nos quais estão inseridos – estabelecem com o processo de aprendizagem.

Ao discutir a relação dos jovens com o saber, Bernard Charlot (2001) define este sujeito social abstratamente chamado de aluno como um ser humano aberto ao mundo, portador de desejos, carregando em si as marcas da individualidade. Um ser que ocupa uma posição em um grupo cultural e, portanto, um ser social e singular, com uma história própria, um modo único de relacionar-se com o outro, consigo mesmo, ator e intérprete do mundo em que se encontra inserido.

A partir dessas considerações, o autor questiona o que é o aprender e o que é o saber, defendendo que estes são diferentes para os diferentes sujeitos e estão sempre inscritos em uma relação, pois "[...] só há um saber em uma certa relação com o saber, só há o aprender em uma certa relação com o aprender. Isso significa que não se pode definir o saber, o aprender, sem se definir, ao mesmo tempo, uma certa relação com o saber, com o aprender. Significa ainda que não se pode ter acesso a um saber, ou mais genericamente, aprender, se, ao mesmo tempo, não se entrar nas relações que supõem (e desenvolvem) este saber, este aprender" (Charlot, 2001, p.17).

Quando aponta os fundamentos antropológicos da noção de relação com o saber, Charlot afirma ser a educação um "[...] triplo movimento de humanização, de subjetivação-singularização e de socialização (indissociáveis)" (ibidem, p.25). Aprender é, portanto, um processo em que não se pode apenas deduzir o sujeito nem prescindir de sua participação. Em um recorte antropológico, o "processo aprender" é uma relação que o sujeito trava consigo mesmo (singular), com a intervenção do outro, com o objeto do conhecimento, com o (seu) mundo e com o meio social. Nesse sentido, podemos afirmar que os jovens são portadores de saber e estabelecem relações com o saber marcadas pela multiplicidade de suas histórias pessoais; enfim, por sua subjetividade, entendida pelo autor não como voltada para a intimidade de cada um, e sim em seu caráter histórico e cultural.

Ao direcionarmo-nos para os atores juvenis em meio escolar e refletirmos sobre suas experiências escolares, propomos pensá-los em sua dimensão de sujeitos cognitivos que estabelecem relações com o conhecimento. Essas relações encontram-se marcadas por formas próprias de aprender, em que se faz presente um tipo de pensamento mais lógico e abstrato, a capacidade de inter-relacionar conceitos, ou seja, a construção de redes conceituais, a capacidade de estabelecer julgamentos e avaliar seu entorno, a linguagem como propulsora da aprendizagem e a capacidade de realizar elaborações metacognitivas, avaliando seu próprio ato de conhecer. Há que se lembrar que essas relações com o conhecimento não se produzem em um vazio, mas encontram-se imbricadas das vivências, aspirações, modos de ser, perceber, que chamamos cultura juvenil. Nesse sentido, os jovens estabelecem uma relação com o saber dentro de uma cultura que lhes é peculiar.

Essas culturas juvenis estão impressas em todos os espaços sociais e socializantes onde o jovem interage. Suas formas de interação com a escola certamente diferem daquelas instituídas pelos jovens de outras épocas, de outras gerações. Seus modos de aprender são condicionados e mediados por outros aparatos tecnológicos e culturais, suas linguagens são mediadas por imagens e símbolos, seus territórios são flutuantes, seus tempos são difusos. Para saber como os jovens se relacionam com a instituição escolar, perguntamo-nos pelos modos de apropriação da cultura escolar, pelas continuidades e descontinuidades entre as lógicas desses sujeitos e as lógicas escolares. A leitura dos modos como os sujeitos sociais lidam com as normas, os saberes escolares e como redefinem as práticas escolares pode nos trazer surpreendentes constatações. Nesse sentido, nossa pesquisa dirige-se para as experiências juvenis que, no sentido antropológico (e sociológico) do termo, se desenvolvem no interior das escolas das periferias urbanas. Quisemos fazer um percurso teórico que se dirigisse para a razão mais profunda de nosso trabalho: situar os atores juvenis no cotidiano escolar.

A subjetividade da experiência escolar juvenil

Em suas análises da experiência escolar dos jovens franceses, Dubet (1996b) salienta que esta se constrói em uma tensão que conjuga a formação moderna de um mundo juvenil relativamente autônomo e, ao mesmo tempo, é nessa fase da vida que os jovens experimentam mais fortemente as desigualdades sociais e a divisão que delas decorre. Para ele, os jovens não seriam mais definidos pela origem social, mas a posição ocupada no sistema escolar seria o fator discriminante mais pertinente de ser analisado no que concerne à organização da experiência juvenil.

Para explicar como se constrói a experiência escolar juvenil, Dubet (1994) nos diz o que se passa no interior da escola francesa. O autor começa por afirmar que a escola moderna nasce com uma função socializadora, de transmissão cultural e de distribuição de qualificações. A escola durkheimiana não somente reproduz uma cultura, mas produz a cultura de um tipo de sociedade e de indivíduo. Para levar a termo esse projeto, a escola organiza seu programa educativo que, associado às hierarquias sociais, estabelece regras de conduta, formas de regulação e de distribuição de papéis que irão assegurar a integração social dos indivíduos. Para Dubet (2004), é aí que sobressaem as funções assumidas pela instituição escolar em sua atividade socializadora: a função educativa, a função socializadora e a função seletiva (distribuição de competências).

Não obstante o projeto de democratização do ensino francês ter sua origem na Segunda República (por volta de 1880), Dubet (1994) observa que, até as últimas três décadas, a escola francesa ainda desempenhava a função seletiva sem maiores tensões. A escola geria sua função seletiva correspondendo às grandes divisões sociais e justapondo escolas diferentes e separadas. Até o final dos anos 1930, a república francesa limitava a escolarização das massas ao ensino primário e ainda no final dos anos 1960 a desigualdade escolar entre filhos de classe trabalhadora e filhos da elite era uma realidade que confrontava a ideologia republicana e social. As reformas que culminaram na abertura escolar ocorreram somente entre os anos 1950 e 1960. E a massificação do ensino médio e superior foi concluída somente nos anos 1990.

A crise do sistema de ensino francês, referida por Dubet (1994, 2006a) como o esgotamento de seu "programa institucional" moderno, leva-nos a crer que a escola contemporânea não funciona mais como a instituição pensada para as funções de socialização e de formação da personalidade articuladas à atividade de ensino. A massificação escolar alterou profundamente a forma de distribuição de qualificações, confundiu o velho ajustamento professores x públicos escolares, de tal modo que ela mesma engendra suas próprias desigualdades e suas próprias formas de exclusão.

Dubet (1994) fala de uma mutação na atividade socializadora da escola, já que a socialização não consiste mais na aprendizagem (reprodução) de papéis e jogos sociais tais como os descrevia Bourdieu e Passeron (1982). A escolarização é agora uma longa prova seletiva na qual o indivíduo deve aportar seus talentos, seus recursos, suas capacidades estratégicas e de suas famílias. No fim das contas, a seleção que ocorria na entrada ocorre durante os estudos. E as desigualdades sociais são dissimuladas em pequenas diferenças e distâncias que vão sendo construídas ao longo da trajetória escolar e produzem, sutilmente, as hierarquias escolares[3]. Trata-se de uma seleção que se opera perante o discurso da igualdade e do sucesso escolar para todos, que na prática responsabiliza o aluno por sua escolarização.

É aqui que se insere a noção de experiência proposta por Dubet (1994). Para o autor, o sistema de ensino tal como se configura atualmente, coloca em funcionamento uma espécie de mercado escolar. Neste mercado, as disciplinas curriculares, os níveis, os cursos oferecidos e os estabelecimentos de ensino ocupam lugares diferenciados. Assim como na relação ator-sistema o indivíduo é convocado a construir sua subjetividade por intermédio de lógicas de ação (integração, estratégia e subjetivação), na relação aluno-escola, é o aluno quem deve articular estas mesmas lógicas na construção de sua experiência escolar.

Dubet (1994) destaca que o jovem estudante francês entra no cenário escolar como ator e não como mero usuário. Aponta para a existência de uma heterogeneidade de culturas e de maneiras de ser, de fazer e de representar o mundo. O autor desloca-se do problema macroestrutural e afirma que a noção de experiência social auxilia a compreender as diferentes lógicas de ação por meio das quais os jovens constroem sua experiência escolar. Admitindo a existência dessa mobilização juvenil no interior da escola, Dubet (1991) informa que a constituição do papel de aluno não ocorria do mesmo modo para todos os estudantes secundaristas franceses. Ao sucesso escolar estaria associado um conjunto de processos de distribuição social e de transmissão cultural que emergem na representação que cada sujeito tem de sua experiência escolar.

---

3 Dubet (2004) e Duru-Bellat (2006) informam que, no sistema de ensino francês, a seleção é feita por intermédio de mecanismos aparentemente ordinários, como a orientação escolar ou a setorização. Ou seja, à medida que se opera a massificação do ensino, multiplicam-se e se hierarquizam os cursos e as possibilidades de acesso ao ensino médio. Novas formas de recrutamento são criadas por meio de indicadores de resultados escolares.

Na pesquisa intitulada *Les lycéens*, Dubet indaga pelas lógicas de ação que os jovens articulam na construção de sua experiência escolar. A hipótese de Dubet era de que, ao relacionarem-se com a escola, os estudantes constroem projetos escolares de curto prazo e pouco ligados a uma perspectiva profissional; que eles ainda não percebem claramente um modelo cultural que dê sentido aos seus estudos e que a escola parece ser orientada por um processo seletivo na entrada e no decorrer dos estudos. Os resultados das intervenções sociológicas realizadas por Dubet (1991, 1994, 1996a) e sua equipe informam como as referidas lógicas de ação resultam na experiência escolar dos alunos.

Para uma escola seletiva, que distribui competências em função das capacidades individuais, os jovens se orientam por uma ação estratégica, situando a escolarização em um "mercado" escolar. Desse modo, o jovem constrói uma racionalidade competitiva parametrizada por seus objetivos, seus recursos e sua posição social. O bom aluno é aquele capaz de fazer mais do que espera a escola e o professor. Deve ser capaz de escolher o meio mais eficaz de levar a bom termo sua escolarização, avaliar o custo-benefício de suas ações no interior da escola. Desse ponto de vista, a turma de alunos considerada boa é aquela em que os alunos se comportam como rivais, ao mesmo tempo que buscam admiração e reconhecimento da parte dos professores.

Nesse tipo de lógica, as escolas, as opções de curso, as matérias ensinadas e as turmas são descritas em termos de hierarquia e de utilidade. Aqui se sobrepõe uma esfera individualista, o "cada um por si", a busca por distinguir-se dos outros, ser o melhor. Os alunos, seus pais e inclusive os professores são bastante "conscientes" da relação entre os cursos escolhidos e o valor econômico e social de cada um deles. A racionalidade competitiva impõe-se aos gostos, aos papéis e aos pertencimentos. O que vai determinar as escolhas profissionais não é a habilidade, a vocação, mas o mercado econômico e profissional. Todavia, o peso dessa lógica instala sobre a vida juvenil uma tensão que coloca, de um lado, a ação estratégica e os interesses sociais e, de outro, a formação intelectual e a educação. Essa tensão é vivida pelo jovem como uma contradição entre o que deseja (realização pessoal) e as reais oportunidades do mercado (realização profissional).

Ao lado dessa ação estratégica e individualista, coloca-se a esfera da integração, da identificação a um grupo: os jovens se sentem parte de uma comunidade, de um grupo etário. A participação em um grupo de pares e a amizade concorrem na formação da personalidade. Conjuntamente à entrada massiva na escola se desenvolvem as sociabilidades juvenis e seus modos de vida. Assim, a experiência juvenil "[...] é definida pela tensão entre a articulação destes dois polos da ação: aquele da identificação a um grupo e a uma cultura de idade, aquele das capacidades estratégicas de se situar em um espaço de distribuição das 'esperanças sociais'" (Dubet, 1996b, p.7, tradução nossa).

É nessa esfera da integração que o jovem se define por seu pertencimento, pelo papel que desempenha e por uma identidade cultural que em parte são herdados de suas origens e em parte são construídos no curso de sua existência. É ainda por meio dessa lógica de ação que o jovem se situa no sistema de ensino, incorporando seu papel de aluno, aderindo às regras e às formas legítimas de autoridade. Ainda que essa integração se faça em meio às tensões (em relação às normas e regras), é assim que o jovem irá distinguir o universo escolar do universo familiar, de outros espaços e modos de pertencimento social, bem como irá definir suas redes de sociabilidade.

A subjetivação é, segundo Dubet (1994,1996a), uma terceira esfera sob a qual os jovens secundaristas franceses articulam sua experiência escolar. Nessa esfera, o jovem é convocado a ser sujeito, construindo uma distância de si mesmo e uma capacidade crítica em relação aos condicionantes de seu meio social. É o tema da autenticidade como valor central que irá arbitrar estas duas esferas precedentes. A experiência pessoal desses jovens é confrontada por uma tensão entre a sinceridade e a superficialidade, entre a autenticidade dos sentimentos e a aceitação das regras de um jogo social imposto à sua vida juvenil e escolar. Nesse momento da ação, a capacidade em distanciar-se dos códigos de conduta introjetados nas experiências iniciais de socialização é que vai definir a adesão ou o descolamento do papel de estudante.

Ao explicar o funcionamento das lógicas de ação – articuladas pelos jovens em torno de suas experiências escolares –, Dubet (1994) observa que tais experiências os distinguem em quatro grandes grupos: os verdadeiros alunos, os bons alunos, os novos alunos e os futuros operários. Também pondera o autor que estes distintos públicos estudantis se definem por seus posicionamentos no sistema social, por suas origens sociais, pelos percursos escolares e por suas expectativas.

Os *verdadeiros alunos* são provenientes das grandes escolas parisienses e lembram os indivíduos descritos por Bourdieu e Passeron (1982) como os herdeiros da tradição escolar, aqueles para os quais o acesso à escola estaria garantido desde o nascimento. Para esses alunos, a escola secundária é nada menos que uma passagem para as escolas preparatórias e as grandes escolas superiores. A própria afinidade da cultura escolar com as suas origens socioculturais lhes possibilita o perfeito domínio de suas funções estudantis, sobretudo quando se trata de passar do registro estratégico ao da integração.

Esses jovens são facilmente encontrados no ensino privado brasileiro e na educação pública, nas escolas técnicas ou mesmo em algumas das boas escolas do sistema público. Suas origens sociais lhes ensinaram a arte de converter seus interesses culturais em performances escolares. A escolha dos livros, dos filmes, das viagens, passeios e até mesmo das relações "inteligentes" os distancia da cultura de massas e dos lazeres descomprometidos. No entanto, um olhar mais detido sobre esses alunos revela que o medo de decepcionar as famílias e os professores e de perder o lugar que ocupam faz com que desenvolvam estratégias competitivas elaboradas e estressantes[4]. A gestão de suas vidas pessoais é fortemente impulsionada pela tentativa de obter as melhores performances escolares. Concomitantemente à racionalidade de suas escolhas, esses jovens conseguem distanciar-se da lógica estratégica e demarcar o limite entre seus interesses pessoais e os puramente voltados à escolarização.

Os *bons alunos* são aqueles que comporão a classe média qualificada. Estes não se engajam em competições tão duras quanto os primeiros, pois se preocupam com a reprovação e visam somente a manutenção de um nível escolar que lhes permita cursar o ensino superior (ainda pouco definido). A concorrência escolar não lhes interessa e a relação que mantêm com a escola é basicamente instrumental. Segundo Dubet (1994), a experiência escolar desses indivíduos é uma justaposição de esferas autônomas e eles interessam-se em conciliar uma vida pessoal autêntica com o engajamento em causas sociais e a atenção aos seus interesses pessoais. Desse modo, definem-se ora como jovens, ora como alunos. A experiência escolar dos bons

---

4 O filme *Pro dia nascer feliz*, dirigido por Jardim (2005), narra o cotidiano de jovens estudantes de escolas públicas e privadas de diferentes regiões e realidades brasileiras. Por meio dos depoimentos e da observação do cotidiano escolar juvenil, Jardim explicita as tensões e os conflitos que marcam a adoção da lógica estratégica na trajetória escolar de jovens da classe média paulistana, matriculados no ensino médio da rede privada.

alunos antecipa e reproduz a ética das classes médias qualificadas: "[...] são indivíduos racionais, 'utilitaristas', e indivíduos subjetivos, expressivos que se preparam para serem trabalhadores e consumidores, adultos que trabalharão mas, sobretudo, procurarão ter sucesso na vida privada" (Dubet, 1996a, p.257, tradução nossa).

Para Dubet (1994), os *novos liceanos* vivem uma situação paradoxal. São os grandes beneficiários da massificação do ensino e em suas famílias são a primeira geração a alcançar o ensino médio e a inscrever-se no projeto de mobilidade social. Porém, suas experiências escolares são abaixo da mediocridade se comparados aos estudantes que escolheram a formação geral e técnica. Na realidade brasileira, se inscreve aí a grande maioria de jovens pobres que frequenta o ensino médio das escolas pouco ou nada prestigiadas. Por suas origens socioculturais, esses alunos apresentam dificuldades em incorporar seu papel de aluno, e os estudos servem apenas para evitar a reprovação e a exclusão social. Seus engajamentos nos estudos são escassos, inconsistentes, temporários e inconstantes, o que resulta em uma baixa rentabilidade escolar ou no abandono escolar. À medida que crescem, esses jovens ganham maior autonomia em relação à escola, integram-se a redes grupais e formas de interação distantes do universo escolar. De fato, ocorre que quanto mais dependem da escolarização, menos são capazes de levar a termo esse projeto, maiores são as tensões de viver autenticamente sua própria juventude diante dos obstáculos que o sistema lhes impõe.

Os *futuros operários* são os estudantes de escolas profissionalizantes que vivem de dois modos a experiência escolar. De uma parte, estão os jovens que se originam de famílias inscritas em uma tradição operária ou técnica. O acesso ao ensino médio profissionalizante é para estes uma continuação da tradição familiar e sua escolarização se constrói em torno de estratégias profissionais precisas. Esses jovens conduzem sua experiência escolar em direção a uma maior proximidade social e cultural de seus professores e colegas. Percebem com isso a utilidade de uma formação geral. De outro lado, estão os jovens que percebem no ensino profissionalizante a relegação e a exclusão, ou seja, um ensino de segunda categoria. Esses jovens não conseguem dar um sentido estratégico a seus estudos, nem dar um sentido intelectual e moral a seu trabalho e muito menos equacionar suas formas de viver a juventude com as exigências do mundo escolar.

Dubet (1996a) assevera que a construção da experiência escolar não decorre de uma escolha feita *a priori* pelos jovens ou porque são jovens.

Se os jovens, ou melhor, se a vida juvenil está no centro do debate sobre a escola, há razões para isso. Primeiro, vem o fato de que a experiência social, a própria subjetividade do indivíduo deve ser construída pelos atores coletiva e individualmente. Nesse sentido, os jovens entram na cena social instados a explicar e a equacionar sua relação com o mundo. O reconhecimento da juventude como um grupo social ou como uma experiência de massa na sociedade moderna confere a esses indivíduos uma "relativa autonomia" na maneira de gerir a vida, observa o sociólogo.

Contudo, no mesmo momento da vida em que esses indivíduos aprendem a ser jovens, devem aprender por si mesmos a ser estudantes. Dubet (1994), Bourdieu (2002) e Melucci (2001a) são consensuais ao dizer que a generalização do ensino e o alongamento da escolarização ocupam um lugar importante na análise da condição juvenil. Os jovens, especialmente aqueles oriundos das camadas populares, experimentam nas condições estruturais da vida juvenil as vicissitudes de uma escolarização que lhes é incontestavelmente necessária e ilusória. Contudo, por suas formas de resistência e por sua capacidade de desafiar a lógica do sistema, esses sujeitos desenvolvem estratégias de apropriação e recusa da experiência escolar.

A escolarização de massa deve ser analisada como um espaço de vida juvenil autônoma, criado pelas sociedades avançadas. "É a escola de massas que viabiliza o acesso às funções adultas, prolongando o tempo de não trabalho; ela cria também as condições espaço-temporais para a agregação de uma identidade coletiva definida pela necessidade dos modos de vida e linguagens próprias" (Melucci, 2001, p.101). No entanto, com a crise da falta de emprego, esta fase de passagem e de suspensão que faz a condição juvenil tem se prolongado, se estabilizado e se tornou uma condição de massa. O prolongamento da escolarização, que antes era vivido como uma conquista e um direito, é agora vivido pelo jovem como uma impossibilidade de autonomia econômica. O desequilíbrio entre um mercado sem trabalho e uma escolarização cada vez mais precária constitui o que Melucci (2001a, p.102) chama de uma "abertura sobre o vazio, uma suspensão fictícia e controlada".

De fato, tudo mudou com o alongamento da escolarização e a massificação do ensino. A expansão quantitativa do ensino abarcou um contingente populacional que não tinha acesso ao sistema escolar. Essa abertura de vagas, associada à implementação de um modelo burocrático de gestão e a fatores internos e externos à escola, contribuiu para torná-la mais precária e ineficiente. A escola recebeu uma clientela que lhe é desconhecida e diversificada. Os sujeitos que entram na escola desconhecem seu funcionamento, seus ritos, seus códigos, sua cultura. Se, por um lado, esses sujeitos sociais desconhecem as formas de habitar a escola, por outro, mesmo vivendo em condições sociais de precariedade e por suas próprias condições existenciais, habitam massiva e efetivamente o espaço e o ciberespaço, vivem uma realidade de sequências temporais não lineares, vivem novas formas de experimentar o tempo e espaço. Oliveira (2005) afirma que esta nova percepção espacial possibilita aos jovens experimentar novos modos de estar juntos e de perceber proximidade e distância. Experimentam também um tempo presente que incorpora fluxos, instantaneidade e simultaneidade. "Nesta nova experiência temporal, é possível reprogramar constantemente o início, o final, a duração e o ritmo de uma determinada atividade: cria-se um autêntico tempo virtual cuja realidade depende do âmbito no qual se produz" (Oliveira, 2006, p.253).

Ao trazer para o campo da educação escolar uma indagação sobre como os jovens fazem a experiência do tempo, quisemos aprofundar nosso estudo sobre o cotidiano escolar, considerando as formas de sociabilidade juvenis que ali emergem. Ao inserir a temporalidade como um elemento de análise, sugerimos uma incursão ainda mais fina nos modos de constituição das experiências escolares juvenis. As heterogêneas temporalidades nas quais se realiza a experiência escolar constituem um aspecto específico da condição juvenil que podem nos auxiliar na compreensão das relações dos jovens com a escola. A hipótese a ser analisada aqui é de que, ao adentrar na escola, o jovem se depara com um tempo escolar rígido e segmentado. Uma construção simbólica exclusiva do nosso sistema social que corresponde à lógica do cotidiano institucional escolar. Um dos elementos de descontinuidade do processo de aprendizagem escolar pode ser o fato de que a instituição escolar reduz o jovem à monolítica dimensão de aluno e lhe impossibilita pensar o espaço-tempo escolar como *locus* do fazer-se.

O espaço-tempo como *locus* da relação jovens e escola

Referindo-se ao tempo escolar como um dos elementos relevantes na organização da escola, Viñao (1995) argumenta que este é uma construção social historicamente "cambiante", incorporado não somente por professores e alunos, mas também pelas famílias e pela comunidade. Correia (2003), por sua vez, salienta que esta temporalidade vivida no cotidiano escolar será interiorizada pelos sujeitos como uma estrutura diferenciada do ritmo da vida cotidiana. O tempo escolar é feito de sequências repetitivas, rotinas, uniformidade de tarefas, intervalos iguais, padrões temporais de continuidade e persistência nos processos. Mas é também um tempo exposto às influências do sistema social e, concomitantemente, um tempo que "reconhece" os ritmos crono-psicológicos do educando. A multidimensionalidade do tempo escolar é, em efeito, uma multiplicidade de tempos que operam e aglutinam a realidade escolar.

Essa consciência onipresente de um tempo sempre regulado e ocupado é, para Viñao (1995), uma das características da instituição escolar. Para além da experiência de um tempo instituído, há que se referir às resistências, a outros sincronizadores sociais — múltiplos ajustes socioecológicos que se interpõem aos imperativos temporais externos. De fato, ainda que o processo educativo escolar seja atualmente um dos sincronizadores sociais de maior incidência na atividade humana, que a escola seja das mais eficientes organizações sociais da modernidade, é possível supor que há ali um "[...] tempo escolar, um tempo também diverso e plural, individual e institucional, condicionante e condicionado por outros tempos sociais; um tempo aprendido que conforma a aprendizagem do tempo, uma construção, em suma, cultural e pedagógica, um "fato cultural" (Viñao, 1995, p.72, tradução nossa).

Segundo Reguillo (2003), há uma temporalidade no cotidiano escolar que se diferencia da estrutura rítmica da vida cotidiana. Tempo de sequências repetitivas, de rotinas e de uma uniformidade de tarefas que não se igualam a nenhuma outra nos âmbitos da vida social. O tempo escolar é uma sequência de acontecimentos, uma sucessão de momentos que refletem o *habitus* escolar. Um tempo que, para Escolano (1992 apud Viñao, 1995), precisa também ser interiorizado e aprendido. O recreio, os intervalos, as férias são tempos de interrupção das atividades escolares que marcam o ritmo da escola, em seus diferentes níveis e modalidades. À estrutura de cada nível escolar, uma periodicidade, uma cadência que se instituiu historicamente.

Pesquisas etnográficas e historiográficas, como as realizadas por Teixeira (1998) e Souza (1999), demonstram significativas formas de uso do tempo escolar, instituídas pelos atores sociais que participam da vida escolar. De acordo com Teixeira (1998), no cotidiano escolar, os indivíduos organizam seu tempo fazendo adaptações, pois "[...] os espaços sociais que habitamos têm ritmos e temporalidades outras, que se incorporam, completam e tencionam nossos tempos de escola" (Teixeira, 1998, p.90). O tempo escolar é, pois, uma construção social e histórica por meio da qual os sujeitos sociais confrontam a escola.

Ao estudar alguns eixos que estruturam o tempo escolar dos docentes, a autora nota que os ritmos da vida social dos docentes não são inerentes à ritmicidade instituída pela escola. Com a duração das atividades escolares (tempo de recreio, calendário, horários de aula etc.) os atores escolares fazem conviver suas condições etárias, seus ciclos de vida, sua temporalidade. Teixeira analisa o calendário escolar e confirma ser este uma expressão do tempo moderno, marcado pelo descompasso entre os ritmos biológicos e os imperativos sociais. Mesmo assim, observa-se no cotidiano escolar uma ação instituinte dos docentes que reconstroem o tempo instituído, por meio de suas pautas.

De uma perspectiva historiográfica, Souza (1999) recupera, por meio do estudo da legislação educacional, a conformação do tempo nas escolas primárias do Estado de São Paulo. Em um recorte histórico que vai do final do século XIX ao início do século XX, a autora evidencia o aspecto político e os ideais pedagógicos que dimensionavam a organização do tempo escolar e nota que as prescrições formais do tempo escolar atendiam, simultaneamente, às exigências políticas de cada época e às necessidades pedagógicas de imprimir uma forma escolar na aprendizagem.

Souza (1999) debruça-se sobre as diferentes ordenações do tempo escolar, enfatizando os momentos em que atendia a dois objetivos – os interesses de democratização do ensino aliados aos princípios pedagógicos da qualidade no ensino –, até o momento da massificação, em que este segundo critério sucumbiu ao "atendimento à demanda". A construção do calendário escolar, das jornadas diárias e a definição das etapas de ensino como temos hoje puderam ser desveladas sob uma análise dos documentos e das legislações pertinentes a cada época. Da mesma forma, a organização pedagógica uniforme e homogênea (conteúdos – série, horários de aulas, plano de ensino, plano de aula, chamadas) resultou em uma arquitetura temporal que visava à normatização do cotidiano escolar em conformação às finalidades educativas.

Sandoval (2002) fala que o tempo escolar é um tempo geológico, anacrônico com respeito ao tempo veloz da sociedade moderna. Na escola, afirma o autor, habitam temporalidades distintas que dividem a escola em duas regiões de socialização completamente diferentes. Numa delas está a cultura da escola que se move lentamente, propõe um conhecimento arcaico e um modelo de vida que se torna denso e se solidifica no tempo. Noutra está a cultura dos jovens que segue o ritmo da modernidade, influenciada pela ciência e tecnologia e por uma vertiginosa mobilidade espacial e das relações sociais.

Dayrell (2001) afirma que o modo como a escola organiza seus tempos, espaços e ritmos é o que explica seu fracasso na socialização dos jovens. Em sua organização burocrática, a escola esquece-se de que os jovens são resultado de um amplo processo educativo e que cada um deles tem suas razões para estar ali. Mais ou menos conscientes, amplos ou restritos, os jovens elaboram projetos de futuro e a escola é parte deles. Ao chegar à escola, cada jovem é fruto do conjunto das experiências sociais que vivenciou nos mais variados espaços. Somente considerando a dimensão da experiência vivida é que o cotidiano se torna espaço e tempo significativos. É essa experiência que faz dos jovens sujeitos socioculturais, pois constitui a matéria-prima por meio da qual articulam sua própria cultura. Os jovens são seres de cultura porque por suas experiências vivenciadas em múltiplos espaços constroem sua própria rede de crenças, valores, visões de mundo e significados que lhes permitirão inserir-se na vida social. Essa historicidade do sujeito jovem impossibilita reduzi-lo à homogênea condição de aluno.

Todavia, a fragmentação, a classificação e a homogeneização são a marca da organização espaço-temporal escolar. Sampaio (2004) enxerga isso em sua pesquisa, ao registrar o distanciamento entre ensino e aprendizagem. Na escola, o ensino de massa é revestido de uma impessoalidade bem descrita pela autora: os alunos são agrupados por séries e classes, em espaços fixos e determinados. A rotina de tempos e ações escolares é fixa, permitindo atender igualmente 3 mil alunos. O tempo diário é organizado em horas-aula de cinquenta minutos, distribuídos semanal e anualmente por disciplinas. A organização burocrática da escola coloca professores e alunos em seus devidos e distintos lugares. Consequentemente, ensino e aprendizagem não se constituem em uma relação, mas funções específicas na engrenagem da escola. O professor deve ocupar-se de transmitir igualmente o conteúdo, manter os alunos disciplinados e afastados (desfazer as "panelinhas"), avaliar o aprendizado dos alunos. Estes, por sua vez, devem cumprir suas obrigações, dentre elas, a de aprender sem problemas, uma vez que sua matrícula na série significa conformidade com os níveis estabelecidos. A organização seriada, juntamente com a avaliação, é que delimita objetivos, conteúdos e habilidades a serem adquiridas nesse tempo compartimentado e compassadamente determinado pela velocidade da transmissão.

> A homogeneização é assegurada, inclusive, pela transmissão coletiva numa seqüência ininterrupta, num tempo sempre curto para dar conta da programação de cada série, pré-requisito para a série seguinte. [...] A norma tácita imposta pela seriação impede a recondução dos que ficam para trás. Entende-se a repetição como o remédio nesta lógica [...] Tarefas em grupo introduzem um elemento perturbador nesta lógica [...] O isolamento e o silêncio durante as provas servem mais para impedir contatos do que para assegurar um clima de concentração [...]. (Sampaio, 2004, p.208)

Sandoval (2002) insiste que a homogeneidade da ação pedagógica tende a excluir o diferente, as particularidades individuais e, em uma espécie de exacerbação da ideia de igualdade, nivela todos os alunos. Nos processos de fragmentação, os jovens, que entram na escola com seus múltiplos pertencimentos, são reduzidos a uma faceta de suas identidades, a única aceita pela escola, a condição de alunos. Também em seu desejo de aprender, os jovens convivem com a fragmentação do conhecimento pelas variadas formas de violência escolar que se manifestam nos ordenamentos pedagógicos e culturais.

Na compartimentalização do tempo, a escola vive entre o passado e o futuro, enquanto os jovens vivem no presente. O futuro é o tempo mais publicizado no discurso pedagógico, é a meta da escola. Fala-se na formação dos cidadãos do futuro: homens, pais, dirigentes, profissionais, líderes. E desse modo, encurrala-se o presente juvenil em um tempo vindouro. Sandoval (2002) sugere que essa confusão temporal se confirma na preeminência do discurso sobre a prática pedagógica, na natureza distributiva do conhecimento e na percepção que os próprios jovens têm do ensino como um cheque pré-datado, sem valor no presente. Por isso, a proposta da instituição escolar é, para os jovens,

"[...] algo que talvez seja útil no futuro, porém é estéril no presente. A educação escolar é um adiamento da vida, uma sala de espera, um tempo de não ser. Por isso é necessário uma vida alternativa, um presente instituído por eles, uma cultura que lhes permita ser agora, um tempo para ser. Este tempo é feito de relações sociais, da aprendizagem de viver com os outros, com seus pares, porque "os adultos vivem em outro planeta". Enquanto a cultura da escola se centra no conhecimento, na disciplina, no controle, na lentidão, no atraso, a cultura que os jovens praticam entre seus pares se centra nos afetos, nas relações sociais, na aprendizagem de ser homens (e mulheres) de seu tempo". (Sandoval, 2002, p.300, tradução nossa)

Os jovens vivem as profundas diferenciações e compassos rítmicos do tempo de nossas complexas sociedades. Todavia, quando se referem à escola, apresentam um sentimento de não pertença e ausência da vida escolar. Na experiência de escolarização, os jovens percebem uma distância efetivamente criada entre aquilo que desejam e aquilo que a escola oferece. É como se o espaço escolar não os comportasse em suas necessidades e interesses. Expressam essa angústia fazendo uma contínua referência à multiplicidade de tempos sociais e versões da realidade com as quais têm que lidar.

Ao definir-se como um espaço privatizado, os jovens se veem impelidos a construir suas maneiras de coexistir, de adaptar ou de sobreviver à escola. Isso não significa uma negação da escola. Ao contrário, há uma expectativa de construir naquele tempo-espaço uma experiência vital que lhes possibilite relacionar-se com o conhecimento e responder aos desafios do mundo contemporâneo. Sandoval (2002) repara que os jovens encontram dificuldades em organizar o futuro, definir seus desejos, construir metas, projetos de vida e esperam da escola, este espaço de construir raízes, sonhos fortes e significativos que façam frente ao horizonte temporal estendido, à fugacidade do tempo presente, das necessidades imediatas e da imprevisibilidade.

Dayrell (2001) argumenta que a dimensão do encontro precisa ser recuperada na relação dos jovens com o tempo escolar. Quando cruzam o portão da escola, os jovens experimentam uma passagem, pois na escola assumem um papel distinto daquele assumido em casa, no trabalho ou entre amigos. Também irá mudar sua relação com o tempo e espaço. Quando falam da escola, os jovens nos informam a necessidade de pensá-la, com seu tempo e espaço tão homogêneos e fixos. Entretanto, esta homogeneidade do tempo escolar não se dilui com a ampliação ou redução de carga horária, mas se enfrenta com a incorporação de uma cultura e de uma leitura do tempo que é concretamente feita pelos jovens. Portanto, ao contrário de dizer que os alunos não sabem, não leem, não escrevem, não ficam quietos, ou questionar por que não fazem estas coisas, Oliveira (2005) sugere que perguntemos o que leem, o que consomem, como se expressam. As salas de aula incorporariam as práticas cotidianas juvenis.

O tempo do recreio, o tempo da entrada, o tempo das idas ao banheiro e das saídas da sala ao término das aulas não são feitos do mesmo modo por crianças, adolescentes, jovens ou adultos. Assim, respondendo ao questionamento inicial (p.11), as constantes "demoras" no banheiro e o bate-papo fora da sala podem ser tomados como um tempo de aprendizado escolar e nem sempre como passividade, distanciamento, insujeição ou indisciplina. Em suas observações do cotidiano escolar juvenil, Dayrell (2001) relata que estes são tempos de encontro: o recreio é o momento da fruição da afetividade. É neste tempo que eles conversam, discutem, paqueram. O início das aulas e a saída são dois momentos diferenciados... são tempos de avisos, recados, combinações. O tempo da aula é tempo de ouvir a explicação do professor, de copiar a matéria, de fazer os exercícios, de parar de fazê-los, de fazer prova...

Para os jovens, na escola tudo tem seu tempo. Tempo de aprender, de reaprender, de fazer as tarefas, de corrigir as tarefas escolares, de ser avaliado naquilo que aprendeu. Ao observar os jovens na realização das atividades tipicamente escolares, notamos que há a compreensão de um tempo que não se mede em horas, mas na qualidade da atividade educativa. O tempo que passam na escola tem, para esses jovens, implicação direta com o conhecimento que se aprende na escola. É um tempo significado pelas resistências, desejos, necessidades e demandas específicas dos jovens. É ainda um tempo significado pelo assentimento e pela conivência com uma escola que não se dedica ao ensino. É aí que emergem as contradições, os paradoxos de estar ou não na escola. Dubet (1991) assinala essa dificuldade que os jovens pobres têm para apropriar-se dessa rotina escolar, que se contrapõe às outras formas de sociabilidade construídas fora da escola. Em outros momentos, o tempo de estudos parece não se contrapor ao tempo que os jovens dedicam a outras atividades. E o saber não se restringe aos estritamente escolares. Os jovens demonstram que "estudar" não se restringe às atividades de sala de aula.

Nossas observações e as pesquisas apresentadas indicam que os jovens constroem uma experiência temporal bastante diversa daquela que se constituiu na escola. Contudo, o problema não reside especificamente nesse aspecto. A nosso ver, há outros elementos estruturais da organização do ensino e há os condicionantes sociais e econômicos que interferem decisivamente na experiência escolar dos jovens oriundos das camadas populares. Os jovens pobres experimentam um tempo escolar descontínuo. Ora marcado pelas rupturas e reprovações, ora marcado pela rapidez dos processos de formação. Esses sujeitos nos falam do direito a uma convivência escolar com todos os aprendizados nela incluídos, e que lhes tem sido historicamente negado, seja porque a eles é negado um ensino de qualidade, seja porque, por sua trajetória escolar, são impelidos ao ensino noturno e aos programas de aligeiramento da formação escolar (por meio dos Programas de Correção de Fluxo, Ciclos de Progressão Continuada, Recuperação de Ciclos) que colocam os jovens pobres em uma condição de exclusão ainda mais perversa.

Além dos conhecimentos e competências, salienta Dubet (2004), um bem particular produzido pela escola é a formação de sujeitos capazes de elaborar projetos pessoais, de construir as capacidades subjetivas de confiança em si mesmo e no outro. No nosso entendimento, essa seria a contribuição mais importante da escola para os projetos vitais dos jovens pobres. E esse é um aprendizado que ocorre no tempo escolar. É na temporalidade do cotidiano escolar que circulam práticas, rituais, hábitos que se somam aos saberes escolares.

Tomar os jovens como sujeitos da interpretação do sistema educativo escolar na sociedade contemporânea oferece-nos a chance de enxergar, no interior da escola, os mecanismos de exclusão escolar que afetam mais intensamente os jovens oriundos das camadas populares. Os jovens urbanos e pobres fazem a experiência do tempo na instituição escolar de maneira singular, porque experimentam a *condição* juvenil justaposta a uma *situação* que os difere de outros segmentos juvenis. Nem vítimas, nem problemas, os jovens dos quais se fala experimentam as desigualdades sociais que historicamente têm se perpetuado na sociedade brasileira: herdaram um projeto de sociedade que sequer pretendeu ser igualitário e fazem-se atores em conflito com os valores de uma sociedade que os exclui. Esses jovens são testemunhas do efeito paradoxal da democratização do ensino porque vivem uma experiência de exclusão que se anuncia agora dentro do sistema escolar. A seletividade que antes ocorria na entrada diluiu-se no alongamento da escolarização. Os jovens vivenciam um tempo escolar aparentemente repleto de possibilidades, mas paradoxalmente é um tempo perdido, sem valor.

4
IDENTIDADES JUVENIS E ESCOLARIZAÇÃO

Geertz (1989) sustenta que nossas descrições, nossas análises começam sempre por nossas interpretações do que pretendem nossos informantes e só depois que passamos a sistematizá-las, fabricá-las, é que compreendemos o quanto é intraçável a linha entre nosso modo de representação e o conteúdo substantivo. A interpretação é uma leitura do que acontece de fato em uma determinada realidade cultural e, por isso, não podemos divorciar nossa leitura teórica do acontecimento real. O que as pessoas dizem, o lugar, a ocasião, o que fazem e o que é feito a elas – tudo isso é um discurso social que será inscrito no momento da interpretação, da análise.

> Apesar de se iniciar qualquer esforço para uma descrição minuciosa, além do óbvio e do superficial, a partir de um estado de confusão geral a respeito do que, diabo, está acontecendo – tentando colocar os pés no chão – ninguém começa (ou não deveria) intelectualmente vazio. As idéias teóricas não aparecem inteiramente novas a cada estudo; como já disse, elas são adotadas de outros estudos relacionados e, refinadas durante o processo, aplicadas a novos problemas interpretativos. (Geertz, 1989, p.19)

Recorrendo à teoria, encontramos na pesquisa realizada por Abrantes (2003) indicadores que auxiliaram nosso exercício descritivo. Ao estudar as identidades juvenis e suas disposições perante a escola, Abrantes percebeu que os jovens desenvolvem formas diversas de vivenciar a escolarização, contrariando a tese de que haveria da parte dos jovens uma adesão distanciada à escola. Para representar essas distintas formas de estar na escola, o autor nota que as disposições juvenis são flexíveis e contextuais e *se arti-*

culam em torno de três eixos: estrutural, longitudinal e interacional. Ainda que sejam divergentes, essas disposições não se distinguem em apenas dois perfis: conformismo ou resistência. Ao contrário, multiplicam-se em uma pluralidade de práticas e identidades, não significam uma dicotomia entre esses dois perfis antagônicos, mas se apresentam articuladas em três eixos que se movem, se combinam, produzindo diferentes representações.

Para Abrantes (2003), o eixo estrutural define-se "[...] pelas posições e disposições que os jovens adquirem em seu contexto de origem, em geral no meio familiar" (p.101). Aqui o autor observa o quanto a socialização primária influencia o processo de escolarização dos sujeitos. Os jovens entrevistados por Abrantes dividem-se basicamente em dois grupos, aqueles provenientes das classes médias e os jovens das classes populares. Enquanto os primeiros dominam os códigos e lógicas da instituição escolar, o que lhes garante uma proximidade com a cultura escolar; os segundos sentem-se estranhos à escola, tendem a considerá-la uma obrigação temporária e fazem da rua seu espaço de socialização. Longe de representar uma dicotomia entre grupos opostos, o autor observa a existência de jovens provenientes de famílias das classes populares que permanecem na escola, integram-se a ela e obtêm boas classificações.

No eixo longitudinal, Abrantes (2003) analisa a evolução dos processos de escolarização e de construção das identidades. As diferenças de idade e o avanço nos níveis de escolaridade alteram as disposições juvenis em face da escola. Para o autor, o insucesso e o sucesso dos percursos escolares são descritores dos espirais de resistência e de identificação que se formam. Entre o ensino fundamental e o ensino médio, diferenciam-se o entusiasmo, a resistência, a relação mais imediata ou a relação mais instrumental e utilitarista com a escola. O eixo interacional corresponde à relação dos jovens com a escola, tanto na formalidade da organização espaço-tempo escolares, como na informalidade dos grupos juvenis, das redes de sociabilidade que se constituem no seu interior ou que são externas à escola.

Em nossa análise, o *eixo estrutural: a constituição das identidades juvenis* considera que os jovens deveriam primeiro ser encontrados em suas singularidades. Suas histórias pessoais, seus perfis funcionam como nossa porta de entrada para seus universos, quer sejam identitários quer escolares. Em seguida, pontuamos a participação das famílias e das redes de sociabilidade nos processos de constituição identitária juvenis. Esses multipertencimentos são espaços vivenciais que moldaram em cada jovem seus modos de ser e estar no mundo.

No *eixo longitudinal* procuramos *reconhecer os jovens por suas experiências escolares*. Eles dizem como analisam essa experiência, que interesses, desejos e necessidades alimentaram a construção de seus percursos escolares. Colocamos em evidência a diversidade dos percursos, as estratégias que desenvolvem para *"serem alunos"*. Perguntamos pelos modos singulares de se fazerem alunos. Como afirmam suas identidades nos contextos escolares. Demandamos ainda que relações estabelecem com a escola, que expectativas têm nesses processos escolares, quem são os copartícipes. Eles nos respondem de seus encontros e desencontros com a escola, do significado dos aprendizados escolares, da presença constante e instável dos familiares e dos "outros" sociais (amigos, grupos, educadores sociais) e como conciliam o mundo escolar com o mundo do trabalho.

Na fala dos jovens notamos que o *tempo-espaço escolar* é tenazmente descrito na forma de *eixo interacional*. A escola é para os jovens um território. Território no qual o tempo e o espaço são percebidos de maneira *sui generis*. A experiência juvenil de pertencimento ao espaço-tempo escolar situa-se quase sempre na negatividade. Os jovens habitam um espaço-tempo que não acolhe seus corpos, suas demandas, seus interesses. Os tempos escolares, porém, são necessários marcadores do ritmo de vida juvenil. A entrada na escola, as rupturas, o regime seriado são acontecimentos que dizem suas idades, o que fizeram antes ou o que farão depois. Diferenciam-se dos ritmos familiares e do ritmo de trabalho que são marcados por outros acontecimentos. Estar ou não na escola introduz e desfaz rotinas, hábitos diários.

É desse modo que reconstituímos a realidade juvenil investigada[1]. Ao assumir os eixos analíticos foi imprescindível recuperar a figura do *nômade*. A mesma figura à qual Melucci (1997) refere-se para afirmar os jovens em seus processos de construção identitária, emprego para mim mesma, quando executo a reconstrução das identidades juvenis[2] em processo de escolarização. Como os povos errantes, procuro deslocar-me por entre depoimentos e constructos teóricos, vaguear sobre minhas impressões, hipóteses e objetivos e, sobretudo nunca me fixar em uma determinada narrativa. Não

---

1 Convém ressaltar que, para nós, o *eixo estrutural* corresponderia à coluna vertebral, ao esqueleto ou às coordenadas pelas quais os jovens se situam na vida social. O *eixo longitudinal*, destinado à experiência escolar, refere-se às situações que ocorrem ao longo da vida juvenil e muitas vezes em sua margem. O *eixo interacional* considera a ação mútua exercida tanto pelos jovens quanto pela escola na apropriação ou disciplinarização do espaço-tempo escolar.

2 Para preservar o anonimato dos jovens pesquisados, os nomes que aparecem nos depoimentos analisados e apresentados são fictícios.

residir em nenhum dos discursos, pertencer a lugar nenhum. Procuramos, como sugere Geertz (1989, p.17), "ganhar acesso ao mundo conceptual no qual vivem os nossos sujeitos, de forma a podermos, num sentido um tanto mais amplo, conversar com eles". Desse modo, à compartimentalização e à linearidade imposta pelos eixos analíticos, buscamos contrapor os movimentos de constituição das identidades juvenis e de suas experiências escolares. Movimentos alternados, compostos de idas e vindas, comparando-se mais à tessitura de uma rede.

Menos a dizer, mais a escutar. Reconhecer as características da experiência juvenil, encontrar um terreno comum para que aconteça o diálogo. Eis o resultado de minhas andanças por entre teorias e depoimentos juvenis. É provável que o exercício analítico seja mesmo um aprisionamento dos sujeitos e de suas narrativas. Contudo, é menos um esforço de objetivação e mais uma busca pela compreensão que coloca não somente os discursos dos outros (sujeitos da pesquisa) em questão, como também os pressupostos meus (de pesquisadora):

> É preciso saber sentir, mas também saber como deixar de sentir, porque se a experiência é sublime pode tornar-se igualmente perigosa. Aprenda a encantar e a desencantar. Observe, estou lhe ensinando qualquer coisa de precioso: a mágica oposta ao "abre-te, Sésamo". Para que um sentimento perca o perfume e deixe de intoxicar-nos nada há de melhor que expô-lo ao sol. (Lispector, 1999a, p.48)

Eixo estrutural: a constituição das identidades juvenis

> *Eu sempre fui sonhador*
> *é isso que me mantém vivo*
> *quando pivete*
> *meu sonho era ser jogador de futebol, vai vendo*
> *mas o sistema limita a nossa vida de tal forma*
> *que tive que fazer minha escolha*
> *sonhar ou sobreviver.*
>
> (Racionais MC's, *A vida é desafio*)[3]

---

3 A música *A vida é desafio* foi gravada no CD Nada como um dia após o outro em 2002. Disponível em: http://cliquemusic.uol.com.br/artistas/racionais-mc-s.asp. Acesso em: 20 fev. 2008.

No início do texto, ressaltamos uma relação já existente com parte dos jovens entrevistados. Dos onze sujeitos que se mantiveram no decurso desta investigação, com quatro deles mantive algum tipo de contato anterior à pesquisa. Cláudio, Marcelo, João foram adolescentes assistidos pelo Projeto Meninos e Meninas de Rua quando eu ainda trabalhava como educadora de rua. Não tivemos um contato prolongado porque era um período em que eu estava de saída e eles, chegando. Conheci Eugênia por meio de uma organização parceira do PMMR, o Projeto Vida Nova. Estas duas organizações tinham muitas afinidades na luta em defesa dos direitos da criança e do adolescente e partilhávamos o acompanhamento das crianças e adolescentes quando vinham para as ruas. Enquanto o PMMR atuava na rua, o Projeto Vida Nova tinha uma intervenção na comunidade.

Esses *velhos conhecidos* foram minha carta de apresentação ao resto do grupo. Intermediada por eles, a aproximação foi fácil. O reconhecimento como educadora social e militante já me tirava da "confortável" posição de observadora e me trazia para junto do grupo. E dispensava apresentações. Por isso, traçar o perfil dos jovens foi um duplo processo. Em princípio, pareceu-nos desnecessário perguntar-lhes porque as respostas "estariam dadas". Algumas informações sobre esses sujeitos, coletávamos durante as entrevistas e a observação. Quem eram, o que faziam, onde e como viviam... foram perguntas respondidas quase ao acaso.

Mas somente depois que fui alertada, no exame de qualificação, para a necessidade de uma singularização, de *perfis* dos sujeitos pesquisados no texto é que me dei conta da diferença entre a *minha* descrição e uma *autodescrição*. Perguntei aos jovens o que diriam sobre si mesmos, como se percebem, seus sonhos, projetos, o que pretendem da vida... A resposta veio na forma de uma *narrativa*. O brilho nos olhos ao rememorar lembranças da infância, das redes familiares, dos sonhos, dos projetos, das conquistas, daquilo que gostam de fazer e fazem. Também as hesitações, os silêncios para os sonhos desfeitos, o que não foi possível conquistar, os insucessos, o que não se quer revelar "aos outros". A angústia pelos erros cometidos, perdas familiares ou perdas materiais.

Melucci (2001b) salienta o quanto é significativa a experiência de narrarmo-nos porque, ao narrar, definimos fronteiras e as superamos, conseguimos estabelecer continuidade e reconhecer o fio que nos ata ao passado e ao futuro. "Narrar quer dizer circunscrever sem fechar, colocar o preto sobre o branco, preencher um vazio, deixando ao mesmo tempo aberto o espaço do imaginário" (Melucci, 2001b, p.94-95, tradução nossa).

Um exemplo interessante da importância desse "exercício narrativo" foi o que aconteceu com João quando dialogávamos sobre a questão de sua escolarização. Falávamos de seu percurso escolar e ele me contava da repetência que lhe ocorreu no ensino médio. Nesse momento, João percebe a situação na qual se encontra e, perplexo, reflete sobre isso.

Licinia: *[...] Porque você me falou da outra vez que tinha repetido no segundo ano do ensino médio!*

João: *É, acho que foi isso aí. Na verdade, é que eu repeti o segundo ano e aí depois... É que faz tempo que eu falei e aí eu não me lembro direito... Hoje eu tô com vinte e três anos... Naquele tempo lá eu tinha quantos anos, quando eu fiz a...?*

Licinia: *Vinte e um!*

João: *Vinte e um?*

Licinia: *É... Faz dois anos!*

João: *Há dois anos atrás... É mesmo! (risos).*

Licinia: *E você parou de estudar faz o quê?*

João: *Eu parei de estudar tem dois anos! Naquele tempo que você fez a entrevista comigo, eu acho que eu tava no último ano.*

Licinia: *Você tinha terminado o segundo ano do ensino médio e tava em "DP"[4] em duas disciplinas... Inglês e química!*

João: *Ah é, pode crer! Cara, você acredita que esse tempo todinho eu tive pra correr atrás dessa "DP" e tô em "DP" ainda! Não peguei e não posso pegar o histórico... Não posso fazer faculdade, porque continuo em "DP" nas matérias.*

Licinia: *Isso foi em dois mil e quatro, você me falou na época... Foi um ano antes de eu fazer as entrevistas! Aí você falou: – Eu terminei, mas tô em "DP"!*

João: *E aí eu continuo em "DP"! Na verdade eu terminei... É que eu fiquei em "DP" no segundo ano, era matéria do segundo ano! [...] Cara, eu penso todo dia em pegar... Eu penso todo dia em voltar...*

---

4 DP é abreviação de Dependência, um mecanismo de avaliação escolar que permite ao aluno obter a promoção/aprovação para a série seguinte, ainda que não tenha sido aprovado em todas as disciplinas.

Ah ...mas num entra na cabeça não! Eu não me vejo fazendo essa matéria, é umas das matérias que eu mais odeio na minha vida!

Outra situação parecida aconteceu quando entrevistava Janaína. Em um determinado momento de seu depoimento, ela começa a fazer as contas de quando concluiu o ensino médio, há quanto tempo está "parada" nos estudos, como dizem os jovens, e começa daí a replanejar seu futuro.

Ao narrarmos, adverte Melucci (2001a), estamos relatando a nós mesmos, invertemos parte de nosso discurso e de nossas representações na construção de nossa própria identidade, constituímo-nos como atores e conferimos sentido para nossa ação. E ainda nos relatamos para nós mesmos e para os outros. Enfim, a narração tem a ver com a identidade em um duplo sentido: nos constituímos por meio da narração e por meio dela nos apresentamos aos outros. Esse jogo de espelhos está sempre na base do relato e corresponde mais ou menos à realidade.

Toda narração é um conjunto de discursos que pressupõe uma relação entre ela e a realidade. São, portanto, histórias contadas que nunca são coerentes, mas divergentes, desviantes e incongruentes entre si, pois uma relação abriga desequilíbrios e opacidades. Os sujeitos de uma relação são senhores e prisioneiros da própria alteridade, pois nunca possuem um campo por inteiro, nunca são inteiramente transparentes nem para si mesmos, nem para os outros.

Narrar é um dos modos de responder ao desafio da identidade, pois cumpre o papel de definição de fronteiras e de continuidade na nossa existência, na relação passado-futuro. A narração é a maneira de nos reter e nos revelar ao mesmo tempo, como palavra dita e a intencionalidade jamais concluída, como forma de reconhecer e ser reconhecido. "As narrações são sempre relatos que os atores individuais e coletivos fazem a alguém e para alguém das atividades comunicativas que têm lugar em um certo contexto relacional. A narração é, como tal, um ato social denso no qual é conveniente distinguir algumas dimensões" (Melucci, 2001b, p.96, tradução nossa).

Nesse sentido, pudemos observar que os jovens revelam-se a si mesmos, como também nos contam histórias. Cada vez que nos encontrávamos ou nos falávamos ao telefone, vinham com "pedaços" de suas histórias de vida ou reportavam-se a situações, acontecimentos ou fatos que se incorporavam às suas histórias de vida. Entre as gravações, antes ou depois delas, eram muitos os desabafos nos quais os jovens compartilhavam partes de suas histórias.

Em alguns momentos, sentia que meu papel era mesmo o de ouvinte, alguém para quem se pudesse dizer as coisas que estão "atravessadas na garganta", expressar as mágoas, as preocupações ou contar algo que gostariam de manter em sigilo. Nesses casos, sobressaíam as conversas sobre a procura ou a falta de trabalho, problemas familiares (saúde, falta de dinheiro), os conflitos intragrupais, o sentimento de impotência ante as poucas chances de realização pessoal ou profissional. Mas tinha as novidades, os sucessos na procura por trabalho, nas relações afetivas.

Noutros momentos de nossa convivência, era tomada como interlocutora, alguém que podia (e de quem se esperava) expressar opiniões a respeito de uma situação ocorrida no cotidiano, de conflitos entre membros do grupo, dar conselhos, sugestões de como ou o que fazer para resolver determinadas situações. Aqui sabíamos que, além de ter sido educadora do PMMR – fato que me deu livre trânsito no grupo –, tinha uma relação de confiança estabelecida no contexto da pesquisa, um sentimento de cumplicidade pela participação na vida cotidiana desses sujeitos.

Ao traçar o perfil dos jovens pesquisados, reconhecemos os limites de minha narrativa. Reconhecemos que este perfil era minha versão da versão de uma história que me foi contada. Portanto, se me perguntarem quem são esses jovens, citando Clarice Lispector (1999, p.86), lhes responderei:

> Se me perguntassem sobre Ofélia e sua família, teria respondido com o decoro da honestidade: mal os conheci. Diante do mesmo júri ao qual responderia: mal me conheço – e para cada cara de jurado diria com o mesmo e límpido olhar de quem se hipnotizou para a obediência: mal vos conheço.

Os jovens por suas singularidades

Cláudio, 28 anos, branco (afirma possuir traços indígenas), cursando o ensino fundamental. Participa do PMMR desde 1993, quando trabalhava como vendedor de balas nas ruas da cidade e era atendido pela instituição. Veio do Ceará para São Paulo acompanhando a mãe, dois irmãos, um sobrinho, mas já tinha duas irmãs morando na cidade. Viveu com sua família até os 17 anos. Apesar de ter iniciado os estudos na "idade apropriada", conta que sua trajetória escolar é marcada por interrupções: estudava, parava, retornava e fazia as provas de reclassificação. Lembra-se de que na sexta série interrompeu os estudos faltando um mês para concluir. Comenta que nunca teve residência fixa. Ele e a família estavam sempre se mudando. Em São Bernardo do Campo, morou com a família nos bairros Demarchi, Vila São José, Silvina, Alvarenga, Batistini. Depois que constituiu família própria, morou em São Paulo (Brigadeiro e Vila Madalena) e agora em São Bernardo (Montanhão, Orquídeas e atualmente no Parque São Bernardo). Hoje trabalha no PMMR como educador social e desenvolve atividades como articulador dos núcleos de base. Há alguns anos trabalha também como fotógrafo *free-lancer*. Na infância e adolescência, exerceu diversas atividades, como guardador de carros, pedinte, camelô, vendedor de jornais, vendedor de balas, assistente de fotógrafo, ajudante de caminhoneiro. Trabalhou nas ruas até os 17 anos. Seus sonhos, ou como disse, suas utopias, são de um mundo melhor, sem violência, sem desigualdades. Sonha em acabar com toda forma de exploração e injustiça. Sempre quis estar em um grupo que promovesse a transformação social, mas sente o distanciamento desse grupo que, para ele, manifesta certo descaso em relação à participação e à contribuição para a mudança social. Sonhava também em ser jogador de futebol, mas não se concretizou. Sonhava casar-se com sua prima, como de fato ocorreu. Tiveram dois filhos, um faleceu ainda bebê e outro nasceu com deficiência físico-motora. Viveram juntos por sete anos. Cláudio casou-se novamente e teve outro filho que agora tem cerca de 2 anos.

É uma liderança importante entre os jovens e na comunidade. Em 2004, na ocasião das chuvas e do desastre que matou quatro crianças no Bairro Montanhão, assumiu o papel de negociador junto à Prefeitura para garantir uma moradia provisória para a população que morava nas áreas de risco. Para ele, o núcleo de base é uma referência política local e regional, ocupando um vácuo deixado pelos movimentos sociais em São Bernardo do Campo. Tem um discurso bem articulado sobre a questão da juventude como uma força política que se constitui atualmente e das diferenças encontradas entre os jovens.

Marcos, 21 anos, branco, está cursando o ensino médio. Participa do PMMR desde 2002. Por intermédio do PMMR conseguiu participar do Programa Primeiro Emprego e fazer o Curso Técnico em Mecatrônica, não concluído. Sua trajetória escolar é marcada por descontinuidades. Começou a estudar aos 6 anos, na pré-escola, quando aprendeu a ler. Aos 7 anos iniciou o primário. Quando cursava a terceira série, perdeu a mãe e acabou reprovado por não conseguir acompanhar os estudos. Na quarta série, o pai casou-se novamente e, por causa do trabalho, tiveram que se mudar para o Paraná, o que atrapalhou novamente os estudos. A partir da quinta série, relata que piorou com os estudos e ainda fazia amizades "erradas" na escola. Ficou retido no primeiro ano do ensino médio por três anos. Decidiu fazer o supletivo, mas teve que interromper e acompanhar o pai que, mais uma vez, mudou-se a trabalho para o interior de São Paulo. Estudou de manhã até a sétima série. Depois começou a estudar à noite e a exercer trabalhos temporários durante o dia. Sua experiência com trabalho, sempre informal, começou aos 10 anos. Ajudava a mãe vendendo roupas e sapatos. Depois trabalhou como ajudante de pedreiro. Tem mais três irmãos e uma irmã, todos do primeiro matrimônio. A irmã é a única que concluiu o ensino médio e já trabalha. O pai estudou até a quarta série e está desempregado.

Para ele, a experiência de organização dos jovens trouxe a oportunidade de participar do Fórum Social Mundial, realizado em Porto Alegre, e de outras atividades que reúnem os jovens. Fala da importância de retornar com os núcleos de base para a comunidade e do quanto essa experiência foi marcante, pois lhe possibilitou encontrar com pessoas que "já tinham uma opinião formada sobre a vida" e aprendeu muito com isso. Fala ainda que as situações cotidianas, como o envolvimento de jovens com o tráfico, o trabalho, os estudos, a violência sofrida pelos jovens, torna o grupo descontínuo. Considera-se uma pessoa extrovertida, bastante comunicativa, tem facilidade para ensinar, para conversar com as pessoas, mas é um pouco impaciente com as coisas. Seu sonho é fazer uma faculdade de Serviço Social ou Psicologia, pois gosta de ajudar as pessoas. Mas, antes, quer concluir o ensino médio, conseguir um emprego e juntar dinheiro para pagar a faculdade.

Sandra, 22 anos, negra, concluiu o ensino médio em 2001. Até a sétima série estudou durante o dia. Da oitava série até o terceiro ano do ensino médio, estudou no período noturno. Participa do PMMR desde 2000. Também participa de outros grupos, como "Rotação", "Todas Atrevidas" e "Unegro". Realizou diversos cursos, como: curso de formação de Agentes Sociais, Arte-Educação, Capacitação para o Trabalho. Hoje, dedica-se à música, faz aulas de canto e canta em uma banda de reggae. Casou-se aos

19 anos, separou-se há um ano, começou a namorar novamente e acaba de ter uma filha deste último relacionamento. Sandra é irmã de Simone (também participante da pesquisa), portanto, a família compõe-se de três filhas, todas já se casaram e tiveram filhos. Uma delas é separada, estuda fora e a mãe cuida da criança. A mãe é faxineira e salgadeira. O pai também trabalhava, mas aposentou-se por problemas de saúde. Sua experiência com trabalho fora de casa foi como educadora voluntária e como auxiliar de pesquisa. Seu sonho é trabalhar com música e ter sua própria casa.

Janaína, 21 anos, negra, concluiu o ensino médio em 2002, fez o curso pré-vestibular comunitário Educação e Cidadania de Afrodescendentes e Carentes (Educafro) em 2004, tentou a Fundação Universitária para o Vestibular (Fuvest) em Psicologia, participou do Programa Primeiro Emprego, fez curso de maquiagem e cabeleireiro no Serviço Nacional de Aprendizagem Comercial (Senac). Participa do PMMR desde 2003. Participou da Conferência Nacional da Juventude em 2004. Tem uma família nuclear relativamente pequena. Teve apenas um irmão, que morreu acometido de um câncer raro, tem o pai, que é funcionário público e alcoólatra e a mãe, que é faxineira e trabalha em um condomínio há dezesseis anos. A mãe estudou até a oitava série e o pai, até a quarta série. Janaína começou a estudar aos 7 anos e nunca reprovou. Faz questão de afirmar o quanto sua trajetória escolar foi muito bem acompanhada pela mãe, que a matriculava nas melhores escolas da cidade, nunca as do bairro. Considera o trabalho como uma experiência necessária, mas quer fazer faculdade e conquistar sua independência financeira. Hoje trabalha como cabeleireira, fazendo penteados estilo afro. Quer voltar a estudar porque pretende fazer curso superior de moda.

Eugênia, 28 anos, branca, concluiu o ensino médio em 1998 e participa do PMMR desde 2001. Também participa do Fórum Municipal de Defesa dos Direitos da Criança e do Adolescente, integra o núcleo de base "Acotirene". Fez o Educafro, mas parou porque "não conseguia acompanhar". Trabalha desde os 14 anos, após a morte da mãe. Começou fazendo pequenos serviços na rua, depois trabalhou como ajudante de feira. Trabalhou como educadora social e hoje trabalha informalmente como auxiliar de pesquisa social. Vem de uma família com sete irmãos, um deles já falecido. Pai desconhecido. A mãe quase não estudou, só sabia assinar o nome. Os irmãos mais velhos pouco estudaram, até a quarta ou quinta série. A irmã mais nova também fez até a quarta série e o irmão caçula terminou o ensino médio por intermédio do supletivo.

Sonha em fazer uma faculdade, apesar de considerá-lo difícil. Sonho que foi acalentado durante os estudos, pois acreditava que a transição do ensino médio para o ensino superior ocorreria automaticamente. Afirma ter tido importantes referências para ser a liderança social que é hoje, dentre elas alguns professores, os educadores sociais do Projeto Vida Nova e do PMMR. Por sua participação nesses espaços, pôde conhecer outros países, como Uruguai e Itália, e viajar para outros estados. Tem uma vida, de certa forma, nômade. Já deixou a família para morar em diferentes estados e cidades.

Diana, 20 anos, branca, interrompeu o ensino médio em 2006, quando cursava o segundo ano, pois tinha que trabalhar. Participa do PMMR desde 2002. Participa também do grupo Acotirene e gosta de jogar futebol. Tem dois irmãos mais novos e quatro irmãs mais velhas. Três delas são casadas. Perdeu a mãe quando tinha 8 anos e mora com o pai e irmãos mais novos. O pai e a mãe pouco estudaram. As três irmãs mais velhas concluíram o ensino médio. Os irmãos mais novos ainda cursam o ensino fundamental. Atualmente não está trabalhando nem estudando, mas deseja retomar os estudos e trabalhar. Diz que seu sonho é trabalhar com carro. Não sabe bem o que fazer, talvez Engenharia Mecânica, porque gosta de tudo sobre carro. Sonha em ter sua própria casa, com "as coisas no lugar", como diz.

João, 23 anos, branco, ainda não concluiu o ensino médio, pois ficou em Dependência (DP) em duas disciplinas: inglês e química. Participa do PMMR desde 1996. Tem mais sete irmãos, sendo três mais velhos que ele. Frequenta escola desde a primeira infância. Interrompeu os estudos na segunda série, repetiu esta série e depois voltou a repetir somente no terceiro ano do ensino médio. Atribui esta última repetência a problemas com drogas e bebidas. Quando fazia o ensino fundamental, chegou a ganhar uma bolsa para estudar em uma escola da rede privada, mas acredita ter desperdiçado esta oportunidade. Com 14 anos, perdeu a mãe, acometida de enfisema bronco-pulmonar e acidente vascular cerebral. Na época, a mãe tinha 38 anos. O pai saiu de casa quando ele tinha 4 anos e morreu na penitenciária quando ele tinha 16 anos. Os pais imigraram de Pernambuco, onde tiveram os três primeiros filhos. Desde a morte da mãe, vive com uma mãe adotiva que chama de avó. Os irmãos menores ficaram sob tutela de um irmão, e a irmã mais velha é casada. Sua avó adotiva estudou alguns meses na primeira série, aprendeu a assinar o nome e parou. A mãe também era analfabeta. Entre os irmãos, cita uma irmã que concluiu o ensino fundamental, um irmão que conseguiu chegar ao ensino médio, outra irmã que só concluiu a quarta série, um irmão de 19 anos que interrompeu os estudos. Os dois irmãos mais novos, um com 12, outro com 11 anos estão estudando na série correta, como afirma. Este irmão mais novo lhe chama de pai porque quando a mãe faleceu, era João quem ficava em casa e cuidava dele.

Começou a trabalhar aos 14 anos em lava-rápido e daí passou para o ensino noturno. Também trabalhou como monitor de recreação no Lar Mamãe Clori (casa-abrigo e orfanato para crianças e asilo para idosos); como pesquisador social no PMMR Guarulhos; na Febem (coordenador de equipe) e atualmente trabalha como voluntário no PMMR São Bernardo do Campo. Está buscando trabalho na área social, tem enviado currículos e realizou entrevistas, mas ainda não obteve resposta. Tem o sonho de fazer uma faculdade de Pedagogia ou Serviço Social, trabalhar, conseguir um emprego fixo e remunerado na área de educação social.

Mariana, 24 anos, negra, concluiu o ensino médio em 2000. Participa do PMMR desde 1999. Fez cursos pelo Senac, estuda música, faz teatro popular, dança, participa do movimento Hip Hop, faz aula de canto em Santo André, participa do núcleo de base "Dandara", do Movimento Negro de São Bernardo, dos Fóruns de Defesa dos Direitos da Criança e do Adolescente (municipal e estadual). Mariana tem mais sete irmãos, e ao todo dois homens e seis mulheres, sendo ela a filha mais velha. Os irmãos não são todos do mesmo matrimônio. A mãe, com quem mora, casou-se duas vezes. Fala com orgulho que todos os irmãos estudam e que na família todos concluíram o ensino médio. Faz teatro e música, de que gosta muito. Quer ser uma atriz famosa e quer ajudar a comunidade. Seu grande sonho é cursar a faculdade, arrumar um emprego formal, pois hoje trabalha ajudando a mãe na feira. Quando terminar a faculdade, quer voltar a trabalhar na comunidade. Pensa em fazer Letras ou Jornalismo (Rádio e TV). Quer trabalhar para a ONU e ir para a África. Não pensa em ganhar muito dinheiro, apenas o suficiente para viver e ajudar a família.

Simone, 28 anos, negra, concluiu o ensino fundamental em 2005. Participa do PMMR desde 2001. Também participa do grupo "Rotação" e faz aulas de canto. Sobre a escolarização, ela conta que até a quarta série estudava pela manhã, mas a partir da quinta série, quando tinha 12 anos, começou a estudar à noite, pois cuidava das irmãs menores. Em seu depoimento, fala sempre que era muito dispersa, não conseguia concentrar-se nas atividades e isto não era observado pelas professoras, já que era "quietinha e boazinha". Diz que isso é um "déficit de atenção" e que a mãe desconhecia. Aos 17 anos, engravidou e casou-se em seguida. Tem dois filhos com pais diferentes. Quando a conheci, era casada com o pai do filho mais velho. Em 2007, quando retornei para as novas entrevistas, estava casada com Cláudio (também participante desta pesquisa), com quem teve o segundo filho. Simone é irmã de Sandra e tem mais outra irmã. Ela é filha do primeiro casamento da mãe e não conheceu o pai biológico.

Simone e a mãe retornaram juntas para a escola, mas a mãe interrompeu os estudos e ainda não concluiu o ensino fundamental. O padrasto também cursou até a quarta série. A irmã Sandra cursou o ensino médio e a outra irmã está fazendo faculdade. Também o filho mais velho de Simone estuda e está cursando a sexta série. Já teve vários trabalhos: em consultório dentário, em fábrica de fraldas, em casas de família, em supermercado, em *rotisserie*, como faxineira (o que faz atualmente), como educadora social, além de fazer os trabalhos domésticos. Simone é sempre muito sorridente e falante. Tem expectativa de continuar os estudos, pois quer cursar uma faculdade. Talvez História. Também gosta de pintar telas, cantar e fazer tricô.

Kátia, 26 anos, branca, concluiu o ensino médio em 2006. Tem mais quatro irmãos, dois homens e duas mulheres. Todos os irmãos são casados, exceto o caçula que, com 17 anos, mora com os pais e é solteiro. Uma de suas irmãs está cursando o ensino médio, a outra concluiu o ensino fundamental. O irmão caçula está cursando o colegial e o mais velho não chegou a concluí-lo. Os pais estudaram até a segunda série, sabem ler um pouco e escrevem com muita dificuldade. Diz que o pai é espetacular em matemática. Kátia, por sua vez, começou a estudar aos 7 anos, mas conta que repetia muito. Repetiu a segunda série duas vezes. Conseguiu concluir a oitava série ainda no Ceará. Quando estudava no Ceará, a mãe vendia *lingerie* para pagar-lhe um curso básico de informática. Três anos depois que veio para São Bernardo do Campo, decidiu fazer o supletivo e concluiu o ensino médio em um ano e meio. Não mora com a família, pois todos vivem no Ceará. Com 17 anos, começou a namorar o primo (Cláudio, também participante desta pesquisa) "escondido das famílias" e veio com ele para São Bernardo do Campo. Conta que já trabalhou como ajudante de mercado, auxiliar de dentista, atendente em escritório de engenharia civil, balconista, camareira, recepcionista, caixa de açougue, garçonete. Há um ano e meio, trabalha como balconista de uma pastelaria. Considera-se uma pessoa dedicada ao trabalho e ao filho, que tem 5 anos e possui uma deficiência físico-motora que lhe impede de andar. Seu sonho é viajar para visitar os pais no Ceará, pois há nove anos não os vê. Está juntando dinheiro para isso. Quer comprar uma casa e fazer uma faculdade de Psicologia. Outros dois grandes sonhos são ver o filho andando e ser feliz.

Marcelo, 25 anos, branco, concluiu o ensino fundamental em 2001, com 23 anos. Participa do Projeto desde 2000. Entre 2003 e 2004, tentou fazer o ensino médio no supletivo, mas reprovou por faltas. Da pré-escola até a quarta série, estudou em Santo André e tudo transcorreu muito bem, afirma ele. Fica emocionado ao falar dessa escola que, para ele, era uma escola perfeita. Ficava no centro da cidade e ninguém tinha nada a reclamar do ensino. Aprendeu a ler já na pré-escola. Quando começou a cursar a quarta série, interrompeu várias vezes porque a mãe tinha que se mudar e teve dificuldades financeiras que a impediam de mandar os filhos para a escola. Desde então, cursou repetidas vezes a quarta série e só conseguiu passar para a quinta série quando tinha 15 anos. Uma das razões para afastar-se da escola foi ter ido para um lugar "que não era muito bom", a Febem. Ficou lá um ano e mais seis meses em uma clínica. Com 16 anos, começou a fazer o supletivo, interrompeu novamente na sétima série e só retornou à escola para concluir o ensino fundamental aos 23 anos. Outra razão para a frequente interrupção nos estudos era o trabalho. Começou a trabalhar aos 13 anos para ajudar a mãe. E, como diz, já fez "de tudo um pouco". Já trabalhou como *office boy,* como vidraceiro, como entregador de leite, puxador de carroça e, principalmente, como ajudante de pedreiro, pois "é o contato" que tem. Hoje, além de ajudante de pedreiro, trabalha também como vigia.

Vive com a mãe e a meia-irmã, com quem não se dá muito bem, afirma. Seus outros dois irmãos do primeiro casamento da mãe são já casados e constituíram famílias. No segundo casamento, a mãe teve mais três filhos, dois meninos e uma menina. A mãe separou-se novamente. Um dos filhos mora com a madrinha e o outro mora com o pai. Marcelo conviveu pouco com o pai, somente na primeira infância. Depois o pai retornou para o Piauí e só tornou a vê-lo quando estava na Febem. Conta que o pai é alcoólatra e agredia a mãe quando bebia.

Diz que teve muitos sonhos, mas afirma que "quando a gente vai crescendo, vai ficando mais velho, vê que não é aquilo. Não dá, né, não tem como". Queria trabalhar com paisagismo, decoração de ambientes, mas hoje quer arrumar um "servicinho" no qual tenha garantidos os direitos. Quer muito sair de casa, pois como diz "vive às custas" da mãe. Quer se casar, ter dois ou três filhos. Diz querer ter aquilo que todo trabalhador quer: uma casa, um carro... "uma moradia digna pra dar pros filhos e pra esposa". Considera-se uma pessoa calma, pensativa e sempre positiva. Gosta de refletir, de pensar "no que aconteceu, o que vai acontecer, o que pode acontecer". Considera-se inteligente, bastante criativo e calado. Um pouco fechado, diz ele.

A juventude para os jovens pesquisados

Nos primeiros contatos com o grupo pesquisado, antes mesmo de começar a discutir as temáticas relativas à experiência escolar, notamos que o tema da condição juvenil e das situações que os diferencia como grupo e entre si "prevalecia" sobre a temática da escola. As conversas informais antes e depois das discussões grupais giravam em torno dos desafios e das demandas que esses sujeitos, individual e coletivamente, enfrentavam no cotidiano: desde o tema da organização de seus núcleos de base, da participação em movimentos sociais até a questão dos filhos, dos casamentos, namoros e, principalmente, do trabalho – contraditoriamente, precoce e inexistente... Tudo isso estava ligado a uma específica "vivência da juventude" da qual esses jovens demandavam o diálogo.

Por isso, nos primeiros encontros em que tratávamos do tema identidades juvenis, decidi lançar-lhes a pergunta: *"O que é ser jovem?"*

Ser jovem é um bicho de sete cabeças. Primeiro vêm os limites que os pais colocam, depois vêm as vontades, depois vêm as drogas, depois vem ser pai e ser mãe muito cedo, aí depois vem você jovem querendo cuidar de uma criança e você não tem estrutura financeiramente e emocionalmente... (Cláudio)

Para Leccardi (2005), em seus processos de construção identitária, os jovens são *bricoleurs*, pois os "materiais" e as ferramentas que utilizam na construção de suas identidades são aqueles contingenciais. O que resulta desse "trabalho" liga-se às condições e aos meios com os quais são confrontados a cada momento. A construção da própria identidade ocorre em meio a processos que se alteram, se modificam e que fazem da experiência da perda uma condição permanente.

> [...] *eu passei uma fase que pra eu falar, me relacionar, era absurdo. Eu não tinha vontade de conversar com ninguém, não achava, não sentia que as pessoas estavam se aproximando de mim, eu era agressiva, não fisicamente, mas eu era agressiva mesmo, eu não queria, foi uma idade bastante complicada, eu aprendi a escrever porque nesta época eu agredia as pessoas e depois eu escrevia pedindo desculpas, tinha uma dificuldade tremenda de me expressar em grupos e o que me ajudou a ver, a me expor, a compartilhar... Foi de entender que tinha vários meninos e meninas que tavam vivendo aquilo que eu tava, né? Então assim, eu aprendi a ouvir muito porque eu tinha dificuldade de ouvir. E quando eu aprendi a ouvir e a respeitar as suas histórias, eu aprendi a respeitar a minha também.* (Eugênia)

Melucci (2001a) fala desta dificultosa tarefa que é a busca da identidade. Nas culturas tradicionais, a pergunta "Quem sou eu?" era respondida pela família, pelos pais, pela comunidade de pertencimento. Certos ritos de passagem demarcavam a passagem para a maturidade e a superação destas provas permitia aos jovens declarar-se membros efetivos de um grupo. Na sociedade contemporânea, já não somos definidos por um único critério de identificação. Há uma proliferação dos modos pelos quais o indivíduo define-se a si mesmo e há, paradoxalmente, uma carência de sinais definidos de passagem entre uma condição e outra. Hoje, torna-se especialmente difícil para a experiência juvenil, pois esses sujeitos devem fazer de si mesmos a medida perante essas passagens obrigatórias.

> *Pois é, vamos dizer que este tempo da juventude é pra você decidir o que você quer fazer. Mas nas condições que a gente vive hoje fica difícil ter como decidir isso. Antes a juventude era até os 25 anos, hoje vai até os 29 pra algumas organizações... então se todo mundo fala que a juventude é esse tempo pra definir o que fazer, este tempo só vai aumentar porque tá ficando cada vez mais difícil a gente fazer isso.* (Cláudio)

Cláudio, em seu angustiado desabafo, confirma as assertivas de Melucci (2001a). O autor reitera a ausência de sinais que demarcam a entrada no mundo adulto, ao mesmo tempo em que se evapora a fronteira entre a infância e a maturidade. O que tanto Cláudio em seu desabafo como Melucci em suas reflexões dizem é que nossa sociedade cria as condições de abertura e transformação entre a juventude e a idade adulta, amplia o conjunto das possibilidades simbólicas, mas isso não corresponde às experiências concretas da vida que impõe aos sujeitos os seus limites.

> *A minha mãe trabalhava e eu tive que me virar, que cuidar das minhas irmãs... minha mãe sempre me cobrou muito: "Você tem que fazer isso, tem que fazer aquilo" e aí eu deixei boneca muito cedo, sempre andei com pessoas mais velhas e assim, acabou que eu tive o D. eu tava com dezessete pra dezoito anos... aí eu casei e tive que correr atrás, cuidar da casa, do meu filho, do marido, tinha que trabalhar também.. aí eu entrava e saía da escola e foi ficando mais difícil. Eu com doze, treze anos eu já trabalhava em casa de família. Numa época eu achava isso legal, eu até gostava... mas é aquela coisa: você é grande pra fazer isso, mas é pequena pra fazer aquilo... então é difícil, é confuso, acho que ainda é confuso... eu falo que eu tenho quinze anos ainda, mas é porque eu não aproveitei tanto quando eu tinha quinze anos. Creio que seja isso.* (Simone)

Em seus depoimentos, os jovens informam as agruras de viver um tempo em que "o tudo e o nada" são os limites impostos à construção de suas identidades. O que eles nos dizem é que, além das situações de exclusão que lhes afeta desde o nascimento, viver esse tempo social mais parece a sucessão de um pesadelo. Se as condições materiais lhes empurram mais precocemente para a juventude, sair da condição juvenil também parece impossível.

Enquanto nas sociedades do passado, os limites eram colocados pela estrutura social e pela condição biológica, atualmente, somos nós que devemos decidir os limites para nossa experiência individual. A falsa ilusão de que vivemos um tempo de liberdade, pleno de alternativas, esbarra na realidade material concreta. A velha conhecida exclusão socioeconômica ganha novos ares em uma sociedade em que a variabilidade de escolhas é ampla. E até mesmo não escolher aparenta ser uma opção, um exercício de autonomia, de liberdade.

Tudo se passa como se a ampliação da faixa etária fosse simplesmente uma tendência à juvenilização dos sujeitos que constituem esse grupo etário, a juventude. O que Cláudio nos diz é o contrário. Não se é jovem até os 29 anos porque se quer, mas porque essa fase de moratória social estende-se na medida em que as condições sociais de realização individual e coletiva são subtraídas dos sujeitos e postergadas para outros momentos do ciclo vital.

O depoimento de Simone também afirma essa extensão da juventude. Começando a trabalhar com 12, 13 anos, a juventude começou mais cedo, isto é, quando ainda devia ser a infância. E por isso ela se sente com 15 anos. Freitas (2006) declara que, para um grupo expressivo de crianças, o presente é a negação do futuro, pois ao antecipar as formas de vida juvenil e adulta e na obrigação de crescer rapidamente, tiveram expropriadas suas perspectivas de viver cotidianamente o tempo da infância.

É por esta razão que a juventude, de tempo socialmente instituído, institui-se para os jovens como tempo social. E que esse grupo de idade, mesmo em condições e situações distintas, vê-se cada vez mais compelido a fixar-se nesse tempo, a fundá-lo, fazer deste seu "próprio lugar social".

> *Eu acho que a gente tem um período nosso que é da nossa identidade, que a gente quer se achar, o que eu sou, o que eu quero... na fase dos dezoito anos até os 25 anos é uma fase muito importante pra gente saber o que quer da vida, pra gente entender o que a gente quer ser, no que a gente acredita, pra escolher o curso que quer fazer, a igreja que quer seguir... e nesse período de faixa etária que a gente vai se encontrando na sociedade... a juventude é uma idade que começa a pensar... às vezes a gente sente frustração quando a gente tá fazendo uma coisa dentro do grupo e o grupo não te entende... quanta oportunidade a gente dá pro grupo pra nos entender? A gente tem que entender este momento de solidão... olha, de verdade, esse grupo nosso é privilegiado porque é um grupo bastante diverso.* (Eugênia)

A complexidade do social afeta a todos nós. Mas os jovens vivem-na com maior intensidade. É que o tempo da vida juvenil, tempo de tomada de decisões, de definir limites, fazer escolhas e abrir-se ao futuro, não é mais um horizonte no qual devem ordenar suas escolhas e comportamentos, erguer pontos de referência para suas ações, é o irremediável presente. Na sociedade do risco, da imprevisibilidade, o tempo juvenil é um tempo de indeterminação e de individualização das biografias. A construção de trajetórias biográficas é "[...] fruto da capacidade individual de construir e reconstruir, sempre de novo, molduras de sentido, narrativas sempre novas, a despeito da moldura temporal presentificada" (Leccardi, 2005, p.49).

A situação de pobreza na qual estão imersos acentua mais fortemente a precariedade e o sofrimento dos jovens que possuem parcos recursos sociais e culturais para elaborar respostas a um futuro cada vez mais distanciado do presente. Mariana e Cláudio manifestam suas angústias por se sentirem impotentes e por não saberem antecipar-se à velocidade dos ritmos sociais. Suas trajetórias identitárias são marcadas pela ausência de projetos de futuro ou pela elaboração de projetos curtos, que respondam aos imperativos do aqui e do agora. A autodeterminação, a autonomia na constituição identitária pretendida e imposta pelos novos ordenamentos sociais mais uma vez oculta os "[...] os sulcos profundos traçados pelas diferenças de classe, de pertencimento étnico e, num plano talvez menos evidente, mas não menos poderoso, de gênero" (Leccardi, 2005, p.49).

> *Pra mim, ser jovem é totalmente diferente do que eu sinto hoje, porque eu aprendi cedo a ser jovem. Com doze anos, eu tive que ir pra rua, tive que trabalhar e tive que aprender cedo a cuidar de mim, saber me proteger dos maus elementos... pra mim, eu joguei muito tempo da minha juventude fora por imaginar que quando eu fosse jovem eu poderia conseguir as coisas que eu queria. Por exemplo, eu nunca me imaginava estar aqui... eu achava que ia estar numa vida muito diferente já que eu ia pra escola e meu objetivo era fazer uma faculdade e já estaria terminando minha faculdade, trabalhando no que eu gosto, fazendo o que eu gosto e agora eu tô maior perdida porque não era isso que eu sonhava e é isso que tá acontecendo. Essa é a realidade que tá acontecendo... Sou jovem e ainda nem me descobri. ...É muito difícil ser jovem no mundo e principalmente no Brasil... o jovem tem que trabalhar, o jovem é muito cobrado, se faz coisa errada vai pra cadeia, o jovem tem que estudar mas o estudo é de má qualidade, mas tem que estudar, tem que se formar assim mesmo, se aparece uma vaga tem mil jovens na fila... isso tá se tornando muito maçante pro jovem. O jovem não tem perspectiva do futuro. Hoje o jovem pensa que tem que tá trabalhando porque tem filho e pensa em dar o melhor pra ele. Mas tem poucos jovens que pensam em fazer faculdade... e tem jovem que faz um monte de coisa e não consegue se encaixar em nada. Eu me sinto um pouco assim... eu sou uma jovem que tem a marca dos preconceitos da sociedade... eu tenho a marca dos preconceitos por várias coisas que aconteceram comigo e que hoje eu tenho medo de não suportar. Então, pra mim, eu sinto que ninguém me entende, ninguém sabe o que eu gosto... eu tenho a marca do preconceito comigo mesma... do que eu faço, do que eu falo, do que eu vivo, como eu sou...* (Mariana)

Para Giddens (2002), vivemos "no mundo" em um sentido diferente do de épocas anteriores. Viver no mundo da modernidade tardia implica tensões e dificuldades distintivas ao nível do eu. Os limites do corpo asseguram uma contextualização no tempo e no espaço locais, mas as transformações do lugar, a intrusão da distância nas atividades locais e a centralidade da experiência conferem dilemas às narrativas identitárias. Unificação versus fragmentação, impotência versus apropriação, autoridade versus incerteza, experiência personalizada versus experiência mercantilizada são os dilemas que ameaçam a atribuição de sentido pessoal e limitam nosso engajamento na construção do eu.

> [...] pra mim ser jovem hoje tá sendo uma dificuldade muito grande porque a gente já tem as crises da própria idade, da juventude, das pressões que a gente sofre pra ser jovem, dos desafios que a sociedade nos coloca, a falta de credibilidade na gente que é absurda... pessoas e educadores que foram jovens que hoje nos cobram essa postura e esquecem que foram jovens também, que viveram essa fase que é conturbada... então pra gente, particularmente pra mim é um desafio muito grande, a gente se decepciona porque a gente quer fazer as coisas e não consegue, a falta de apoio, a falta de estrutura que a gente tem vontade de se organizar, a gente tem muitos desafios e muitas pessoas contra, porque acreditam que o jovem é muito porra louca. Pra sociedade, o jovem quer saber só de drogas, sexo, não tem consciência política e isso não é verdade... a gente tá tentando mostrar aqui que não é... mas o problema é a falta de oportunidade pra mostrar tudo isso... (Eugênia)

Giddens (2002) assinala que, contrastando com o mundo tradicional, onde o controle sobre suas vidas era exercido substancialmente pelos indivíduos, nas sociedades modernas as agências externas assumiram o controle das nossas ações e fomos, com isso, expropriados da tarefa de conduzir nossas vidas. A reapropriação, ao menos no nível da conduta individual, do domínio sobre as circunstâncias de nossa vida, dependeria dos condicionamentos sociais e das trajetórias individuais e grupais. Na contemporaneidade, as agências externas saem de cena e conferem ao indivíduo toda responsabilidade pela construção identitária. Convém, então, perguntar se esse indivíduo adquiriu os instrumentos necessários ao enfrentamento das condições sociais adversas e complexas que se lhe apresentam.

Setton (2005) responde que, efetivamente, as biografias individuais não são mais definidas pelas experiências próximas no tempo e no espaço, nem se constroem apenas nos espaços institucionais tradicionais (família e escola). Opostamente, nessa nova configuração cultural e social, as biografias individuais e coletivas contemporâneas são influenciadas por modelos e referências produzidos em contextos longínquos e/ou virtuais. Tudo dependerá do potencial reflexivo dos sujeitos, dos condicionamentos sociais sob os quais orientam suas práticas e ações.

Quando meu pai faleceu, minha mãe ficou daquele jeito dela, muito calmo... Aí ela teve que trabalhar pra cuidar dos meus irmãos... mas ela teve problema de saúde e não pôde trabalhar mais, então eu tive que sair pra trabalhar. Eu não tinha conhecimento nenhum, de nada, mas tinha que acordar quatro horas da manhã pra trabalhar... eu era uma menina de onze, doze anos. Eu falo que já vivi minha juventude, porque eu fiz muita coisa aos vinte anos. Eu queria fazer um monte de coisas que hoje eu já não consigo fazer. Esse trabalho era um pouco diferente. Eu tive que ser o jovem lá da frente, entendeu... aquele que trabalha, tem família... eu me sentia dona da minha família, eu me sentia responsável, tipo na questão da alimentação, de levar meu irmão pra escola... Eu tinha responsabilidade. Aí chega uma certa idade, você se sente fodido, porque já fez um monte de coisas, fez isso e aquilo, já passei por cinco ONGs. Mas ao mesmo tempo eu não consegui decidir o que fazer. (Mariana)

Margulis e Urresti (2002) declaram que a condição social juvenil não se oferece igualmente para todos os integrantes dessa categoria. Os jovens das camadas médias contam com a possibilidade de postergar a entrada na vida adulta ou mesmo de estabelecer certos controles sobre seu tempo biográfico. Os jovens das camadas populares vivem as contradições de um tempo juvenil que, para alguns, é um tempo que já passou, para outros, é um tempo que não virá. Constroem suas identidades no entre, no limbo social, neste lugar onde estão fincadas a promessa de uma vida juvenil plena e a realidade da falta. A falta de recursos sociais e culturais que lhes permitam construir sua própria autonomia, a falta de limites claros, a falta de oportunidades, a falta de referências, a falta de sorte.

Esses jovens também aludem a uma plasticidade, a uma capacidade aterradora de viver no entre. De serem crianças, adolescentes e de serem jovens, ainda que aos poucos, aos pedaços:

Foi nesse momento que eu aprendi a... apesar de muita dificuldade eu vivi minha infância muito bem. Eu gostava de brincar, eu não tinha responsabilidade nenhuma, vivi bastante bem, brincava, corria. Eu tive essa possibilidade de brincar, de correr... mas eu perdi isso muito rápido. O contato meu com a escola, eu pessoalmente ia pra escola porque eu entendia que ali na escola eu ia ter um suporte de alimentação, de fazer algumas coisas pra eu não perder aquela essência de criança que eu tinha. E quando eu saía dali a minha vida era uma loucura. Eu também fui trabalhar na feira muito rápido, eu me senti abandonada pelos meus irmãos mais velhos... porque quando a minha mãe morreu eu tinha três irmãos e eles chegaram e falaram:– Agora é cada um por si. Esse cada um por si, eu levei pra mim assim: "Vou trampar". E aí eu fui fazer várias coisas. Só que dentro da escola eu não gostava só de estudar não... eu tive vários apoios na escola pra eu não ir pra outro lado, mas dentro da escola eu vivi um pouco essa fase minha da adolescência. (Eugênia)

Novamente recorro à metáfora do palimpsesto, descrita por Martín-Barbero (2002), para me aproximar destas identidades que se inscrevem nas entrelinhas do presente. Identidades que se gestam em um duplo movimento de desterritorialização e des-historicização. Desafiam as adversidades que se interpõem em seu cotidiano, desafiam as instituições que lhes deveriam servir de guia, desafiam as formas de ação coletiva institucionalizadas, desafiam os próprios modelos juvenis e constituem modos singulares de ser e de estar no mundo.

A gente é um grupo de juventude que acredita numa certa transformação social... mas toda a juventude se organiza, mesmo que seja pro próprio uso de droga é juventude organizada, que gosta do skate é um outro grupo, que gosta do teatro é um outro grupo, que gosta de rock, sei lá... mas eu acho que dentro destes grupos tem um sentimento de liberdade muito forte que é reprimido... então eles buscam um espaço que se sentem bem, pra expor tudo isso. (Eugênia)

Nômades do presente, Eugênia, Cláudio, Mariana, Sandra compõem um universo juvenil que insiste em fazer deste seu tempo social. Para isso, fazem-se atores na construção de uma identidade coletiva e buscam seus próprios espaços de reconhecimento. A despeito das formas institucionalizadas de ação coletiva, inventam canais por onde expressar seus desejos de mudança. Articulam seus curtos tempos juvenis aos tempos alargados de uma realidade social excludente. Em suas identidades temporais curtas e precárias, mas também flexíveis, mesclam os ingredientes de mundos culturais diversos, reagindo às formas instituídas de ação coletiva e individual e às desiguais chances de individualização.

> *Tem várias formas de organizar que a juventude acaba participando, às vezes por obrigação, às vezes por necessidade e às vezes por consciência de que tá organizado pode trazer algumas possibilidades... Existem várias organizações juvenis que se organizam como igreja e existe uma parcela que quer se organizar pra mudar a situação do país... Às vezes, os jovens conseguem participar de alguns espaços, mas esses espaços têm limites porque existem sim esses espaços que pretendem aglutinar os jovens, mas esses espaços têm limites que o jovem precisa quebrar... Às vezes, o jovem procura um espaço, se frustra e acaba procurando outros espaços que culturalmente não são tão legais... A gente, por exemplo, parte das pessoas que participavam dos núcleos, fez a experiência de se filiar a um partido, mas chegando lá a gente percebeu que tudo aquilo que era vendido no comercial de TV era enganoso e muitas organizações que a gente teve a oportunidade de conhecer era mais ou menos isso, né, quando a gente conhecia a entidade, os limites que eles colocam pra juventude acabava trazendo problema.* (Cláudio)

Em oposição ao individualismo contemporâneo, os jovens constituem suas identidades organizando-se em grupos, multiplicando seus pertencimentos, diversificando seus contextos relacionais. Contrapondo-se aos freios sociais que reduzem sua capacidade de fundar identidades definidas e estáveis, os jovens experimentam os muitos modos de pertencer a uma identidade coletiva. Como em um *patchwork*, que em sua composição ajusta pedaços de tecidos de tamanhos, cores e formas variáveis e que joga com a textura dos tecidos, os jovens constituem suas identidades de infinitas maneiras, transitam por instituições diversas, habitam nomadamente os espaços do controle e da ordem. Subordinam os tempos e espaços instituídos a seus tempos e espaços instituintes.

Ser jovem não é um pressuposto, é uma "real-idade" em todos os ângulos e sentidos pelos quais possa ser esmiuçada essa palavra. A complexa e multifacetada realidade juvenil e a idade real de cada jovem só podem ser dimensionados por eles mesmos. Podemos inferir, predizer, adjetivar a partir de nossos pressupostos teóricos. Porém, as histórias, as expectativas, as perdas, as conquistas e os desafios que se colocam na vida de cada jovem é que confirmam sua singularidade nessa diversidade juvenil.

> *Eu acho que cada um com a sua diferença teve que passar por aquele momento: eu vou ter que fazer isso, não gosto de tal coisa... chega um momento em que a gente tem que fazer alguma coisa: ou vai pra frente ou fica estacionado. É um desafio, é uma coisa natural. Não é que a gente diga: "Ah, agora eu tô num momento que eu tenho que crescer". Não, é a vida que vai trazendo coisas pra gente e a gente vai aprendendo com elas. A gente deixa umas de lado, agarra outras e vai aprendendo com a vida.* (Sandra)

Uma condição e muitas situações. É assim que se materializa a experiência social juvenil. Os jovens pesquisados enunciavam suas similitudes e diferenças. O local de moradia, a condição de gênero, o pertencimento étnico-racial e as relações afetivas são algumas das marcas impressas nessas identidades juvenis. Tentaremos nos mover nesses labirintos, caminhando por entre essas marcas.

No que tange ao local de moradia, pode-se afirmar que esses jovens se assemelham. Todos (morando ou não com a família de origem) residem na periferia, na favela. Alguns em "boas" casas, em áreas urbanizadas, com infraestrutura básica. Outros moram em barracos de alvenaria e em áreas de alto risco no período de chuvas. Alguns, por motivos financeiros, mesmo tendo já seus próprios núcleos familiares, dividem com a família de origem o mesmo espaço (lote ou casa). Há ainda jovens, como Kátia que, após romper o casamento viu-se "obrigada" a manter a independência, pois a família mora no Ceará. Eugênia tem uma vida mais nômade, sai, mora fora da cidade com pessoas ligadas ao movimento social e após um tempo retorna para a casa dos irmãos, também residentes na periferia.

Novaes (2005) reitera que o endereço é um forte critério de diferenciação, porque abona ou desabona, amplia ou restringe acessos. O que para as gerações mais velhas era uma expressão da estratificação social ou do pertencimento de classe, é para os jovens de hoje uma forma de preconceito, de estigmatização. Viver em áreas urbanas subjugadas pela violência, pelo tráfico e pela corrupção policial torna-se um problema para acessar o mercado de trabalho. Em muitos casos, os jovens veem-se impelidos a, estrategicamente, ocultar o real endereço e a lançar mão de endereços de parentes de bairros próximos, de caixa postal, entre outras estratégias.

Para o acesso às "boas escolas", o endereço representa também um impedimento. Com a descentralização do ensino, o acesso à escola fica restrito ao local de moradia. Conseguir vaga em uma "boa escola" é um trabalho extenuante para as mães que desafiam as restrições e orientações do sistema de ensino. Janaína e Simone são dois casos em que o fato de estudar em escolas melhores ou piores diferenciou suas experiências escolares.

Simone lembra com certa amargura de suas primeiras experiências escolares:

> *Detalhe, essa escola que eu estudei, ela é a pior escola que existe em São Bernardo, ela é uma das piores [...] Eu conheço os alunos dessa escola e sei que essa escola foi piorando! Na época que eu estudava, há vinte anos atrás pra hoje, ela só foi piorando, ela não melhorou nada e fora que você entra dentro dessa escola é uma coisa horrível, parece prisão porque é tudo... A cor é feia, é cheio de grade e é isso, eles te dão isso, você estuda nisso... Então não te incentiva em nada! Eu não me esqueço a cena de eu entrando, meu primeiro dia de aula, eu entrando na escola... Eu me lembro da cor, eu me lembro do cheiro e era uma coisa horrível!* (Simone)

No entanto, Janaína, por intermédio da mãe, teve acesso às "boas" escolas públicas da cidade. Fala disso com orgulho porque, segundo ela, as oportunidades de convivência e de ensino não são as mesmas entre essas escolas:

> *Janaína: Estudei em escolas regulares, minha mãe nunca deixou eu estudar nas escolas que a prefeitura indicava, da relação de escolas ela sempre procurava a melhor...*
> *Licinia: Como é que ela fazia pra te colocar...*
> *Janaína: Minha mãe... foi bem assim... Ela não queria que acontecesse nada comigo, com a gente... comigo e meu irmão [...] Então como ela trabalhava nas casas do bairro P., as patroas delas falava: "Essa escola é boa, porque o ensino é bom". E ela colocava a gente lá. Essa escola só tinha filhinho de papai, pouquíssimos negros... Assim, na época da escola, ela ia escolher, ela sabia que as escolas daqui tinham má fama. Meu pré eu fiz no centro, da primeira à quarta série eu fiz perto do centro... o ginásio*

fiz numa escola do centro e o ensino médio também. Sempre em escolas regulares para boas, nunca estudei na escola tipo essas daqui.

A experiência que viveram nessas escolas marcou profundamente a vida escolar de Simone e Janaína. De tal modo que a primeira reitera em seus depoimentos as diversas tentativas de sair dali e mudar de escola. A segunda ressalta o quanto foi positivo o esforço e a percepção que a mãe teve da necessidade de "correr atrás" de uma formação escolar melhor para ela. Janaína conta, inclusive, que os contatos de trabalho da mãe (as patroas) é que lhe davam as dicas e lhe ensinavam o "caminho das pedras" para conseguir vaga em tal ou qual escola.

Essas minúcias particularizam a condição juvenil e acentuam as diferenças entre os sujeitos no próprio local de moradia. É o que Simone nos faz crer quando declara que tem evitado matricular os filhos nas escolas do bairro.

Simone: *Eu não vou colocar meu filho naquela escola, porque aquela escola é problema!... É ruim isso, pensar isso... Porque a gente poderia tentar organizar as pessoas pra mudar isso, mas é tão difícil a gente conseguir organizar as pessoas pra mudar essa realidade da escola, que acaba pensando... "Eu vou colocar ele em outra, porque é muito melhor!"... E foi o que eu fiz. O D. nunca estudou numa escola próxima da minha casa, eu sempre paguei "perua" pra ele! Ele tá na sexta série e ele continua indo de "perua"... Quer dizer, é ruim isso... É ruim você olhar e ter que selecionar a escola que seu filho vai estudar.*

Licinia: *E como é que você faz essa seleção? Como é que você descobre qual a escola?*

Simone: *Nossa, eu fui em vários bairros... Nos melhores bairros! Tem que ir nos melhores, porque aí você vê que assim... a diferença que é de uma escola próxima da minha casa pra uma da P. ou até mesmo do B. pra uma escola daqui da L., que no caso é horrível! É teto caindo, é parede tudo suja... É uma bagunça... É uma coisa triste que não dá pra você pôr uma criança! Eu e o Cláudio fomos atrás de ver uma vaga nas escolas, aí a gente foi lá e não dá! É feio demais, é triste e bagunçado! A escola foi pintada há muito tempo e tá feia, tá tudo feio! Aí você vai no B. é outra qualidade a escola... É a mesma administração municipal, mas as escolas são tratadas de forma diferentes! A escola que o J. estudava é*

> linda...E aí a gente ia tirar ele de uma escola bem estruturada pra colocar ele numa escola horrível? Não dá! E aí a gente conseguiu uma vaga no B... O D. também estuda no B. e o João estuda no M. ... a estrutura dele é um pouco melhor. A do B. onde o D. estudou é três vezes melhor! Então, a gente começa a ver por aí...

No tocante às relações de gênero, ser mulher ou homem é mais uma adjetivação que se cola ao substantivo jovem. Às diferenças nos papéis que cada um dos sujeitos desempenha na vida cotidiana, somam-se as relações entre os sexos e a diferença no universo masculino/feminino. Ser homem ou mulher impõe limites, restrições em distintas áreas da vida social. Também o campo de possibilidades se reduz ou amplia quando esse critério impera sobre outros.

O corpo simboliza um lugar privilegiado da diferenciação feminina. Mas é também no corpo que está impresso o pertencimento étnico racial. A cor da pele – os traços que conferem beleza segundo os padrões estéticos –, o cabelo e até mesmo a indumentária são canais de expressão e de negação da feminilidade. Como ser negro está "na moda", mulheres negras e consideradas belas são alvo de constantes elogios e disputas entre os homens. Sandra e Janaína são duas jovens que marcam presença por sua beleza, ainda que em um padrão estético pautado na branquitude. Assumem sua identidade étnica e fazem do cabelo e do corpo o lugar de enunciação dessa identidade. Nos modos simples e despojados de vestir-se dão relevo às cores que contrastam com sua pele e com os traços do rosto.

Cumpre destacar os reveses desse tipo de identificação racial. Por serem belas, estão socialmente respaldadas pela ideologia do branqueamento. São negras, mas... são bonitas. Já Mariana é o reverso da beleza. Mulher, pobre, negra e obesa. Não bastasse isso, é jovem. São atributos que, na esfera da subjetividade, da autopercepção, divergem até mesmo de suas próprias expectativas. Ela esperava que, por seus diversos pertencimentos, por sua participação em movimentos e projetos sociais, fosse capaz de lidar com os estereótipos que pesam sobre sua identidade. Mas não é isso que ocorre. Contrariamente, Mariana revela que "saber-se negra é viver a experiência de ter sido massacrada em sua identidade, confundida em suas perspectivas, submetida a exigências, compelida a expectativas alienadas" (Souza, 1983, p.17).

> Então pra mim a escola vinha em primeiro lugar, eu sempre quis ser a primeira aluna da sala, falta eu não tinha. Se eu tivesse uma falta pra mim era um sofrimento [...] Eu nunca tive um sapato novo pra ir pra escola, nunca tive uma roupa pra ir pra escola, né... E acho que por isso eu valorizava tanto a escola. Mas pra mim, eu sempre pude perceber o preconceito que tinha na escola em relação da cor, de você ser mulher, do seu jeito. Na escola eu era a mais escura da sala... Não tinha quase negros na minha sala de aula... Hoje têm muitos. Então, hoje quando eu me lembro dá vontade até de chorar quando eu me lembro dos conflitos, das brigas entre meninos e meninas, as disputas que tinham na sala de aula... (Mariana)

Mariana conta que na escola detestava sair para o recreio, que tinha vergonha de merendar, de ficar na quadra e, por isso, preferia ficar na biblioteca durante os intervalos. Expressa um sentimento de impotência ante as exigências sociais que lhe foram impostas desde criança e que ela continua a manter sobre si. Gomes (1995) salienta que a conscientização do ser negra pode ser tão intensa para a família que tenta transformar isso em um marco positivo. Ser a melhor na escola, destacar-se nos projetos de que participa, empenhar-se para estar em todos os lugares e eventos... Era o que se esperava de Mariana e de seus irmãos. Se na família – matriz da construção identitária – ela vivia a ambígua afirmação de seu pertencimento étnico-racial, na escola não tinha referências negras com as quais pudesse partilhar suas dores, como ela mesma afirma.

No que concerne às relações afetivas, pode-se dizer que são inteiramente eletivas. Quando a atividade sexual toma parte dessas relações, dispensa-se a constituição de uma família para vivenciar as relações amorosas. Dizendo isto não queremos afirmar que tudo "são flores" nas relações amorosas juvenis. Pelo contrário, a dissociação entre satisfação amorosa e satisfação sexual é uma contradição experimentada pelos jovens em seus relacionamentos. Isso porque a mesma incerteza que acompanha a constituição identitária, ressalta Melucci (2004, p.138), "é um componente estável das relações entre homens e mulheres, os elos são muito frágeis e as relações são mantidas ou rompidas com base em escolhas que devem ser continuamente afirmadas".

Essa incerteza que acompanha as relações interpessoais, Bauman (2005) chama de ambivalência de nossa "líquida" era moderna. O amor, a parceria, os compromissos, os direitos e deveres que acompanham as relações afetivas são objetos de atração e repreensão, desejo e medo. Os contextos culturais não garantem equilíbrio e estabilidade. A livre escolha, os labores da vida conjugal, a precariedade nas condições existenciais concretas aumentam o sentimento de incerteza quanto ao futuro e os sujeitos já não estão mais certos de que a continuidade da relação afetiva vale o investimento.

Um momento em que pudemos acompanhar de perto as ambíguas identidades juvenis foi ao discutir a temática família e ao observá-los nessa relação. Aqui, se apresentam as recomposições familiares forjadas em meio às situações de perda e de grande vulnerabilidade social e material que distingue os jovens de um mesmo grupo entre si. Mas também aqui revelam-se os encontros e desencontros amorosos, os flertes, o "ficar", as novas composições familiares que retratam as instáveis construções biográficas juvenis no masculino e no feminino.

Os jovens por suas relações familiares

E aí também, pelo tempo que a minha irmã tá fazendo faculdade, é um tempo que quando acabar a minha mãe já vai poder começar a me ajudar, se eu tiver trabalhando ou não, só vou ter ela pra contar! Então é porque até a gente meio que se organizou entre nós, sabe... Porque ela teve a vontade primeiro de fazer faculdade, então ela acabou os estudos dela, que ela fazia magistério, né [...] Ela acabou e ela já queria fazer a faculdade. Então, já que ela tinha vontade, a gente sentou e conversou e [...] "Ah, então vai você primeiro!" E eu já tava envolvida com a música [...] E ela tem mais dois ou três anos de curso, eu acho... Então, até ela terminar, eu tenho tempo de pensar. Pode acontecer de eu antes querer fazer faculdade, né... (Sandra)

Em *A família como espelho*, Sarti (1996) declara que família é uma linguagem por meio da qual os pobres traduzem o mundo. Toda possibilidade de negociação e de atuação no mundo social passa por caminhos em que seja possível falar essa linguagem. Negar sua importância como tradução do mundo social é falar um idioma incompreensível. A noção de família define-se em torno de um eixo moral. Existe um princípio de obrigação moral que fundamenta a família, estruturando suas relações. São as redes de obrigações que delimitam os vínculos e a extensão da família entre os pobres. Dispor-se a essas obrigações morais define o pertencimento ao grupo familiar. A noção de obrigação sobrepõe-se aos laços de sangue. Porém, a relação entre pais e filhos constitui-se o único grupo em que as obrigações não se escolhem, as outras são seletivas.

> Eu também acho que a família vem em primeiro lugar. Mas assim, o trabalho... Desde que eu tinha dez, onze anos, eu tinha um sonho... eu queria me formar... Hoje eu sei que as portas tão fechadas, né... pra mim, hoje, eu acho que não dediquei tudo de mim, pra atingir meu objetivo. Tudo que eu ralei eu deixei de lado... meu trabalho era esse... Mas hoje o trabalho vem em primeiro lugar, depois a família e o lazer. [...] a escola sempre foi um objetivo meu, da minha família, primos que são advogados, médicos... e hoje se eu fosse organizar isso aqui eu faria assim: família, trabalho, escola, lazer e atividades sociais. (Mariana)

Essa "organização" à qual se refere Mariana era parte de uma dinâmica grupal em que solicitei aos jovens que descrevessem seus cotidianos. Após a descrição, discutimos a propósito das instituições pelas quais eles circulam com maior frequência. Elencaram a família, escola, trabalho, PMMR e outros grupos. Solicitei então que fizessem uma ordenação, hierarquizando cada uma delas pelo tempo despendido e explicando isso. E Mariana reflete sobre seu afastamento do núcleo familiar, as razões para isso e a necessidade de retornar em busca de aconchego, de colo:

> Há um ano atrás eu dividia assim: escola, atividade social, família, lazer e trabalho. Mas hoje eu coloco primeiro a família, porque sem a família você não consegue nada. Porque lá fora você pode ter amigo, ma... Hoje eu coloco família, escola, lazer, atividade social. Antes eu colocava muito a atividade social em primeiro lugar, mas hoje minha família tá em primeiro lugar. [...] eu agora tô num momento mais família. Acho que eu tava precisando da minha família... assim, de um pouco de colo. (Mariana)

A família ou as redes familiares são o lugar do afeto e o palco dos conflitos, afirma Sarti (2004). Na relação com a família, os jovens são o outro, o sujeito que reclama sua alteridade, que busca demarcar sua identidade e dar sentido à sua existência pessoal. Mas também o jovem é quem introduz os "outros" necessários à sua existência pessoal: seus grupos de pares, seus espaços de pertencimento, os referenciais pelos quais constrói sua identidade. A disponibilidade da família em aceitar e dialogar com esses outros será determinante nas relações familiares.

Sarti (2004) informa que, na ausência de rituais de passagem para a vida adulta, o jovem vive seu lugar na família como o da contestação. Suas formas de contraposição ao mundo adulto nem sempre são sintoma de rebeldia. Muitas vezes, manifesta-se aí uma forma de protagonismo que o transforma em agente de solução para seus problemas. Desse ângulo, reafirma-se o que já foi ponderado por diversos autores: nascidos na contemporaneidade, os jovens são os únicos que podem explicar os problemas que vivem, bem como são os únicos capazes de encontrar as soluções.

Melucci (2001a) declara que também os adultos são afetados por esses conflitos e por isso o diálogo aberto é o ponto de encontro entre os jovens e suas famílias. Ater-se à sua sabedoria convencional ou abdicar de sua maturidade, de sua tarefa educativa são dois caminhos alternativos para os pais, porém difíceis para a resolução dos conflitos.

> *Eu acho assim, a família eu já tive vários atritos com ela. Mas eu sei que ela quer um lugar pra eu tá trabalhando. Pra eu dar um jeito de ter meu dinheiro, minhas coisas. Minha mãe mesmo pergunta: "O que você tá fazendo? Você fica se doando, doando suas coisas, suas roupas e quando você vira as costas eles falam de você. O que você tá fazendo lá?" Eu acho que a minha mãe quer que eu trabalhe primeiro pra comprar minhas coisas e o tempo que eu teria pra lazer, pra me divertir eu faço trabalho social. Ela fala pra eu arrumar um lugar pra trabalhar, menos o Projeto. Ela fala que tudo na minha vida é Projeto.* (Mariana)

A dimensão do conflito deve ser encarada de modo menos etnocêntrico, como adverte Sarti (2004). Principalmente no que se refere à relação da família com os jovens. É preciso abandonar o caminho da idealização ou da naturalização que pesquisadores, educadores, professores e os que estão fora do círculo familiar tendemos a projetar sobre as famílias. Não existe família ideal, o que existe são realidades sociais nas quais se constituem os vínculos familiares. Assim como a unidade biológica de reprodução não é o modelo a ser seguido.

Uma vez reconhecido que cada família tem seu formato, seus problemas, necessidades e suas formas de resolução de conflitos, pode-se identificar que, em muitas situações, os jovens e suas famílias sofrem as intervenções que inibem ou desqualificam suas capacidades na resolução dos conflitos.

> *Quero provar o contrário pro meu pai que fica falando que eu vou virar vagabundo [...] que se eu continuar assim ele vai me jogar na rua... que esse projeto não me ajuda em nada, que eu não tenho nenhuma experiência pra querer trabalhar com esses meninos de rua... "Que experiência você tem pra passar pra esses meninos de rua?" Ele fala. Esses dias atrás, ele me criticou porque eu andei usando drogas... mas eu parei e ele falou que ia me entregar pra polícia [...]* (Marcos)

A questão da drogadição e da sexualidade (escolhas ou indagações existenciais) são aspectos da vida cotidiana difíceis de encarar pelos próprios pais. Esses temas tocam profundamente em suas referências culturais ou mesmo em hábitos socialmente aceitos ou rejeitados como o fumo, o alcoolismo ou outras formas de dependência química. A não aceitação da homossexualidade ou da dependência química é uma solução que a própria família encontra para remeter-se à idealização do mundo familiar transformado em uma referência positiva, para o qual todo o resto é encarado como desvio ou anormalidade. A aceitação é, por sua vez, uma forma de resignação das famílias que atribuem à "vontade de Deus" ou a um destino previamente selado. No caso dos jovens pesquisados, pude observar que são poucos os que encaram, de fato, tais situações vividas tanto pelos familiares como por eles mesmos. O alcoolismo e a drogadição são dois problemas que afetam suas relações familiares, afetivas e os demais aspectos da vida social, mas são pouco focalizados em seus depoimentos.

Ainda contestando o olhar idealizador e naturalizador da família, Soares et al. (2003) discutem o tema da "desestruturação familiar". Esta forma preconceituosa de classificar as famílias, especialmente as famílias pobres, tende a reportar-se aos arranjos familiares desqualificando o papel que cada sujeito desempenha no seio da família. Nas famílias chefiadas por mulheres, a autoridade paterna desloca-se para o filho mais velho. O mesmo ocorre no papel feminino. Caso a mãe-esposa-dona-de-casa esteja impossibilitada de exercê-lo, desloca-se para outras mulheres da família, de fora ou dentro da unidade doméstica (Sarti, 1996).

Esses novos arranjos reinstituem o valor social e simbólico da família na vida social. Nela, os jovens desfrutam o sentimento de pertença, de segurança afetiva e emocional tão fortemente descrito em seus depoimentos. Nela, os jovens organizam suas biografias, restabelecem vínculos. Ainda que marcadas pela precariedade, por sucessivos rompimentos, perdas e mesmo por situações de violência doméstica, as redes familiares têm uma presença efetiva na constituição identitária juvenil.

Os jovens em seus "novos" arranjos familiares

A independência familiar e a composição de novos núcleos familiares são um caminho traçado social e culturalmente. Em que pesem as dificuldades financeiras e a instabilidade emocional que as escolhas acarretem, principalmente quando essas "escolhas" são forçadas e antecipadas por uma gravidez precoce ou indesejada; as expectativas, tanto dos jovens como de suas redes familiares e de seu entorno, são de que em algum momento da vida adulta construam suas próprias referências familiares. De fato, essa realidade que recai sobre 20% da população juvenil brasileira na faixa etária dos 15 aos 24 anos tem seus elementos diferenciadores. Abramo (2005) salienta que o casamento é uma realidade de maiores proporções para as mulheres. Em consonância com esses dados, quatro dos onze jovens por nós pesquisados são casados. Destes, três são mulheres.

Pais (1993) sugere que, em virtude desse aspecto cultural, o problema do desemprego interfere sensivelmente na independência familiar masculina e feminina. Em geral, as jovens veem-se empurradas ao casamento e à maternidade. É que no caso das mulheres, além da inserção laboral não ser "o critério", sua função na hierarquia familiar está mais relacionada à casa, à maternidade e ao cuidado dos filhos. É "normal" que as mulheres abdiquem do trabalho e dos estudos para cuidar da casa e dos filhos, como se observa no depoimento de Simone.

> *Depois, no outro ano eu comecei a estudar e saí de novo... E aí no outro eu comecei a estudar e saí de novo e aí foi logo quando eu engravidei do D., quando eu tava com dezessete anos. Eu não estudei quando eu engravidei do D... Eu não tava estudando naquele ano! Aí, quando o D. tinha uns três meses que eu comecei a estudar de novo, só que aí com esse negócio de amamentação e eu tinha medo de deixar ele sozinho... E acabava que a minha mãe trabalhava e ele ficava com a minha irmã e a minha irmã tinha dez anos... Então deixar um bebê com uma menina de dez anos não dá! Aí, eu saí da escola e parei... Aí, eu só fui estudar de novo quando o D. já tinha uns seis anos!* (Simone)

Algumas resistem a essa imposição familiar e social e sonham outros destinos: a realização pelo trabalho, pelos estudos... Mas, no fim, o que lhes sucede é o matrimônio, a gravidez reiteradamente não planejada, protelando para mais tarde o cuidado de si mesma. Em sua última entrevista, Sandra me contou que estava grávida. Disse que agora a família estava contente, pois ela era a única sem filhos. A mãe e as irmãs estavam já inconformadas com a situação. Apesar de feliz, ela sabia que a gravidez não foi planejada e agora teria que pensar o que fazer, pois não há espaço na casa para mais uma família.

Todavia, por suas experiências culturais diversas, muitas jovens buscam conciliar os compromissos familiares (na maioria das vezes, desigualmente distribuídos) às suas demandas por autonomia, seja pela busca de inserção laboral, seja pela escolarização. Em conversas com Kátia e Simone, pudemos confirmar isso. Kátia falava da vontade de estudar, mas teve que negociar com o parceiro e optar pelo supletivo mesmo querendo fazer o ensino regular.

> *Minha dificuldade maior em aprendizado foi quando eu cheguei aqui né, acho que devido ao supletivo mesmo, acho que se eu tivesse feito o ano normal... primeiro, segundo e terceiro, os três anos, eu teria aprendido mais. Só que como eu tava num relacionamento, pensava em ter filho e pensava em trabalhar, eu falei... Quanto mais rápido for o meu estudo, mais tempo vai me sobrar pra mim trabalhar e pra mim cuidar da minha família né, pelo fato de ter filho... E aí, acabou nem compensando né! Antes eu tivesse estudado um ano, dois anos e três anos, eu acho que eu teria aprendido mais, seria mais satisfatório pra mim.* (Kátia)

Melucci (2004) explica que a passagem da monarquia masculina para uma diarquia também cria um equilíbrio instável nas relações de poder. No momento em que as mulheres assumem seus pontos de vista e reivindicam sua legitimidade cultural, tornando visível a diferença, há uma sobrecarga emocional no âmbito da vida conjugal. Também Simone conta que deixou de trabalhar para cuidar da casa e da família. Mas, quando começou a participar de movimentos sociais e decidiu retomar os estudos, teve dificuldades com o primeiro marido.

> *Quando eu parei de trabalhar eu fiquei um tempo em casa, pro meu marido tava maravilhoso. Eu fiquei em casa, cuidando do menino, da casa, pintando*

minhas telas... pra ele tava maravilhoso. Eu só participava de algumas reuniões. Aí eu comecei a participar de alguns encontros, fui pra Brasília, aí veio o Fórum Social Mundial, o PMMR... aí o homem já tá atacado e doido pra arrumar um trabalho pra mim. (Simone)

As jovens pesquisadas transformam "essas escolhas e dificuldades" em retalhos do *patchwork* em que se tornarão suas identidades. Enquanto contava de sua separação, da decisão em deixar o filho sob a guarda do pai, Kátia o fazia sem nenhuma negatividade ou angústia. Analisava sua situação pessoal, as necessidades de cuidados especiais que seu filho demandava e mostrava-se satisfeita com o resultado de tudo que viveu. Ao falar do convite de seus pais para retornar à convivência com a família de origem, ela foi enfática:

[...] pra mim, ir pra morar na casa dos meus pais, pra mim depender deles é muito difícil. Mesmo que eu arrume um emprego, o salário de lá é mínimo, é muito pouco... Dá pra sobreviver, porque se você não pagar aluguel, o que você tirar é pra você se alimentar... Dá, mas eu acho que eu não tenho mais pique não, eu não tenho mais... Ficar morando na casa do meu pai e da minha mãe, eu acho que não vira mais. Eu gosto da minha liberdade, da minha privacidade, da minha independência. Eu moro aqui sozinha, "de vez em nunca" o meu namorado vem aqui... Eu vou mais no bar dele do que ele vem aqui. Eu gosto dessa independência! [...] Eu gosto assim de liberdade. Às vezes eu sinto falta, às vezes eu sinto uma carência, um vazio assim, mas eu gosto assim, eu gosto de viver assim... Gosto da minha liberdade, de fazer as coisas na hora que eu quero... Se eu quiser fazer comida eu faço, se eu quiser arrumar a casa eu arrumo... (risos). É muito bom! Então, hoje eu me sinto tão liberta, eu me sinto tão livre, eu me sinto tão... Sabe? Eu posso dizer assim, que tem muita coisa que falta, mas eu me considero uma pessoa feliz... Eu consegui alcançar a minha liberdade, a minha independência... Eu consegui me manter, sem precisar que alguém me mantenha! Eu consegui minha independência... E eu me considero uma vitoriosa! Eu acho que falta muita coisa ainda... Que eu ainda quero, que eu ainda busco... Mas hoje, eu me sinto feliz do jeito que eu estou! Passo por alguns sufocos, algumas dificuldades, mas todo mundo passa, né! (risos)... Não tem como! (Kátia)

Nessa cultura de gênero que reserva aos homens a vida pública e às mulheres o mundo privado e familiar (Sarti, 1996), os jovens sentem que sua autoridade é fundada no papel de provedor. É o trabalho que define sua capacidade de constituir família:

> *É assim: a família não fica falando assim: "Você tem que estudar, você tem que terminar e tentar fazer uma faculdade... tenta, pelo menos..." você não ouve isso... não é isso que você ouve... você ouve que vai construir família, vai ser peão em algum lugar... que você vai arrumar emprego, mulher, vai ter três filhos pra dar os netinhos pra mãe... eu também não me lembro até hoje de um dia que eu pensei em fazer faculdade... nem um minuto.* (Marcelo)

Porém, em contraposição a esses valores, há no universo masculino juvenil as tentativas de ultrapassar os limites da dominação masculina. E o lugar onde os jovens experimentam isso é em seus núcleos familiares. Não querer ser como os "outros homens" (referindo-se ao machismo) e não querer que ocorra com os filhos ou com os irmãos a experiência que lhes sucedeu leva os jovens pesquisados a encarar a paternidade de maneira mais responsável e afetivamente mais presencial. Cláudio, com os filhos, e João, com os irmãos e a sobrinha, são dois exemplos de quem inverte a negatividade da ausência paterna ou de uma figura masculina. Quanto a Cláudio, percebe-se mesmo que encara a paternidade como um projeto de vida, uma realização pessoal, tanto na convivência, em que pude observar uma dedicação aos filhos que não se manifesta como a superação de um trauma, quanto pelo relato de sua ex-companheira que, na impossibilidade de cuidar do filho, optou por deixá-lo com o pai.

Da relação entre João e o irmão caçula só fomos saber na segunda entrevista individual. Quando perguntei o que mais desejava naquele momento, ele argumentou:

> *É, agora eu tô pensando em trabalhar, ter um emprego fixo, saber que todo mês vou ser remunerado e que no mês que vem eu vou ser remunerado... Não dá pra ficar assim, como voluntário só, por exemplo, que chega agora e falam assim... "Olha, pagamento é só mês que vem... beleza?" Isso é ruim... eu tenho minha sobrinha, tenho meus irmãos e eu gosto de "dar rolê" com eles, eu gosto de tirar um dia de lazer só com eles, né... Não penso em trabalho, não penso em nada, só penso neles quando eu tô com eles!* (João)

Em outro momento da entrevista, quando indaguei pela escolaridade da família, ele me falou de um filho. Surpreendida, pedi que explicasse quem era...

> Ele não é bem meu filho... É adotivo... Eu chamo ele de filho, porque... Ele é meu irmão, mas eu chamo ele de filho, porque ele me chama de pai, né! Quando minha mãe faleceu, ele tinha um aninho, daí quem cuidava dele mais era eu que ficava mais em casa... Meu irmão trabalhava e tal, aí ele começou a me chamar de pai... Me chamou de pai... De pai... De pai... E até hoje eu sou o pai dele! Eu vou na escola, vou nas reuniões dele... Quando ele tá precisando de alguma coisa, eu vou lá e compro pra ele... Se eu puder, eu compro... Dou um dinheiro pra ele, pras minhas sobrinhas, afilhada... Aí eu invisto neles! E é isso que eu quero, investir muito nele! Todo mundo tem uma pessoa pra investir na vida, eu tenho ele! Quem sabe amanhã ou depois... Eu recebia trinta reais que é o dinheiro da minha pensão, eu passei pra ele... O seguro de vida que era pra mim pegar da mamãe eu passei pra ele... Eu não quis pegar também, aí passei pra ele também. Então, quero juntar umas economias até ele fazer uma "facul" amanhã ou depois... Qualquer coisa eu vou lá... Eu chego pra olhar os cadernos... Pego ele e meus outros sobrinhos, olho o caderno... Como que tá na escola... Tem matéria que eu não sei... Eu não me dou muito bem com estudo... Mas ele não sabe, porque ele sabe que eu terminei, mas ele não sabe que eu tô em "DP". Ele não sabe por que que eu não tô na faculdade, porque eu não falo isso. Mas amanhã ou depois se ele me cobrar e falar assim pra mim: "Por que você não fez uma faculdade ainda?" Tomara que ele nunca chegue a fazer isso, porque se ele falar, eu vou ter que falar pra ele, né? (João)

Ao constatar a positividade desses depoimentos, não pretendemos anular as angústias vividas por esses jovens. A ausência paterna reflete-se em suas trajetórias biográficas. Tanto elas quanto eles ressentem-se disso. Até mesmo quando dizem "não conheço e não quero conhecer", como Eugênia ao ser indagada sobre o pai. Conhecer o pai foi, para alguns deles, uma experiência traumática e dolorosa. Seja pelos problemas de alcoolismo, violência doméstica ou pelo abandono, para a maioria dos jovens pesquisados a figura paterna é carregada de mal-estar:

> Marcelo: Sempre foi daqui de São Paulo. Só o meu pai que é do Piauí. Só que também mora lá. Separaram, eu era criança.
> Licinia: E ele voltou para o Piauí?
> Marcelo: Depois de um tempo ele voltou.
> Licinia: E você não teve mais contato com ele?
> Marcelo: Tive quando eu fui preso, e ele veio aqui pra me ver.

Licinia: Ah, ele veio te visitar?
Marcelo: Ele veio uma vez, quando eu saí. E ele tava fazendo uns tratamentos aí, e não conseguiu... Conseguir, ele conseguiu, mas não foi, voltou a beber. Marcou o dia da consulta depois de três meses, minha mãe falou: "Você pode visitar seu filho", e ele foi mas aí... Ele voltou a beber, e já quis agredir minha mãe também de novo, e tal, então minha mãe falou... Ligou para o irmão dele, que mora lá em Santo Amaro, e falou: "Vem buscar, que num tá dando não". Aí ele nem fez o tratamento, e foi embora. Aí voltou para o Piauí.

E com isso, a mãe ocupa um lugar central na vida desses jovens. A figura materna ou sua ausência opõe frontalmente os processos de construção identitária juvenis. O reconhecimento de si passa pela figura materna. Principalmente nas composições familiares em que os filhos são de diferentes relacionamentos, a mãe é uma referência identitária, tanto para o jovem como para a unidade familiar. Como afirma Sarti (2004), a família não se define "[...] pelos indivíduos unidos por laços biológicos, mas pelos significantes que criam os elos de sentido nas relações, sem os quais essas relações se esfacelam, precisamente pela perda, ou pela inexistência, de sentido. Se os laços biológicos unem as famílias é porque são, em si, significantes". (p.121)

Eugênia, Diana, João e Marcos perderam a mãe quando crianças e dizem o quanto isso os coloca em uma posição diversa dos outros jovens. Eles são os que perderam a referência de unidade familiar e viram-se obrigados, mais que os outros, a tomar-se como referências familiares para si mesmos e para os irmãos mais novos:

O que nos aproxima são nossas histórias semelhantes... sei lá, no caso dela (Diana), e eu que perdemos a mãe cedo, a Mariana porque começou a trabalhar também na mesma faixa etária que a gente... a história que nós vivemos nos une e a gente é diferente na forma como cada um pegou isso pra si, como cada um absorveu esta história. (Eugênia)

Uma das coisas que me marcaram muito foi a perda da minha mãe. Eu tinha oito anos de idade quando eu perdi a minha mãe... e assim pela pouca idade, eu me sentia ainda tão apegada a ela e veio aquilo tudo... ela faleceu e meu pai começou a beber. E aí minha irmã mais velha casou e foi embora, foi viver a vida dela. E aí

> *em todo canto que eu ficava eu começava a chorar, porque eu precisava de colo e aí com isso, eu fui ficando velha mais rápido... porque com a perda da minha mãe, o meu pai e eu tinha dois irmãos pequenos, precisava cuidar deles porque tinha que levar eles pra escola. Só pensava nisso, sabe? Que se eu não cuidasse deles, quem ia cuidar? Meu pai tava só "no caneco" e era a gente pela gente. Porque assim, minha irmã casada não vinha muito em casa, porque também ela tinha a vida dela, tinha filhos também. Mas a gente ficava, eu e meus irmãos pequenos ficava meio jogado e com isso a gente amadureceu mais rápido, eu e minha irmã... minha irmã tem dezenove anos agora. E eu achei legal essa parte de amadurecer mais rápido, a gente aprende muito.* (Diana)

Assumir a função materna é, como disse Diana, "amadurecer mais rápido", ser jovem precocemente, entrar na vida adulta sem tempo de viver a infância. É evidente que uma criança nunca deixa de ser criança, ainda que trabalhe ou cuide dos irmãos, mas as responsabilidades do trabalho e da casa restringem sua liberdade de viver plenamente a infância. As preocupações com o sustento da família e o sofrimento da mãe, como afirmam Marcelo e Cida, ou mesmo com os irmãos que estão sós e desprotegidos, como salientam João e Diana, quebram não somente o ritmo de estudos, mas também alteram os processos de constituição identitária. É que, nessas condições, a criança já se depara com a exigência de desempenhar papéis diversificados: ser o irmão, a irmã, o estudante e ser também o pai, a mãe, o provedor, a provedora. Precisar de afeto e segurança e esforçar-se por transmiti-los aos outros. Estar desprovido de recursos materiais e, ao mesmo tempo, ser arrimo de família.

> *Aí se você tem estrutura, por exemplo, na questão da escola em específico, se você tem uma estrutura de família ajuda, mas eu não tive. E depois da morte, por exemplo, da minha mãe, aí despencou tudo, porque era cada um por si e que nem o próprio meu irmão falou com a gente quando ele veio do hospital, que era cada um por si agora, e a gente era criança, não tinha... Então assim a gente já começou daí já a pensar... "Pô, e agora?"... E era eu por mim! Então assim, eu não tinha escolha... Ou eu trabalhava ou estudava!* (Eugênia)

Para essas crianças-juvenilizadas, a construção da identidade ocorre diferentemente em relação a seus pares. Eles são os jovens que experimentam mais profunda e mais precocemente a perda e a incerteza. Mais profundamente porque já nascem destituídos dos recursos materiais necessários a viver dignamente e, em muitos casos, a perda da mãe representa a perda do "sustento" familiar. Isso foi explicitado por todos os jovens que estavam nessas condições. A mãe era, senão a única, uma importante fonte de renda familiar. Experimentam precocemente a incerteza porque começam já na infância a perguntar-se: "Quem sou? O que quero ser? O que vou fazer?"

Há sutis diferenças entre "escolher" sua família, constituir novos vínculos por meio do casamento e ver-se "obrigado" a assumir "do dia pra noite" a função paterna ou materna para os irmãos mais novos. Como se observa, os jovens que experimentam as situações de perda (morte da mãe ou pai) distinguem-se dos que querem entrar na vida adulta pela constituição de seus próprios núcleos familiares.

Nossas observações levam a supor que, nesse grupo juvenil, alguns estereótipos se acentuam, outros se dissipam nas contingências da estrutura social contemporânea ou diante das expectativas que os jovens constroem sobre si mesmos. Nesse sentido, ficam marcados alguns dos fatores familiares que interferem na conformação das juventudes, as díspares situações que fazem jovens de um mesmo grupo social viverem diversamente a condição juvenil. A discussão sobre as relações entre os jovens e suas redes familiares não se esgota aqui. Há outros elementos a serem evidenciados quando nos reportamos aos vínculos construídos com a família de origem em relação aos processos educativos escolares.

Os jovens por suas redes de sociabilidade

Mas depois quando eu fiz dezesseis, dezessete anos começou a cair a ficha, mas foi de uma vez. Aí foi aquela mudança radical que eu tava vivendo coisas e tive que mudar, se eu acreditava numa coisa e eu começava a questionar e de repente mudava pra outra. E aí em três anos foi uma revolução dentro de mim. Eu me sinto uma outra pessoa, eu agradeço tudo que eu vivi lá atrás, as bobeiras, as risadas, mas agora eu vejo que foi muito produtivo, eu aprendi muito com aquilo. Acho que agora eu tô começando a me entender, a ter o meu espaço, os meus pensamentos, a entender o lado das minhas irmãs, eu começo a aprender mais com os meus grupos... porque eu não tenho um grupo só, eu tenho vários grupos e com cada um deles eu aprendo uma coisa diferente... tem os mais adultos, os da luta, os mais confusos que tudo e agora eu fico olhando como se fossem vitrines e consigo captar um pouco daquilo e ter o meu jeito. Agora não é mais assim: "Nossa, que legal!"... qualquer coisa pra mim era bom, mas depois que eu fiz dezessete anos, ficou diferente... depois que eu fiz dezessete anos eu amadureci de um jeito que ficou tudo mais fácil. Me aceitar como mulher ficou mais fácil... a relação em casa foi ficando mais fácil... falar o que eu penso também ficou mais fácil... eu era uma pessoa muito fechada. Agora eu consigo aceitar que o que ela pensa é legal, mas o que eu penso também é legal. (Sandra)

De multipertencimentos, afirma Gilberto Velho (2006), assim se constroem as identidades juvenis. O processo de construção das identidades juvenis "[...] decorre no tempo, é dinâmico, transforma-se e se dá em múltiplos contextos socioculturais e níveis da realidade" (p.193). Velho continua dizendo que essas diferenciadas experiências têm valores, pesos e significados específicos que precisam ser analisados sob os pontos de vista e visões de mundo dos jovens imersos em suas diversas categorias sociais.

Segundo Attias-Dontuf (1996), os jovens afirmam sua existência coletiva por meio de seus agregados sociais. Na socialização fora do ambiente familiar, a formação de grupos que partilham referências comuns tem se tornado um fértil território de criação cultural que tende a difundir-se e infiltrar-se na cultura de massa. Esses grupos culturais podem ou não estar na origem dos movimentos sociais ou constituir simplesmente formas específicas de ação, de contestação e de expressão juvenis capazes de influenciar a sociedade.

Melucci (2001b), Pais (1993), Carrano (2003), Sposito (2005), Reguillo (1998) são alguns dos autores que discutem as formas de agrupamentos juvenis, privilegiando nessas análises a dimensão intragrupal e os elementos que tensionam a estruturação grupal. Convencidos de que os engajamentos em grupos são modos particulares e múltiplos de experimentar o mundo e não somente de contraposição à lógica dominante, esses autores se debruçam para compreender os ritmos, espaços e as dinâmicas particulares que configuram a percepção de mundo dos jovens que participam das redes de sociabilidade.

Eu vim pro PMMR não pra passear... eu gosto de passear, mas eu vim no PMMR com aquela garra de construir um mundo diferente do que tava sendo pra mim, porque eu já tinha passado por aquilo de ser criança. Eu tinha um outro pensamento de vim pro PMMR, porque tinha assim a questão de ser adolescente e eu vejo o PMMR como essa possibilidade de fazer as coisas que a gente gosta, que adolescente gosta. Então, quando a gente tinha o grupo de dança e a gente vinha apresentar aqui no PMMR eu achava legal. (Mariana)

Dentre as formas de agrupamento vivenciadas pelos jovens pesquisados, é essencial destacar aquela que tornou possível a realização desta pesquisa e que aparece no depoimento de Mariana, a participação em projetos. Novaes (2005) refere-se a esses pertencimentos grupais "categorizando-os em dois grupos: jovens de projeto e jovens de periferia.

"Jovens de projeto" são o público-alvo de programas governamentais e não governamentais de tamanhos e objetivos bem diferenciados que atuam na promoção da equidade social, no *empoderamento* de grupos excluídos do sistema. Pautados em uma perspectiva de inclusão social, esses projetos contribuem para a supressão de certas marcas da exclusão, pois o aumento da escolaridade, a capacitação profissional, a inserção laboral, a consciência étnica, de gênero e a focalização no pertencimento comunitário são alguns dos aspectos sobre os quais incidem seus objetivos.

Efetivamente, a ação educativa e formativa do PMMR, bem como de outros projetos citados pelos jovens durante a pesquisa, manifesta seus resultados na vida social e na constituição identitária desses sujeitos. Eugênia é um exemplo de quem teve, em um momento crucial de sua vida, o apoio dos educadores do Projeto Vida Nova, um projeto ligado à Igreja Católica que atuava nas periferias de São Bernardo do Campo e com o qual o PMMR mantinha parcerias. Essas parcerias não eram somente voltadas para a ação política, mas se dirigiam também para o acompanhamento de crianças e adolescentes que saíam de seus bairros e ganhavam as ruas da cidade.

Eu tenho umas relações lá na vila de amizade que até uns três anos atrás eu... a gente saía junto e a gente ia pro samba, a gente ia dançar e a gente fazia um monte de coisa junto... mas aí eu entrei no PMMR e o PMMR me abriu um monte de porta, eu comecei a fazer um monte de coisa... eu falo que o PMMR foi a raiz. Mas, estas minhas amigas têm até hoje o costume de ir pro Fina Flor... onde a gente tinha costume de ir... elas fazem isso até hoje, é a religião delas. Elas comem o pedacinho de chocolate delas e vão pro Fina Flor curtir rap, pagode... E eu, tem vezes que me "dá uns cinco minutos" e eu falo: "Gente, não é minha praia, não me sinto bem". Mas quando eu vejo eles me dá aquela instiga de ir junto.... Mas aí você olha assim e fala: "Nossa, meu, eu não curto mais nada que rola aqui. Se a galera for na minha casa e ouvir as músicas que eu curto"... (Sandra)

Novaes (2005) confirma que é inegável a contribuição dos projetos na formação juvenil. Por intermédio deles, os jovens têm acesso a novas formas de sociabilidade e de integração societária que lhes orientam no presente e possibilitam ampliar as perspectivas de futuro. As oportunidades de participar de cursos, atividades formativas e eventos sociais, bem como o simples aprendizado de regras, hábitos, costumes que circulam nesses diferentes espaços os diferencia sensivelmente dos outros jovens que habitam o mesmo local.

Ao falar de si e de suas relações, Sandra conta como foi sua passagem por diversas redes grupais e deixa explícito o quanto se diferenciam dos grupos ligados ao PMMR e outros coletivos sociais:

A minha fase de pagode, graças a Deus [...] sei lá, em 2000, eu já estava me libertando disso né, aí foi a época que eu era muito influenciada por essas pessoas, e eu, tipo, eu era uma fantasiada: andava de salto, de calça, o cabelo [...] Não tinha nada a ver comigo! E eu sabia... Ah, não era eu. Nem que fosse internamente comigo, conversando, eu sempre soube que não era eu. Mas aí em meados desses anos assim, eu fui conseguindo ir pra outros caminhos... Mas teve uma influência muito forte... Foi mais de dois anos assim. [...] Então, nessa época mesmo, esse "cara" pegou, ele me levou para um curso, em 2000. Aí nesse curso, eu peguei e [...] (risos). Tive contato com pessoas, assim, que pra mim são pessoas importantíssimas na minha vida até hoje. O Cláudio, o Danilo, assim, eles estavam começando com aquele pensamento revolucionário, e andavam com as roupas tudo desenhado com umas bombas... Eles estavam na fase punk [...] Antes, eu tava só convivendo com o pessoal aqui da vila, fazendo coisas. Eu achava que era legal, porque eu pensava que [...] Por mais que eu pensasse que não era eu, tinha aquela coisa né, "forçação" de barra [...] "Nossa, tá todo mundo indo com aquela camisa, com canga, com o cabelo num sei quê" [...] E eu sempre achei que era esse. Ah, mas depois que eu comecei a conhecer outras pessoas, você convive com outros pensamentos, essas coisas, aí eu fui aos pouquinhos acordando. Demorou um pouquinho. Aí, até que eu peguei e [...] Ah, cansei disso! Aí foi a fase que eu peguei e passei pelo reggae, passei pelo funk, passei pelo rock [...] *Aí hoje eu não sou nada.* (Sandra)

Não obstante os aspectos positivos desses espaços de atuação, de convivência e de participação juvenis, Abramo (2003) ressalta que é preciso garantir que estes sejam de participação efetiva e de interlocução dos atores juvenis com os diversos atores sociais, sem incorrer no "aparelhamento" dos jovens por parte deste ou daquele grupo.

A maneira como são pautados os objetivos da ação educativa desses projetos pode levar os jovens ao afastamento de sua comunidade, de suas redes familiares e a uma forma de questionamento que se volta contra esses mesmos sujeitos. Destaco dois jovens (Cláudio e João) que, em seus depoimentos, relatam o momento de crise pelo qual passavam ao perceber que "as coisas e as pessoas nas quais acreditam não são como lhe pareciam ser".

Conforme exposto anteriormente, no decorrer das entrevistas tivemos um longo trabalho de "desarmamento" dos jovens no que se refere à tenacidade da formação política e dos argumentos desses sujeitos. Percebemos que não havia somente um "discurso para o outro", ou seja, não é que falavam o que pensavam ser a expectativa da pesquisadora (fato corriqueiro em entrevistas). Era mais que isso. Era um discurso centrado no ataque à escola, à educação escolar, ao ensino e à educação em geral que prevalecia sobre qualquer outro argumento.

Começo por Cláudio que, em sinal de explícita resistência, afirmava "odiar" a escola e expressava sua dificuldade em "aderir" à forma escolar de socialização.

[...] *então assim eu tive sempre essa iniciativa de voltar pra escola, mas só que a escola não me recebeu com as minhas expectativas. Tem gente que consegue, mas a escola, principalmente a escola pública dos primeiros anos, é muito ruim de entender as coisas, é muito ruim* [...] *eu não sei* [...] *É que eu imagino assim: eu tive uma formação através da participação em debates de vários temas ligados à questão social. Quando eu fui procurar a escola, a escola fala totalmente o contrário daquilo que é verdade pra mim, fala totalmente o contrário daquilo que eu aprendi, e isso pra mim é ir contra os meus princípios. Aí eu penso em colocar o meu pensamento dentro da sala de aula e isso causa um grande desconforto pros profissionais* [...] *Eu tenho uma resistência muito grande com relação à escola, porque fora dela, você vai par-*

ticipar de algumas discussões da educação, das dificuldades que ela tá enfrentando, aí você vai se argumentando, você vai se enchendo e passando a odiar a escola. Por exemplo, quem não gosta da escola, mas não participa de nada, fala que a escola é chata, mas não tem argumento pra não gostar. E até se sente bem lá. Agora nesse caso aqui, a gente se sente mal porque tem um monte de coisas que a gente não concorda e quando começa a questionar vai desestimulando. Quem tá em movimentos sociais tem mais argumento pra não querer tá dentro da escola. (Cláudio)

Quando nos reencontramos em 2007 para uma segunda entrevista, ele estava tentando uma vaga para o filho em uma das "boas" escolas públicas da cidade e encontrava dificuldades para conseguir. Havia ainda outras demandas que era uma vaga em um centro de atenção a crianças portadoras de necessidades especiais e a expectativa de receber atendimento (aplicação de botox) para o filho em um centro de saúde. Há dois anos estava em uma lista de espera. Havia sobretudo uma exigência de formação escolar que pesava sobre ele, uma vez que a baixa escolaridade era um problema para sua contratação como educador social e na definição de seu salário.

Mas hoje assim, eu tenho o pensamento de uma pessoa que criou, que cresceu dentro de uma proposta de transformação social, sendo... É, eu não diria um vasilhame pra informações desse tipo, mas adquirindo e absorvendo informação e acreditando nas possibilidades de fazer uma transformação social, onde se investisse para um menor número de violência, de desigualdade, enfim. E hoje, tendo em vista todas essas experiências e fatos que ocorreram durante esses treze anos, aproximadamente, eu não tenho mais certeza disso, e tenho medo de estar sendo demagogo por estar defendendo e apontando uma coisa que nem eu mesmo tenho tanta certeza, né? Então, eu lembro exemplos, por exemplo, de pessoas que falavam pra mim: "Nós não temos que ir pra escola privada, nós temos que lutar para que a escola pública tenha a mesma qualidade!" É um pouco parecida com a música de Elis Regina, é... as mesmas pessoas que me diziam isso, hoje têm seus filhos nas escolas particulares, né? Ou seja, quando eu falo da música da Elis Regina, é a musica que fala sobre nossos ídolos... "[...] Nossos ídolos ainda são os mesmos, as aparências não enganam mais." (Cláudio)

Nas entrevistas grupais, quando discutíamos a questão da formação escolar, da importância que atribuíam à escola e os significados da escolarização, João sempre abordava a relação teoria-prática, ora dizendo que a prática sim é que era importante, ora afirmando que a escola pública não proporcionava o conhecimento teórico. Porém, nesta segunda entrevista individual, João fez várias reflexões, retomou algumas opiniões expressadas na entrevista anterior e disse:

> *Eu tinha falado uma vez pra você, né? Que não me interessa a teoria, me interessa a prática. Só que se você tem a prática e não tem a teoria, como é que você vai entrar no mercado de trabalho, principalmente na área social hoje, né? Hoje é possível... Eu tenho a visão que é possível ver isso no estudo. [...] E eu particularmente, quero terminar meus estudos e quero fazer uma faculdade, mas não pra ganhar dinheiro, quero fazer uma faculdade pra poder ter uma formação acadêmica... Pra mim poder fazer a teoria mais fundo, ir mais a fundo na teoria... Na prática eu sei que é a educação social, mas eu quero saber a teoria da educação social, né? [...] É, a gente fala, questiona e questiona a escola, que ela oferece coisas ruins... Algumas coisas são ruins, mas ela oferece a teoria, né? O camarada que falar que a escola não oferece teoria, é mentira, tá mentindo... Você aprende a ler sozinho? Acho difícil se não for pra escola, né?... Você vai aprender a escrever sozinho? É difícil, tem que ir pra escola! A escola oferece uma teoria pra você, mas tem muitas escolas que é aquela teoria mínima, é pouca teoria, mas é uma teoria...* (João)

Não pretendemos avaliar a ação educativa realizada pelas ONGs por intermédio desses depoimentos. Apenas insistimos que, se de um lado esses espaços fornecem os recursos e informações que promovem o desenvolvimento juvenil, de outro, deslocam para o plano macropolítico os conflitos que estão presentes no próprio ato educativo realizado. Existem ainda as contradições vividas pelos próprios sujeitos que fazem sua própria leitura, às vezes romantizada ou idealizada, das informações veiculadas nesses espaços e de suas lideranças.

Mas não é somente nos projetos, centros de juventude, espaços de convivência e centros de referência que os grupos juvenis constroem suas redes de sociabilidade. As redes de sociabilidade juvenis não se restringem e não se reduzem àquelas que se formam no interior ou sob a tutela dos projetos sociais.

> *Eu gostaria de aprender a entender as coisas, as pessoas. Aprender a brigar pelo certo, o que é o certo e o errado... A gente aprende essas coisas na rua, no ôni-*

bus, na praça, com grupos, na escola, na roda de amigos, o tempo inteiro você tá aprendendo isso. Nas situações que você observa, você aprende também. (Eugênia)

Contrapondo-se às formas de controle, manipulação e exclusão exercidas pelo sistema, os jovens buscam experimentar o presente com todas as suas possibilidades e, por isso, se mobilizam em torno de questões culturais que afetam a identidade pessoal, a vida privada, decisões de reprodução, dentre outros. Suas ações não se restringem ao visível, nem se alimentam por grandes generalizações, mas se fazem por meio de redes subjacentes que permeiam a vida cotidiana e transcorrem em contextos sociais delimitados (Melucci, 2001).

Os jovens pesquisados mantêm uma estrutura organizativa bem descrita por Melucci (2001a, 2001b). Quando contatei os jovens do PMMR, observei que estão, aparentemente, dispersos em seus coletivos ou envolvidos pelas exigências da vida cotidiana. Todavia, constatei que são determinadas ações ou "problemas políticos" que aglutinam esse coletivo. Dentre essas ações destacamos: a participação no Primeiro Fórum Social Mundial (2001), a Conferência Nacional da Juventude (2004), a organização do Acampamento Santo Dias por ocasião do desastre ocorrido no Bairro Montanhão (2005), a organização do Bloco Eureca, a Conferência Lúdica dos Direitos da Criança e do Adolescente, realizada todos os anos.

Melucci (2001) informa que os coletivos juvenis têm sua participação impulsionada pelo desejo de experimentar no presente aquilo que pode ser alcançado. Por isso, a ação deve ser significativa em si mesma. Deve corresponder a interesses e benefícios para sua experiência direta no espaço e no tempo da vida cotidiana. Querem "desfrutar" daquilo que fazem e não importa se a ação transcorra em um bairro, em um grupo ou em contextos nacional e internacional. O objetivo em torno do qual se mobilizam tem um caráter geral, ou seja, toca um problema que interfere na lógica do sistema e pretende uma mudança política. No entanto, a ação é coerente com o objetivo e não tem identificação alguma com determinadas organizações. Reconhecem o papel específico e contam com o apoio dos atores institucionais. Mas, para esses jovens, a militância não se define pela participação em uma organização, é uma característica que o indivíduo manifesta no coletivo.

A gente aprende a respeitar as diferenças, os direitos dos outros, entrando em contato com eles. Observando a vida deles. Quando a gente participa de espaços que ficam discutindo, que têm mais informações, a gente tem mais condições de aprender e lidar com temas que são muito complexos. (Cláudio)

As formas de lazer e a experiência do tempo juvenil estão fortemente associadas ao coletivo. Brenner et al. (2005) atestam que os jovens buscam nas formas descomprometidas de integração social os meios de consolidar relacionamentos, (re)significar produtos culturais ou são simplesmente uma fuga temporária da rotina de trabalho e das obrigações sociais.

Às vezes eu preciso olhar pro mundo e pensar: "Nossa, o mundo continua igual". Às vezes eu preciso estar lá, ver os meus amigos curtindo funk, axé e pensar: "Sei lá. Vou curtir um pouquinho disso". (Simone)

Nesse sentido, desde a prática de atividades esportivas, visitas a parentes, viagens, encontro com amigos, passeios coletivos, atividades dentro de casa (ouvir música, assistir televisão, descansar), até as atividades culturais, como cinema, teatro, dança etc., são formas e conteúdos da ocupação do tempo livre que se manifestam na vida juvenil. As variáveis gênero, raça/etnia e renda interferem diretamente nas escolhas juvenis, bem como a ausência ou oferta de equipamentos culturais nas cidades.

Novaes (2005) chama "jovens de periferia" aqueles que se apropriam de uma identidade comunitária construída em torno desse conceito e que os diferencia em relação aos jovens dos segmentos médios e altos. Essa diferenciação, constituída nos estilos, estéticas, vínculos sociais e laços afetivos, é positivada na consolidação de movimentos juvenis como o Hip Hop e nos grupos de funk, dentre outros.

O rap e o funk são fenômenos culturais originados em meio aos setores juvenis urbanos das camadas populares que negam os mecanismos de dominação social e étnica. Segundo Sposito (2005), os jovens das favelas e das periferias não fazem dessas práticas coletivas meros aparatos reativos aos processos de marginalização e de proscrição nos quais foram confinados. Essas formas de mobilização cultural constituem, principalmente por meio da música e da dança, um campo inovador da cultura de massa e de fortalecimento de suas identidades.

Sposito (2005) adverte para as aproximações generalizantes que insistem no caráter anômico ou no potencial contestador e rebelde do jovem na esfera pública. Ou mesmo aquelas análises nas quais a violência ou a situação de risco, estereótipos e explicações lógico-causais encobrem a diversidade da experiência coletiva juvenil e sua positividade. No caso das pesquisas com jovens dos setores populares, há sempre uma tendência à estereotipia ou a enfocar a situação de risco em detrimento do sentido de pertença, da construção identitária e do protagonismo juvenil ante uma sociedade excludente.

Ao examinar três tipos de agrupamentos juvenis mexicanos (*taggers* ou grafiteiros, *punks* e os *ravers*), Reguillo (1998) sugere que essas identidades, situadas na marginalidade econômica e simbólica da sociedade, permitem observar as relações existentes entre identidades culturais, formas de organização e mediações cotidianas. Para a autora, de modo diverso, em menor ou maior grau de formulação, esses grupos têm aprendido a tomar a palavra à sua maneira e reapropriar-se dos instrumentos de comunicação.

Nesse cenário político e social que se descortina, a autora afirma que convém perguntar sobre quem está socializando para a vida, onde estão os espaços inclusivos que dão lugar à diversidade, onde são gestados os processos articulares que integram à esfera pública as diversas vozes e esforços. Isso significa reconhecer a densidade de um tecido social composto por uma multiplicidade de coletivos juvenis que dinamizam o cotidiano social.

Eixo longitudinal: Os jovens por suas experiências escolares

Um barco no bosque intitula um romance de Paola Mastrocola[5], que narra a história e a trajetória escolar de um adolescente italiano pobre, filho de pescadores em uma ilha da Sicília. Por suas habilidades escolares, a professora de francês do ensino fundamental e a família o estimulam a continuar os estudos. Ele e sua mãe deixam a ilha e rumam para a casa de uma tia na cidade de Turim, uma vez que morar na casa de parentes reduziria os custos da vida na cidade. Esse adolescente narra sua trajetória escolar, descrevendo cenas do cotidiano, dos percalços familiares, da "nova vida" em

---

5 *Una barca nel Bosco*, romance de Paola Mastrocola, publicado em 2004 pela Editora Ugo Guanda, Parma.

uma desconhecida cidade e, com isso, a passagem do ensino médio ao superior. De um jeito bem-humorado, narra as expectativas e os sonhos que foram, paulatinamente, frustrados por um ensino precarizado e uma escola seletiva. O sonho de ser reconhecido por seu mérito, pois isso ele tinha, era suplantando pelo desconhecimento dos mecanismos de "sucesso" escolar e das estratégias individuais e familiares necessárias a um bom desempenho escolar. A cada dia que se passava, ele percebia que estava em um jogo do qual desconhecia as regras. E quando as aprendia, estas se alteravam. Quanto mais se alteravam as regras do jogo, menos a escola lhe ensinava a jogar. Pior que isso, a escola, sem explicitá-lo, participava do jogo "[...] em sua atitude evasiva, versatilidade e volatilidade, na imprevisibilidade desorientadora de seus movimentos, na agilidade de ilusionista com que escapa das gaiolas mais resistentes e na habilidade com que desafia expectativas e volta atrás nas suas promessas, quer declaradas sem rodeios ou engenhosamente insinuadas" (Bauman, 2005, p.59). A tia do adolescente, ao perceber sua "incapacidade" em lidar com o incompreensível e complexo conjunto de ritos pedagógicos em que se transformou o processo de aprendizagem, diz que o menino assemelha-se a um barco arrancado do mar e lançado em um bosque.

Melucci (1997, 2001, 2001a), Dubet (1994, 1996, 2004) e Bourdieu (1998, 2002) constituem as bases teóricas para um conjunto de pesquisadores que destacam o lugar ocupado pela escola na experiência social juvenil. Em nossa pesquisa, construímos um consenso entre esses autores de que os jovens, especialmente aqueles oriundos das camadas populares, experimentam, nas condições estruturais da vida juvenil, as vicissitudes de uma escolarização que lhes é incontestavelmente necessária e ilusória. Também confirmam que outros componentes como gênero e etnia são centrais na configuração das oportunidades escolares. Contudo, por sua capacidade de desafiar a lógica do sistema, os jovens fundam modos singulares de individuação, estratégias de apropriação e resistência que se expressam em suas experiências escolares.

A proposta analítica de Melucci demarca a constituição dos atores juvenis em meio à complexidade dos sistemas sociais. Bourdieu volta-se para o conhecimento dos novos mecanismos de reprodução das desigualdades para revelar os mecanismos internos e microestruturais que definem as oportunidades escolares e Dubet orienta-se para as questões mais próximas do mundo escolar para dizer que essa experiência dos atores juvenis é construída sob a forma de estratégias de apropriação, de subjetivação ou de integração ao universo escolar. Serão estes os fundamentos de nossa análise dos significados e sentidos da experiência escolar comunicados pelos jovens.

Experiência escolar e constituição identitária

Licinia: Mas...como você sabia que a escola podia te tirar de uma certa situação... Como é que você chegou a essa conclusão e o que te fazia pensar assim? O que a escola oferece e o que ela possibilita como chance?... Como ela poderia te fazer sair dessa situação em que você se encontrava, pra ter uma outra visão da sua vida?

Eugênia: Bom, na época eu achava que era obrigação da escola me tirar disso, eu achava que a escola que tinha que me tirar. Hoje eu não sei, eu acho que... Porque, assim, é diferente por exemplo, da forma que se está estudando hoje... Porque cada dia mais tá ruim... Mas eu gostava de tá lá dentro e eu acho que eu ia porque eu gostava. Não foi porque a escola foi incisiva ou porque... Era porque eu gostava e porque me dava prazer de tá lá! Assim, era tanto prazer de tá lá dentro quanto o de tá na rua. Eu também sentia prazer em estar na rua e lá dentro também, porque ao mesmo tempo que eu tava lá na rua e que não tinha ninguém pra me dar regras, eu precisava da regra e a escola que me dava isso... Alguns limites, porque eu era muito sem limites nenhum!

Licinia: E de alguma forma esses limites que a escola te colocou te ajudaram em algum momento? E em que momento?

Eugênia: Claro que sim! Imagina... Não sei, eu acho que uma pessoa sem limites... Não o limite que é imposto... É uma pessoa que não tem nada com a vida... Não sei... Nem sei imaginar uma pessoa assim sem limites!

Licinia: Que limites?

Eugênia: Por exemplo, de ser disciplinado com horário... Por exemplo, se eu tivesse na rua, eu não tinha nem horário pra comer e isso daí é ruim até pra saúde, porque se você não tem... Assim, eu sabia que tinha horário certo pra comer, tinha horário certo pra brincar, tinha horário certo pra estudar... Tinha toda uma regra ali que eu tinha que me enquadrar e era só ali que eu tinha isso, porque nos outros lugares não... Em casa e na rua não! Em casa, nenhuma regra.

Mesmo admitindo que as biografias juvenis não se efetuam em circunstâncias determinadas, mas se inscrevem na totalidade da experiência social, insistimos em destacar depoimentos que sustentam nossa hipótese de que a escola tem uma marca substantiva na construção das biografias juvenis. Em acordo com Melucci (2001a), atestamos que a escola é um dos principais contextos nos quais os jovens podem experimentar seus limites e reconhecê-los na relação com o outro.

> Eugênia: Eu não me conformava com aquele estilo de vida meu, embora me fascinasse a sensação de liberdade e que eu gostava pra caramba, porque eu não tinha ninguém pra tá no meu pé, por exemplo, eu não tinha ninguém pra mandar em mim, na rua eu não tinha horário, eu não tinha regras. [...] Por exemplo, eu tive vários professores que se fosse pra fazer uma lista, eu conheço todos eles... Eu conheço cada um e como cada um teve interferência em algum momento... Todos, desde a quinta série... Aí, assim, eu adorava a aula de Educação Física, mas se eu não fosse pra escola eles não deixavam ir lá só pra fazer Educação Física!
> Licinia: E outros professores ou outras coisas...
> Eugênia: Ah, tinha uma que nunca me deu aula... O nome dela é A. e eu tinha pânico dela... Ela nunca me deu aula e acho que era a única mulher que tinha autoridade dentro da escola pra chegar e dar dura em mim era ela!
> Licinia: E ela não chegou a ser sua professora?
> Eugênia: Nunca me deu aula!

A despeito de seu mau funcionamento e de seu atraso diante dos tempos sociais nos quais operam os jovens e a sociedade contemporânea, a escola é o único contexto no qual grande parcela da juventude experimenta conjuntamente a experiência da passagem à maturidade. Essa oportunidade de transitar para a idade adulta pode ser e é muitas vezes desperdiçada pela escola que, pela homogeneização dos sujeitos, pela indiferença, pela obstinação com a rotina, fecha-se para a diversidade.

Para Abrantes (2003), as relações estabelecidas com professores e funcionários da escola são, para os jovens pobres, elos afetivos e efetivos que lhes permitirão conceber projetos de vida e serão determinantes em suas trajetórias escolares.

Licinia: E você acha que de alguma maneira a escola te ajudou a ser essa pessoa que você é hoje? De alguma maneira ela contribuiu?

Eugênia: Sim, porque ali nasceu! Assim, agora eu tenho que agradecer às pessoas que me perceberam ali e que souberam me trabalhar ali... Eu fui bem trabalhada, claro né, pelas pessoas... Eu podia ser trabalhada pelo tráfico de drogas, por exemplo... Hoje eu ia ser uma "puta" de uma traficante e descolada ainda...

Licinia: E você acha de alguma maneira que você estar na escola te tirou desse mundo?

Eugênia: Eu acho que se eu não estivesse na escola, era certo pra mim, porque o meu contato era diário com isso, embora eu tenha me safado, eu já me peguei várias vezes levando drogas de um lugar para o outro... Fazendo aviãozinho pros caras... Foram várias vezes e em troco de nada... Nem de chocolate ou de... Sabe, sem noção nenhuma... Não é a noção dos meninos de hoje que é mais ligeira... A gente achava que era esperto e que era... Era nada! Então a escola, eu acho que soube me segurar com mais força que o tráfico de drogas. Assim dentro da galera ali que saía junto... Uma outra amiga minha, a Márcia, o que salvou ela foi a... foi porque ela foi presa!...

Com exceção dos programas e projetos sociais, os jovens das camadas populares contam com poucos espaços "seguros" onde podem transitar para a vida adulta, onde aprendem a discernir e compreender o que se passa ao seu redor. Os grupos também atuam na constituição identitária, mas são pares e, como tais, também estão construindo suas referências. A família, apesar de sua importância na introdução de normas, valores e regras, tende a constituir-se no espaço de confronto nessa fase da vida. Os jovens querem distanciar-se do mundo adulto familiar, mas não dos adultos em geral. Melucci (2001a) assevera que os professores e educadores sociais desfrutam desta liberdade de ação e podem desempenhar a função de ouvintes de que tanto necessitam os jovens.

Não só como referência socializadora se estabelece a escola. Ela é também uma instituição educativa. No sentido durkheimiano do termo, a escola não somente reproduz, mas produz cultura e a transmite por meio de um sistema de regras que serão fundamentais na vida social. Ela ensina ao sujeito que existe algo além daquilo que lhe oferece sua cultura de origem ou, para aqueles que nascem afinados com a cultura escolar, ela confirma sua preponderância sobre outros modos de vida, em alguns aspectos do cotidiano.

> *A escola é um mundo paralelo com a vida... Eu acho que ela me deu a oportunidade de saber e de ver que é possível ser alguém sim e de entender, por exemplo, eu gosto da escola embora não concorde com o modelo que tem dentro desse sistema, mas é importante que se passe por ela e foi importante pra mim passar por ela, porque foi um espaço que me ensinou a conviver com as pessoas e a respeitar as pessoas, foi um espaço que me possibilitou a vontade de querer entender o porquê as pessoas não têm acesso a uma escola boa se a gente teve.* (Eugênia)

Para os jovens das camadas populares, a escola é um lugar de aprendizado relacional. Não que os jovens pobres não saibam relacionar-se com seu entorno. Mas é justamente aí que reside a diferença. Ao sair de seu entorno, de suas redes familiares, comunitárias e grupais, o jovem depara-se com realidades diversificadas que se pautam em normas, valores e hábitos da cultura dominante. Abrantes (2003) ressalta que, ao criar ambientes e situações de integração social, a escola facilita aos jovens desenvolver identidades construtivas, "[...] marcadas por uma simbiose entre a valorização quotidiana e a valorização no futuro" (p.112). Esses jovens possuirão uma capacidade de integrar-se, confortavelmente, à escola e ao universo juvenil, pois detêm os recursos para dominar os códigos de ambos os campos.

Licinia: E você acha que fez diferença você ter estudado nessas escolas? [referindo-me às "boas" escolas citadas por Janaína]
Janaína: De repente não tanto pro ensino, mas pelas pessoas que você convive... na época que eu fazia o pré eu já sabia ler, sabia fazer conta de vezes. Nas escolas que eu estudava, no prezinho, por exemplo, eu era diferente de algumas crianças, tipo os meus vizinhos, aprendiam a falar palavrão. Minha mãe nunca liberou... um monte de coisas que vão se apresentar na sua educação, né, e isso muda... as professoras no pré que eu estudava eram muito severas, tipo não pode cuspir no chão... são detalhes que você leva pra vida inteira, né... minha mãe nunca aceitou falar "bunda" que, por ela trabalhar num mundo totalmente diferente do que a gente vivia, ela meio que queria que os filhos dela não vivessem a vida de onde ela morava, queria que tivessem pelo menos uma

> *educação...porque não muda nada a pessoa que mora numa periferia e que mora num bairro nobre... mas com educação pode chegar a qualquer lugar, saber falar, saber conversar direito.*

Ao refletir sobre o princípio da "igualdade meritocrática de chances" – no qual funda-se a escola pública francesa –, Dubet (2004) atesta a injustiça desse princípio que pressupõe um mesmo nível para todos os sujeitos que adentram a instituição escolar. Para ele, os filhos das camadas populares, quando entram na escola, já entram na condição de vencidos em uma competição que se baseia na desigualdade. Portanto, a eficiência da escola não reside em receber essa clientela, mas em oferecer-lhe uma cultura comum, ou seja, os modos de pensar fundamentais à inserção na vida social.

> *Quando você estuda você começa a descobrir algumas coisas que só quem estuda sabe. Por exemplo, eu ficava imaginando... tinha um rapaz que eu trabalhava com ele que ele sabia se tinha encontro mundial de alguma coisa, ele sabia quem ia, de onde ia sair... e quando eu penso isso não é pra mim, é pra tentar socializar, porque ele sabia de todas as informações e só chegava pra gente a informação que interessava pra ele, a que não interessava pra ele, mas interessava pra gente, não chegava... então quando você é estudante você acaba conhecendo, por exemplo, o que é o banco do povo... de que forma eu posso conseguir algum recurso pra fazer algum trabalho na comunidade pra isso... então tem alguns canais de progresso mesmo... individual e coletivo... [...] porque o conhecimento teórico te proporciona algumas coisas que te fazem com que você se comporte de uma forma diferenciada daquelas pessoas que não têm o conhecimento teórico, por exemplo, palavras, jeito de sentar, jeito de conversar...* (Cláudio)

Tudo se passa na escola como se, nesta competição escolar encarregada de distinguir os sujeitos por seus méritos, os jogadores (alunos) tivessem os mesmos requisitos e, se não os têm, então fosse aceitável e justificável a produção das desigualdades escolares. Tais requisitos foram traduzidos por Bourdieu (1982) como um *habitus* de classe que se origina nas culturas de elite. Cláudio mostra as sutilezas desse tipo de aprendizado que não se faz no meio onde ele vive, mas que se difunde na escola. A condição de cidadania está no acesso mas, sobretudo, na capacidade de interpretar as informações, distingui-las e decidir o que realmente interessa ao sujeito.

> Marcelo: Ah, você... Você tá num ambiente que você tem que respeitar os outros, você tem colegas, você não tem inimigo ali, você... Sabe, você pode ser prestativo, você pode ser um colega, um camarada, né, um ombro amigo e tal e... Como que eu posso dizer? Depois que você cresce, você vê como um passatempo... depois que eu cresci eu pensava: "Ah, vou pra escola, num vou ficar na rua". Então me ajudou muito na questão de pessoa, de ser pessoa. Do que você é, né... o ambiente que você tá, o quê você tem que fazer, o que você tem que pensar, o que que você pode falar, então me ajudou muito.
> Licinia: Então você acha que nisso a escola foi importante? Ela te ajudou a entender o mundo em que você vive...
> Marcelo: Foi... Isso... Ah, eu não tô no campo, eu não tô num bar, eu não tô na rua ou na viela jogando bola... Eu tô na escola. Isso também, minha mãe sempre me ensinou, e isso sempre... eu fui achando isso também dentro da própria escola, independente de como ela é... O sistema que ela é. Podia ser a escola mais bagunçada, mas eu tô ali. É melhor na sala do que na rua. Então, na questão pessoa, me ajudou bastante.

Pais (1993) atenta para as condições sociais dos jovens pobres que, ao chegarem na escola, defrontam-se com uma cultura que não é a deles. O sucesso escolar depende de uma capacidade bicultural, caso a escola não faça esse percurso em direção ao aluno ou não haja alguém na família que o oriente para tal. Abrantes (2005) fala desses jovens que investem esforços significativos no trabalho escolar, mas que pela pouca familiaridade cultural se debatem "[...] com distâncias e constrangimentos que lhes dificultam a progressão no sistema de ensino" (p.112).

> Eu acho que, assim, quando eu comecei a estudar, quando eu terminei a oitava série que eu vim aqui pra São Bernardo, que aí eu voltei a estudar depois de dois anos, eu me senti assim... A cabeça mais aberta, eu senti uma liberdade, eu senti que eu podia ir mais além, eu podia conseguir mais coisa. Antes era um mundo mais fechado, parecia que aquilo não me pertencia, parece que eu não podia chegar até ali entendeu, depois que eu entrei na escola não, eu sentia assim, uma liberdade, sei lá... Uma energia assim... Muito positiva, eu falei "Eu consigo, eu consigo ir mais além!" E é o que eu penso até hoje, né, só parei assim, mais pela dificuldade do tempo, é muito corrido, é muito cansativo... Eu tenho que pegar meu filho, se eu for fazer a faculdade eu vou pegar ele quando? (Kátia)

Bourdieu (2002) enfatiza que o acesso ao ensino médio é vivido pelos jovens pobres como possibilidade de alterar as condições sociais nas quais estão imersos. O fato de serem a primeira geração de suas famílias a chegar neste nível de ensino enuncia aspirações, cria expectativas de chegar ao ensino superior e tornar-se médico, advogado, psicólogo etc. Caminho que, antes da massificação do ensino, era naturalmente trilhado pelos poucos jovens que concluíam o ensino médio.

Porque, por exemplo, quando a gente tá na escola... a gente tem esperança de que o normal é que termine o colegial e fazer faculdade. A gente não vê aquela realidade crua como você vai ter depois, de que você não pode estudar porque você não tem dinheiro... Eu não tinha isso na cabeça! Por exemplo, até a oitava série, eu achava mesmo que... E tinha os professores que estimulavam também e assim, você tinha certeza que quando terminasse o colegial, você ia entrar na universidade e que ia ser automático isso, mas isso não é... Quando você cai no colegial e vê que a coisa é mais dura e você, por exemplo, no colegial eu mudei o horário para a noite... Até a oitava série eu estudava só à tarde, aí eu fui pra noite, era a primeira vez que eu tinha estudado à noite na minha vida e é muito ruim estudar à noite, porque muda tudo, parece que você já tá crescendo assim de uma forma, agora assim, você tem que pensar em trabalho... (Eugênia)

Contudo, o descompasso entre as aspirações criadas pelo sistema escolar e a realidade dos efeitos e das chances reais está na base da decepção e da resistência que os jovens demonstram ter pela escola. Senão pelas exíguas possibilidades de continuar os estudos, é porque efetivamente percebem que o que se aprende na escola é uma parte ínfima do conhecimento necessário à vida social e à inserção no mercado de trabalho.

Licinia: *Quando você fala em sair de cabeça erguida, o que você quer dizer?*
Kátia: *Ah... Que você aprendeu! Você sabe que você saiu... Sabe assim, você sair assim... Eu saí da escola, do terceiro ano, eu saí de cabeça baixa e falei... "Caraca", tô tão feliz porque eu tava na escola, só que eu não aprendi aquilo que eu queria aprender!" Entendeu? Eu não saí assim... "Nossa, eu tô preparada... Eu vou arrumar emprego seja onde for, porque eu vou conseguir!" Mas não vou, porque tem as barreiras, eu sei até onde eu posso ir, eu sei até aonde eu aprendi.... E tem algumas coisas*

que... Isso aqui eu posso e isso aqui eu não posso, porque isso aqui eu não aprendi... Então, eu acho que pro aluno sair de cabeça erguida, ele tem que tá consciente que ele está realmente preparado... De que ele vai fazer um teste e ele vai passar, porque ele realmente aprendeu. Eu não, eu saí feliz e ao mesmo tempo não feliz... Só que assim, eu saí feliz porque eu me senti, assim... Aberta, uma liberdade, eu sabia até aonde eu podia ir... Mas, assim, eu queria ter saído muito mais feliz, sabendo que eu poderia ir muito mais longe. Eu queria ter saído mais preparada pra mim não ter essas dificuldades, né, esses limites... Eu acho que a escola tinha que tá preparada assim, para os alunos saírem mais libertos, mais preparados, mais conscientes, mais felizes, que aí seria muito mais fácil você chegar ao objetivo seu, né...

Os jovens sabem que a escola deveria conferir-lhes algo que não se perde, que não pode ser-lhes destituído, porque será exclusivamente deles: o saber, o conhecimento. E demonstram saber quais, que tipo de saberes são necessários à sua vida pessoal. Negar-lhes o conhecimento é mais que lhes negar o acesso ao emprego formal, é deixar-lhes à margem, impedi-los de conhecer suas habilidades, suas reais competências, é destituir-lhes de seus sonhos.

Quando eu vim pra cá, eu acho que passou uns dois ou três anos, eu fui fazer um supletivo, né... Primeiro, segundo e terceiro né, que foi um ano e meio de estudo. E aí foi nesse supletivo que eu me senti pesada, eu senti dificuldade de aprender, de conseguir entender o que o professor falava, porque a aula era muito corrida, era muito resumida e se você tivesse dúvida... A não ser que você insistisse muito com o professor, "Olha, tô com dúvida!" Aí ele ia voltar naquela matéria e ia explicar novamente. Mas geralmente no supletivo não acontece muito isso, né? O professor, ele tem por obrigação de passar aquela matéria, e ele não pode tá repetindo, né, tanto é que nas provas... Eu nunca vi prova de você fazer uma prova pesquisando no caderno... Aí fica fácil, né?... Se você não estudou, então você vai lá no caderno e responde as questões da prova... Muito fácil, né... E aí você não sabe de nada, não aprendeu nada (risos). Então eu senti pesado assim no supletivo, já na escola do Ceará eu consegui aprender muita coisa até a oitava série, né? Mas no supletivo... se eu falar assim... eu não aprendi praticamente nada! Tanto é que uma vez eu fui fazer uma entrevista na C&A... Morria de vontade de arrumar um emprego na C&A, e aí eu não passei no teste de matemática... Passei no de português, né?... Tinha algumas questões de português e redação... Passei, mas quando chegou em matemática, eram cinco questões, a última eu não consegui fazer, porque era de porcentagem... Isso eu tive, a porcentagem, no supletivo, mas eu não consegui aprender! Se eu for arrumar um emprego, se eu for fazer uma entrevista, fazer um teste, eu vou passar na entrevista... Mas se for no teste, se tiver matemática, eu posso ser reprovada, porque eu não sei muita coisa... Subtração, divisão, multiplicação eu até sei, mas os cálculos mais complexos, mais amplos, mais evoluídos eu já não consigo, eu já me atrapalho e eu já não faço nada. (Kátia)

No decorrer da entrevista, quando perguntei sobre as possibilidades de inserção laboral, Kátia explica que com a escolarização adquirida é muito difícil acessar uma vaga e explica o porquê, detalhando esse episódio. É nesses resultados que se encontra revelada a crueldade do sistema escolar e da "dissimulada" e contraditória igualdade de chances. Segundo Dubet (2004), este princípio democrático associado às novas formas de seletividade escolar coloca em pé de igualdade jovens que vivem situações desiguais. Numa perversa tradução da ética protestante – na qual a liberdade do indivíduo é sua própria condenação –, os vencidos devem assumir eles mesmos as causas e as consequências de seu fracasso.

[...] A escola tem que ter professor que se preocupe com o aluno, que ensine de verdade, né? Que não vai só passar a matéria, dar as costas e vai embora... Buscar o aluno, ver qual a dificuldade dele, o que tá acontecendo... Enfim, pra que o aluno realmente saia da escola com a cabeça erguida de que entrou e aprendeu e que agora é só ir além e desenvolver aquilo que ele aprendeu. O que eu espero da escola é isso... Eu espero que o meu "voltar" seja melhor do que eu tinha antes, né... Espero que seja melhor! (Kátia)

A escola que eu tô nunca foi um ensino bom, mas no colegial mudou bastante. As aulas assim... sabe quando você tá lá numa aula e fala: "O que é que tá acontecendo?" O professor passa uma matéria hoje e, quando na aula que vem é a aula dele, ele já passa outra e já passa prova sabe... é coisa que não dá pra você pegar, tem que se matar pra fazer. Não tem a explicação correta e quando é correção ele corrige o negócio que ele passou e se entendeu, entendeu, quem não entendeu, beleza... É muito isso. Eles conseguem fazer com que a gente não goste da escola. (Diana)

Ao subjetivar a experiência escolar, os jovens dimensionam bem o que isso significa. Sentir-se à altura dos outros. Sair da escola de cabeça erguida, aprender mesmo, prestar um vestibular para uma universidade pública ao invés de "ler as questões de um exame da Fuvest como se estivesse lendo grego" e poder competir no mercado de trabalho. Aprender história, geografia, matemática, aprender a fazer regra de três simples e composta, a resolver questões de geometria, resolver uma expressão numérica, aprender a ler em um dicionário, a falar e escrever corretamente, habituar-se à leitura... são alguns dos conhecimentos citados pelos jovens que eles acreditam que deveriam ser aprendidos durante a escolarização.

E quando mudou pra outra [professora] de literatura, foi a minha melhor professora de literatura que eu tive, e essa foi a professora que eu mais odiei... Detestava mesmo... [...] Mas era a melhor no sentido de... Mas no sentido de marcação cerrada demais, exigente demais... É aquela ideia que ela levava a gente pra todos os teatros de São Paulo, que a gente conheceu foi ela que levou a gente, ela amava aquilo que ela fazia, ela amava a literatura e achava que a gente tinha que gostar também. E ela sabia que eu gostava de escrever pra caramba, de ler, e então a cobrança era ao quadrado, sabe, de querer estimular eu, mas à força mesmo... Aí, às vezes eu escrevia um negócio e jogava lá na frente e ela achava que era muito desperdício pra nada. Ela catava as coisas que eu escrevia e tudo, e fez um bloco assim... Corrigiu tudinho e foi falando de como era aquilo que eu escrevia...[...] E eu, pra te ser sincera, só fui entender ela quando eu saí, quando eu terminei... Eu fiz o segundo ano e terceiro ano com ela, e eu só fui entender ela quando eu terminei. Nesse sentido dessa cobrança, de entender essa cobrança, por que ela me cobrou... Ela não queria saber de nada, ela queria que eu fosse bem. E tanto é que hoje, assim que eu aprendi a entender, a ler, a literatura em si eu não gostava, só que ela praticamente me obrigava a ler porque senão eu ia mal... Comecei a ler literatura, comecei a entender o processo literário do Brasil, essas coisas assim... E aí foi ela, ela que entendeu o que eu escrevia... Ela me fez entender as coisas que eu escrevo... Eu escrevia por escrever, e teatro, por exemplo, era um saco. Na Augusta, no Ruth Escobar, era muito bonito lá... Assim, a primeira vez que a gente foi...O trajeto de ir até lá foi a coisa melhor, só que lá dentro... Aquele povo tudo... Só que ali ela tava no lugar dela... E a gente não conhecia esse lado... Só que todo mês, duas vezes por mês, a gente ia pra teatro e a gente começou a entender o teatro, como que assistia uma peça. No início, até o jeito da gente sentar era muito... Porque o povo lá era tudo sentadinho, a gente não, a gente se espalhava... (Eugênia)

A interiorização e a individualização da experiência de fracasso escolar não são, atesta Dubet (1996), a simples perda de um emprego ou o fracasso de um projeto, mas um veredicto a partir do qual o jovem precisará reorganizar a percepção de si. Por isso, uma escola menos injusta deve ser útil à aprendizagem de conhecimentos, à integração social dos alunos e a formar os sujeitos de uma sociedade tanto democrática quanto solidária. Para além do conhecimento, das competências e da utilidade social dos diplomas, o bem particular que a escola produz é "[...] a formação dos indivíduos como sujeitos capazes de exercer o domínio sobre sua vida, de construir suas capacidades subjetivas de confiança em si e no outro" (Dubet, 2004, p.74, tradução nossa). O mais importante são os benefícios que a experiência escolar traz para a formação do indivíduo e é sobre este aspecto que a escola deve intervir.

Entre apropriação e recusa: uma relação instrumental

Se você vai procurar... Que nem agora, eu tô procurando trabalho mesmo, eu quero algo que me dê uma renda fixa e tal... Enquanto eu não trabalho com o que eu quero... Todos os lugares exigem o ensino médio por exemplo, então abre, né? Tá lá no meu currículo... Segundo grau completo! Eu tenho como comprovar meu currículo escolar sabe... Eu não tenho problema com isso, tipo... Mas, agora eu tô vendo que tem lugares que eu vou que... "Ah, eles exigem ensino médio! Ainda bem que eu tenho". E dá um certo alívio, ainda bem que eu tenho, porque aí é uma coisa a mais pra você, assim, já ajuda. Tem pessoas que falam: "Ah, lá você vai conseguir, porque você tem o ensino médio!" É a primeira pergunta que fazem! (Sandra)

Embora conscientes de que a certificação escolar não lhes assegura a entrada imediata no mercado de trabalho, os jovens sabem que é preciso concluir o ensino médio para "ser um virtual candidato" ao trabalho formal. E se mobilizam para isso. Mas, no fundo, não acreditam – ou fingem não acreditar – no valor do diploma. Dubet (1996) assinala que para esses jovens a escola tem, objetivamente, pouca ou nenhuma utilidade, tanto do ponto de vista intelectual quanto das gratificações que trariam o sucesso escolar. Comportam-se medianamente perante os estudos e evitam construir projetos de vida associados a eles.

Mas o que eu quero é terminar meu estudo logo. Ultimamente é tanta cobrança que tem hora que eu penso até besteira... em largar tudo pra lá. Quando eu falo em terminar logo, eu penso em terminar o ensino médio... porque hoje em dia você não consegue nada sem os estudos... mas eu penso em terminar pra procurar uma coisa logo pra fazer... terminar logo pra... talvez fazer algum cursinho, de graça ou pago e trabalhar pra ajudar minha família porque tá complicado, até mesmo pra eu morar, tá complicado. (Marcos)

Também pelas condições de vida, do ensino e porque não vislumbram muitas utilidades para os estudos, a ação estratégica desses jovens resume-se à obtenção do diploma.

A educação seria, teoricamente, conhecimento. E a pressão de você sempre aprender mais é uma coisa que existe hoje. Se você não se forma, você não está preparado pro mercado de trabalho. E eu sei que, se eu não tiver trabalho, eu não vou conseguir dar comida pros meus filhos. Parece que tem uma onda magnética que sempre nos coloca em situações de vulnerabilidade. (Cláudio)

Bonal et al. (2005) informam que esses sujeitos constroem expectativas que prefiguram um futuro laboral próximo das ocupações da classe operária. Poucos vislumbram processos de ruptura das trajetórias de classe de suas famílias. A adesão à escola ocorre no sentido de atender estritamente às exigências escolares. Ou, como afirma Cláudio, atender às burocracias:

Do ponto de vista de que se torna mais fácil, por exemplo, sempre tem um questionamento que pra ser contratado pro trabalho, hoje em dia, o argumento pra dizer que você não tem carteira assinada no trabalho é por conta que não tem escolaridade. Eu consigo desenvolver, com muita dificuldade, o trabalho que era dado a duas pessoas formadas e hoje eu sou pago pra fazer isso, mas pelo fato de não ter o diploma eu não sou registrado. Então tem algumas burocracias aí que é necessário que você tenha um documento que comprove que você falou inglês... aí o pessoal aceita, caso contrário não. (Cláudio)

> Eu percebi essa necessidade da escola quando a gente foi convidado pra trabalhar no Movimento Social que exigiu o ensino médio. Embora a gente soubesse que fosse capaz de fazer o trabalho, eles exigiam o ensino médio completo senão não podia trabalhar. Cada vez mais eu entendo isso, que não adianta dizer que hoje não é importante, que é. É nesse detalhezinho aí que vai pegar. Ele vão dizer: "Sei que você é capaz de desenvolver um trabalho social, só que a gente exige isso de você". (Eugênia)

> Mas eu pensava... Pra que teoria se você tem uma prática muito grande, você tem uma prática maravilhosa, eu não uso a teoria, eu uso a prática. Mas hoje, eu penso nisso, hoje você é obrigado... tem que ter a teoria. Eu tenho a prática, mas sem a teoria... [...] Eu acho que... Eu poderia ter dado mais "sangue" na escola, né, num dei... hoje eu sei que eu preciso do estudo... Eu tinha falado uma vez pra você que... Não me interessa a teoria, me interessa a prática. Só que se você tem a prática e não tem a teoria, como é que você vai entrar no mercado de trabalho, principalmente na área social hoje, né? Hoje não é possível... (João)

Dubet (1994) nomeia *novos liceanos* esses jovens que estão no centro das tensões geradas pela massificação do ensino. Porque alcançaram o ensino médio, sentem-se à altura dos demais jovens, porém sabem que fizeram seus estudos em péssimas condições, nas escolas menos prestigiadas, o que reduz suas chances de projetar um futuro profissional ou acadêmico. Estudam ou estudaram para evitar o fracasso escolar e a exclusão social.

> Ah, eu queria sim ficar na escola, ter tempo pra leitura, pra usar o computador... mas essa escola que eu tô agora eu não gostaria de estar nela não. Eu gostaria de estar numa escola, mas não é essa não... Eu sei que existe essa escola que eu gostaria de estudar nela, mas eu não conheço não... É sempre a mesma rotina... eu só tô nessa escola porque eu preciso terminar mesmo e pegar o diploma... (Diana)

> Minha opinião é quase a mesma dela porque a gente estuda na mesma escola... então eu sei que escola realmente não é muito boa... mas eu gosto de estudar e queria ter mais tempo pra me dedicar mais. Acho que falta um incentivo da gente cobrar da escola um ensino de qualidade... porque se a escola tá ruim é porque também a gente não abre a boca pra cobrar. Então, a culpa acaba sendo nossa também. (Kátia)

É este jeito de fazer ensino para os jovens pobres que Bourdieu (1998) diz ser uma forma de exclusão abrandada por práticas "[...] contínuas, graduais e imperceptíveis, despercebidas tanto por aqueles que a exercem como por aqueles que são suas vítimas" (p.222). De certo modo, para os jovens que possuem um capital cultural condizente com a escola, está claro que as escolhas decisivas para a vida escolar são feitas muito antes de entrar no ensino médio e que, com isso, o destino escolar é selado cada vez mais cedo.

Mas os jovens das camadas populares entram na escola sem saber como e o que fazer para potencializar seus estudos:

> Licinia: E você quando fez vestibular, como te veio a ideia de fazer psicologia...
> Janaína: Eu não sei... eu nem tinha pensado em prestar psicologia na verdade... foi por falta de opção... porque a gente tinha que escolher, seguir uma carreira... assim, a gente que é pobre e não pode ficar pulando de galho em galho... foi o curso que eu achei que mais combinava comigo... mas na mesma época eu vi que "Ah, não é muito a minha cara!!!". Aí, como eu só prestei Fuvest, daí nem tentei mais nada...

Para a maioria dos jovens, é somente o adiamento de um fracasso relativo que será experimentado na conclusão do ensino médio:

> Eu amo a escola e se eu pudesse tá estudando eu estudaria, porque eu gosto muito de estudar. Eu nunca gostei de faltar na escola. Eu acho que a escola era pra mim prioridade absoluta. Se eu pudesse estudar eu continuaria estudando. O meu amigo vai começar agora a estudar no colégio Anchieta. Ele vai fazer Pedagogia e eu ia fazer Letras. Eu até falei: "Não tenho inveja de ninguém, mas tô com inveja de você agora, porque você começou a estudar e eu não". Eu tenho que esperar mais um pouquinho. Tenho que andar na batida do Jó. (Mariana)

Em certos diálogos, observo o vazio e a inconsistência de um discurso que, se sabe, na prática não condiz com a realidade. Bourdieu (1998) alega que esse trabalho de má-fé operado pelo sistema de ensino constitui para os jovens das camadas populares e suas famílias um tipo de exclusão mais estigmatizante e mais total que era no passado.

> [...] mais estigmatizante, na medida em que, aparentemente, tiveram sua "chance" e na medida em que a definição da identidade social tende a ser feita,

de forma cada vez mais completa, pela instituição escolar; e mais total, na medida em que uma parte cada vez maior de postos no mercado de trabalho está reservada, por direito, e ocupada, de fato, pelos detentores, cada vez mais numerosos, de um diploma (o que explica que o fracasso escolar seja vivido, cada vez mais acentuadamente, como uma catástrofe, até nos meios populares) (Bourdieu, 1998, p.221).

> *João:* [...] *O bom do estudo é isso! É que abre espaço pra você pra vários lugares né, pra vários setores!*
> *Licinia:* *Tipo... Que setores? A escola abre espaços pra que setores?*
> *João:* *Ah, pra vários! Tipo pra maioria dos setores, né! Tudo que é dependente do seu conhecimento, você consegue trabalho e você consegue ganhar dinheiro, né? Se você estuda, você consegue um trabalho e você pode ganhar o seu dinheiro.*

Mas nem mesmo a farsa que se desenrola no ambiente escolar é suficiente para que todos acreditem no potencial transformador do ensino. À medida que experimentam o mal-estar, um misto de fracasso e de indignação toma corpo na relação dos jovens com a escola. Acrescente-se a isso o fato de que, quanto mais velhos, mais esses sujeitos estão entranhados numa cultura juvenil que lhes afasta das formas escolares.

> *Eu, particularmente, queria que fosse demagogia, mas eu odeio a escola. Qualquer coisa é motivo pra eu faltar, pra eu parar de estudar. Esse fato pra mim é um pesadelo. O fato de ir pra escola... não é que eu tenho relações desagradáveis. Eu consigo fazer boas amizades com os alunos com uma facilidade incrível. Também os diretores. Com quem eu não tenho contato de ensino, eu tenho uma relação super agradável, mas com o professor... Eu acho que é assim... você se dedica quando tem motivo. Um motivo agradável pra estar na escola. Eu sei que tenho que estudar pra ter um diploma e esse é um motivo, mas não é um motivo agradável. Eu odeio a escola. Eu detesto a escola. Já tentei três vezes e tranquei. Vai fazer nove meses em agosto e ela falou que eu não posso trancar mais. Eu vou fazer assim, vou continuar pagando e não vou fazer. [...] o que me deixa assim é que eu não quero aprender o que a escola vai falar... eu não quero aprender. Eu vou pra lá todos os dias, eu sento na cadeira e se eu for, vou de walkman. Por quê? Porque eu não me submeto a ir numa sala de aula e perceber que a maior parte do que tá acontecendo ali eu sou contra e ficar calado apenas pelo diploma. (Cláudio)*

Bonal et al. (2005) dizem que a atitude antiescola manifestada pelos jovens não indica uma falta de consciência da lógica de funcionamento da instituição e até que ponto suas atitudes prejudicam a si mesmos. A capacidade de autocrítica chega ao ponto de refletirem acerca de suas dificuldades na infância, na adolescência, da "falta de esforço", de não aproveitarem as oportunidades e até consideram que é possível aprender algum tipo de conhecimento útil na escola.

> *Hoje eu vejo que as pessoas que eu conheci e que tiveram oportunidade de estudar conseguiram ir mais além do que eu... na questão financeira, de amizade, de conhecer outros lugares, outras pessoas, de ter outras experiências e isto deveria servir como motivação pra mim voltar pra escola, mas eu não consigo me manter na escola, porque esse poder crítico que eu tenho me afasta...* (Cláudio)

Pais (1993) confirma que, pela dificuldade em se adaptarem ao sistema formal da escola, os jovens desenvolvem táticas, planos de afronta a tudo o que representa a ordem. Fugir da escola, quebrar vidros e janelas, estourar bombas são algumas das formas de racionalizar o insucesso escolar e de recusar sua lógica.

> *João: Eu acho que eu perdi muito por não ter dado valor ao estudo... Hoje tenho consciência de que perdi muito por não dar valor ao estudo e aí hoje eu sinto falta, pelas oportunidades que me apareceram antigamente.*
> *Licinia: Que oportunidades, por exemplo, que apareciam?*
> *João: Que eu ganhei uma bolsa... Eu jogava handebol e aí eu ganhei uma bolsa pra estudar numa escola particular, jogar pela escola particular e aí que eu acabei não aproveitando essa oportunidade, por conta de que... Na minha casa era uma bagunça, aí eu ficava com aquela questão na cabeça... "Pô, um bando de playboy aqui, tão me vendo tudo diferente e tal"... Aí, era tudo mais e eu, né, ficava sozinho... Aí zuavam muito. Aí, no susto saí da escola, por conta de badernagem... E acho que hoje se eu tivesse aproveitado essa oportunidade de tá numa escola particular, eu acho que hoje eu estaria... quem sabe fazendo uma faculdade.*
> *Licinia: Então, você chegou a entrar nessa escola?*
> *João: Cheguei a entrar, mas num fiquei muito tempo não... Entrei e rapidinho saí!*
> *Licinia: Era em que série?*

> João: Eu tinha uns dezessete anos... Dezessete ou dezesseis, por aí... Faz tempo! Acho que se eu fiquei seis meses foi muito, eu acho que eu não fiquei mais não... Nossa, eu era terrível! Nossa Senhora, eu era doido... Jogava bomba na escola... Queria catar fruta no pomar, porque queria mostrar pros meninos que eles era playboy, né... Pô, dois playboy né... Que culpa eles têm, né, de ter condição financeira melhor que a minha, né, ele não pediu pra vir ao mundo! Mas a minha questão era pensar assim, né... Ele é playboy e eu sou favelado, né?

Por sua capacidade reflexiva, o jovem neutraliza o discurso dominante na escola de que a escolarização aumenta as chances de inserção laboral e de mobilidade social. Bonal et al. (2005) comentam que os jovens sabem que são falsas as vias de diferenciação educativa previstas pelo sistema e não acreditam que a especialização vá alterar sua origem social.

> Eu sou totalmente contrário de você obrigar a uma pessoa que vai trabalhar como faxineiro de ter o segundo grau. É progresso pra ele, é um degrau que ele tem que passar pra chegar a faculdade? Sim, mas teria que ser facultativo... ele poderia optar por outra coisa... [...] Mas, quando você vai no primeiro dia de aula, a mulher fala: "Hoje em dia, se vocês não tiverem o primeiro grau, vocês não conseguem emprego nem de faxineiro". Aí, você vai pra escola com várias expectativas, aí, você ouvir a professora dizer que se você não vai pra escola você não pode trabalhar nem de faxineiro é foda, né?... Mas a escola pública, ela ensina a obedecer. São vários os exemplos que são usados na escola pública, que diz o seguinte... principalmente no EJA, que é o programa... É EJA... Eu esqueci a sigla, mas é um programa estadual de aprendizado dos jovens e adultos né, e eles... Os exemplos que são usados pelos professores é o seguinte... Quando eles vão passar algum problema, algum trabalho, eles sempre usam isso: "Olha, quando vocês forem... Vocês precisam aprender isso, porque quando vocês forem prestar algum concurso, quando vocês forem responder algum questionário, quando vocês forem fazer alguma entrevista de emprego, vocês têm que saber isso!" Então, a escola se resume no seguinte: "Você tem que aprender isso, porque a empresa precisa que você saiba isso"! E a escola não é pra preparar para o mercado de trabalho, pelo menos esse é o meu ponto de vista. (Cláudio)

Dubet (1996) corrobora dizendo que essa recusa à escola é uma arte de sobrevivência ou mesmo uma modalidade de adaptação. Um modo de proteger a personalidade. A indiferença à escola reverte para ela mesma as patologias invisíveis que institui. Essa cisão entre a vida juvenil e a vida escolar é tão profunda que os jovens não se sentem "alunos, estudantes", nem a tempo parcial. E, sem nenhuma referência ao trabalho escolar, a escola é vivida mais como um espaço de sociabilidade:

> *O bom da escola é o seguinte... Quer ver... pra você fazer amizade, comprar livros, né... Se divertir um pouco. E é onde você vê pessoas diferentes, conhece pessoas diferentes, né, constrói coisas diferentes... Que você se encontra com pessoas que a gente não conhece... Conhece hoje, aí faz uma amizade firme e que a amizade amanhã pode virar um casamento, pode virar um parentesco e pode virar um emprego, né... A escola hoje, o bom é isso... Você conhece pessoas novas! Acho que é isso, porque a questão de ensino é muito pouca!* (João)

Na experiência escolar juvenil não existem perfis antagônicos, mas distintas maneiras de senti-la e de vivenciá-la. Para Dubet (1994, 1996), na hierarquia da experiência escolar dos jovens franceses, pode-se entrever os verdadeiros, os bons, os novos e os estudantes que investem na profissionalização. Pais (1993) ressalta que, entre os jovens portugueses, o envolvimento com a escola ocorre em um processo de contestação, negociação, resistência e acomodação. Se de um lado há aqueles jovens que desfrutam da aprendizagem escolar, de outro está um grupo juvenil para o qual a escolarização resume-se à certificação. Há ainda os que valorizam a convivência e a sociabilidade, depois o diploma e, por último, a instrução. Um quarto grupo são os insatisfeitos, os que não encontram na experiência escolar um modo de realização nem pessoal, nem profissional.

Bonal et al. (2005) pesquisaram estudantes secundaristas da região metropolitana de Barcelona e analisaram as trajetórias escolares juvenis na confluência de três importantes espaços de pertencimento: escola, ócio (lazer) e família. No cruzamento das entrevistas e observações, constatam que as experiências juvenis os distinguem em quatro grupos. Os alunos com "êxito" escolar são os que manifestam uma relação de continuidade e equilíbrio entre os espaços e têm um aproveitamento escolar acima da média; os medianos (ou alunos regulares) são aqueles que atendem às estritas e mínimas exigências escolares; os dissociados são os que se comportam na escola como "peixes fora d'água" e os resistentes manifestam atitudes de recusa à escola, afirmando-a como obrigação ou como espaço de repressão.

Observamos ainda, nesses distintos modos de vivência escolar, que os jovens não radicam suas posições nesta ou naquela estratégia. Há os que vivem neste espaço do entre, recusam mas sabem que, efetivamente, não têm para onde ir se não buscarem a certificação. Todavia, explicitam sua recusa em estar na escola, "sentar-se num banco escolar", fazer o ensino regular ainda que este seja "melhor" do que os supletivos, as reclassificações ou outras alternativas encontradas pelo sistema de ensino para desqualificar o ensino.

Há os que acreditam na escola e se apropriam da experiência escolar em suas trajetórias biográficas. Mesmo que saibam dos problemas estruturais que a escola enfrenta, dos interesses político-econômicos que subjazem às estratégias governamentais; ainda que localizem sabiamente as responsabilidades de cada um dos atores, inclusive eles mesmos, alguns jovens veem na escola algo mais que uma instituição reprodutora das desigualdades sociais, fadada ao fracasso. A escola é, para eles, um lugar de pertencimento sociocultural, um espaço de construção individual e coletiva. A cultura que se produz na escola lhes pertence, de fato e por direito.

Entre o sonho e a realidade: os jovens e as vicissitudes da massificação do ensino

> [...] quando eu trabalhei na feira, o japonesinho filho da dona da barraca tinha a minha idade e ele estudava no Ábaco e eu na pública. E aí, enquanto eu tinha que acordar quatro da manhã e trabalhar e depois, à noite, estudar, ele estudava de manhã e ficava o dia inteiro na escola. Aí tá a diferença... os pais tiveram condição financeira pra liberar ele deste tempo pra ele só estudar... a tarefa dele neste momento era só estudar e ele fez isso e a gente não... quando chega um certo tempo na escola, você opta: ou trabalha ou estuda. E é o que tá acontecendo, a maioria por necessidade trabalha e vai abandonando o estudo. A educação, que deveria ser prioridade, tá sempre no segundo plano, porque sempre a necessidade do trabalho tá em primeiro lugar. Aí eu falo assim, da educação elitizada que eu falo é isso. (Eugênia)

No ensaio L'école des chances: qu'est – ce qu'une école juste?, Dubet (2004) fala da importância de construir uma escola o mais justa possível e isto só pode ser conseguido com "um pouco de coragem política e social". Ressalta que, em sua função educativa, a escola deve redimensionar o princípio da igualdade de chances. Contrariando o modelo meritocrático, o sociólogo sugere que a escola desenvolva a igualdade distributiva de chances, que consiste em dar mais aos que têm menos, de modo a atenuar os efeitos brutais da competição escolar. Dar mais significa possibilitar aos mais pobres real acesso ao sistema de ensino e às informações que ali circulam, desenvolver nos alunos a capacidade de orientar suas escolhas pessoais e profissionais em direção às ofertas educacionais.

As proposições de Dubet (2004) opõem-se frontalmente ao discurso da igualdade democrática do sistema de ensino que esbarra nos condicionantes estruturais da prática educativa, nos dispositivos sociais e culturais que a escola produz em seu interior. O equipamento escolar, para o qual adentram os jovens, não teria nada de inadequado não fosse essa espécie de diapasão que cria para modular as experiências dos sujeitos. Com a massificação do ensino, o mito da meritocracia escolar toma uma forma cada vez mais perversa na escolarização dos jovens das camadas populares, pois a escola destinada aos pobres reproduz a precariedade das condições sociais desses sujeitos.

> Kátia: *É mais complicado, porque assim... No supletivo, ele passa a matéria, mas se você não entendeu, é difícil dele repetir a matéria de novo! É uma hoje e amanhã é outra, ou dependendo da matéria, se o conteúdo for grande, em dois dias eles passam a mesma matéria, mas se for um conteúdo menor eles passam e quem não entendeu, não entendeu! O problema é mais a atenção do aluno pra pegar na primeira explicação. [...] Às vezes, eu acho que vale mais fazer um ano todo, né... Porque aí a gente fala... "Ah, é rapidinho o supletivo!" [...] Eu comecei o ano passado e peguei meio ano pra fazer o primeiro, segundo e terceiro e é rapidinho... Mas aí você tem que ver de caso em caso, porque você tem pegar de você mesmo e estudar alguma coisa que você não entendeu na sala e que o professor não tentou explicar, você vai estudando em casa e tentando entender aquela matéria!*
> Licinia: *E você acha que é muito diferente?*
> Kátia: *Eu acho que sim, na minha opinião sim, porque como eu falei, eu estudei lá no Ceará eu consegui aprender muita coisa porque eu estudei de ano em ano entendeu... Primeira, segunda, terceira série, quarta série, foi o*

> *ano todo, então a gente consegue aprender mais. Agora, supletivo, não, a matéria é mais corrida, é resumida... Então, eu acho que isso "quebra as nossas pernas" quando a gente precisa de uma oportunidade de mercado de trabalho, vai fazer um treinamento, uma entrevista, às vezes você não sabe nem se pronunciar, nem se colocar, nem falar o português correto né, e aí dificulta muito né, então é mais pra frente que a gente vai ver a dificuldade (risos).*

Kátia tem a exata noção do que significa sua escolarização e nesse diálogo narra sua experiência anterior de "estudar regularmente" o regime seriado e essa nova experiência escolar de suplência. Ela parece nos falar de distintos processos de aprendizagem e de diferentes propostas educacionais. Um processo que pretendia a gradativa conformação de determinados tipos de sujeitos para um determinado tipo de sociedade. Todavia, esse projeto de sociedade que produzia sujeitos também produzia saberes e os oferecia àqueles que estavam na escola.

Os outros processos, tais como, supletivo, ensino noturno, ciclos de progressão continuada, programas de correção de fluxo, recuperação de ciclos, reclassificação são as recorrentes transmutações que a cada reforma vão dissimulando a exclusão das camadas populares do acesso ao conhecimento e, concomitantemente, promovendo sua inclusão nos sistemas de ensino. Os professores "fingem que ensinam", porque destes também foram retiradas as reais funções no projeto educativo; e os alunos "fingem que aprendem", uma vez que a nota e a certificação escolar passam a ser os critérios definidores da aprendizagem.

> *Eu "brochei" ontem, quando eu cheguei na escola... E eu já sei disso, eu já sabia, mas é triste você pensar assim... A professora virou e falou assim... "Olha, vocês sabem, né, que não reprova!"... Então, assim, eles vão empurrar o seu filho!... "Ah, ele não sabe ler? Não tem problema, a gente empurra pra sexta série!"... Mas aí tudo bem, a gente empurra pra próxima, aí quando chegar lá na oitava que ele é barrado! Aí ele vai ficar parado na oitava, aí isso vai ser um problema muito grande pro adolescente e acho que pra escola também, mas já tá uma coisa tão feia de empurra pra frente, que eu sou muito mais de... "Ah, tá ruim? Então você reprova e faz tudo de novo!"... Isso que eu acho que tá muito lá atrás e que este governo deveria analisar! Eles não estão analisando... Eles não estão nem aí, né?*

Só querem ganhar o dinheiro deles, é um povo... Tem pessoas que num sabem nem ler direito e isso é muito triste! (Simone)

A massificação do ensino e as reformas subsequentes estabeleceram uma democratização quantitativa que é, de fato, segregativa, pois os mecanismos de seleção escolar operam agora durante os estudos. Os jovens pobres não somente chegam à escola em condições desiguais, como a desigualdade vai se acumulando no decorrer dos estudos e o aluno fica à mercê de seu próprio esforço, de sua própria capacidade de aprendizagem.

[...] aí eu falava: "Ô, professora, não tô conseguindo acompanhar..." Ela dizia: "Faz a prova..." aí, dia de prova... todo mundo colava, eu colava de uma menina direto... ainda bem eu nem cheguei nestes catetos... eu parei em expressão numérica, joguei meu caderno fora... (Marcelo)

Freitas (2002) analisa o processo de internalização da exclusão que se traduz nas políticas educacionais em consonância com as exigências do sistema capitalista. Ao intensificar a precarização das condições de vida e de trabalho, o sistema institui mecanismos para o gerenciamento das tensões que lhe são inerentes. A tese de Freitas é que a educação cumpre seu papel reprodutor das desigualdades sociais. A inclusão-excludente encoberta pelo acesso à escola transmutou a exclusão escolar objetiva em exclusão escolar subjetiva e esta é, por sua vez, interiorizada pelas condições objetivas de cada classe na sociedade. Ou, como salienta Simone:

Na educação, antes, a escola pública era ótima, mas com o tempo foi mudando. Ela foi incluindo cada vez mais, mas ao mesmo tempo excluindo, pois essa é na verdade uma inclusão falsa. Pois você se forma pra conseguir um emprego pior. E o governo agora tá financiando o ensino superior, mas só os mais baratos, para os pobres, não aqueles de dia inteiro que são mais caros, e o pobre tem que trabalhar e não tem tempo de seguir esses cursos. Sua escolha fica limitada, são cursos que nos deixam na mesma situação. Eles pagam seu curso, mas não pagam pro pobre sobreviver. (Simone)

Freitas (2002) assinala que, em vez da reprovação, repetência ou da evasão, a escola é agora controlada em seu conteúdo e método. Se a classe trabalhadora exigia mais escolarização, eis a resposta. Porém não é, de fato, para as exigências dos movimentos sociais e da classe trabalhadora que os sinos dobram. É para o processo de reestruturação produtiva que necessita de um mercado com jovens cada vez mais escolarizados. O único objetivo da inclusão é a manutenção da exclusão, ou seja, integrar os sujeitos a este tipo de sociedade.

Duschatzky e Corea (2002) insinuam que a escola de massas produz a expulsão. A exclusão, para as autoras, tem a ver com um estado (estar fora da ordem social) em que se encontra o sujeito. A expulsão social é o equivalente do estado de exclusão e daquilo que o tornou possível. Estes novos mecanismos de expulsão fazem com que a violência escolar seja expressa não como um ato de agressividade, mas no tratamento habitual e cotidiano que é dirigido aos alunos.

> *Olha, uma vez, eu fui tentar estudar numa das melhores escolas do ABC que fica ali no B... Aí eu fui, mas aí quando eles viram a minha ficha... "Ah, você é repetente, então não pode!"... Aí, assim, eles também escolhem a gente, né? "Ah, tá vindo do P.? Não, sinto muito!"... Mas nem aqui no B. que é do lado do P., eu não consegui, porque a escola é tão ruim que os alunos acabam sendo ruins, né? E aí, por isso, ninguém quer... Aí ninguém queria! Na época eu não tinha informação nenhuma e aí eu não corri atrás de brigar pelos meus direitos, porque na época eu tinha acho que treze ou quatorze anos, né? Mas aí, quando eu voltei pra fazer o supletivo, eu não queria de jeito nenhum fazer supletivo no P., porque eu sabia o que tinha lá e tem até hoje... E eu não quero voltar pra lá, eu não quero! Pra mim, eu acho ele péssimo... É triste, mas é real! É uma escola que tá a dois minutos da minha casa, mas eu não quero e não faço nem questão de entrar... É muito ruim!* (Simone)

O modelo de ensino excludente, insiste Freitas (2002), focaliza-se na avaliação. Mas não é a avaliação decorrente da aprendizagem de conteúdos. O conhecimento perde substancialidade e a avaliação instrucional perde a primazia sobre outras duas práticas avaliativas: avaliação comportamental e avaliação de práticas e valores. A tarefa do professor é controlar os alunos no que se refere ao comportamento, às atitudes e aos valores conformados ao interesse do sistema de ensino.

Uma vez que a avaliação passa a ser a principal motivação do aluno, a aprendizagem só tem valor pela nota e esta é transformada em mercadoria em seu duplo sentido, por seu valor de uso e de troca:

João: Os caras colocavam a gente pra arrecadar prenda... Aí, na minha sala, tinha uns caras que falavam: "Quem mais arrecadar prenda, já vai passar dois bimestres!" Quer dizer que arrecadar a prenda vai dar nota?... Mas dois bimestres tá tranquilo! Aí a gente foi lá e eles falaram quanto... "Olha, duas matérias e pode ser qualquer matéria que você quiser passar!" Aí você falava: "Eu quero ficar tranquilo nessa matéria e nessa!" Aí já era!

Licinia: E você escolheu quais?

João: Foi matemática, porque eu tava indo mal em matemática... Em matemática, mas a outra eu não lembro! Em história e geografia eu sempre me dei bem. Sempre tive nota tranquila em história e geografia... Também em sociologia, filosofia... Eu sempre gostei! Mas português eu já não me dava bem, com a matemática, química, biologia... Inglês, então... Ainda bem que era só trabalho em grupo, aí pegava um cê-dê-efe lá e... Já era! Entregava o trabalho e pronto!

Se a lógica que orienta a prática pedagógica é de mercado, os sujeitos que estão na escola deixam de ser alunos ou cidadãos e passam à condição de consumidores. E o consumo, afirmam Duschatzky e Corea (2002), é a satisfação de um desejo que se assenta na relação com o objeto. O consumo não entra na ordem dos direitos e das obrigações. O aluno não precisa aprender e o professor não precisa ensinar para que se justifique a nota, porque essa "[...] assume o lugar da importância do próprio conhecimento como construção pessoal e poder de interferência no mundo" (Freitas, 2002, p.313). Aliás, a preocupação central do professor não deve ser a aprendizagem e seus resultados, mas a aprovação, melhor dizendo, empurrar o aluno para a frente, a todo custo.

Kátia, aluna de outra escola, em um momento e situação escolar completamente distintos de João, confirma a regularidade dessa prática avaliativa instaurada na escola em tempos de democratização do ensino:

Quando eu chego na escola eu sinto uma raiva, porque na semana passada... até quarta-feira, o professor de português não tava dando aula, porque ele tava vendendo ingresso pra festa junina que ia ter na escola na sexta-feira... Vendendo ingresso, um professor de português e a gente passou uma semana... foi mais de uma semana, né, sem ter aulas de português! [...] na terceira aula, porque vinha *um professor pra repor a aula dele... Não a dele, né... Um professor pra dar outra matéria... E aí passava a semana inteira sem a terceira aula, porque aí a aula dele ficava vaga, porque ele tava vendendo ingresso na escola... [...] E ainda ele deu dez na prova de inglês pra quem participasse da festa junina... Mas assim, participasse dando ingrediente sabe?... Isso pra você ganhar um dez nas aulas de inglês!... Aí você não fazia a prova de inglês, porque você ia ganhar um dez... [...] Aí, eu falei: "Ah não, vou contribuir, porque eu não quero fazer a prova sozinha e ele não vai explicar a matéria só pra mim, né"... Já fazia tempo que ele não dava inglês e ele dava uma coisa só. Imagina, você tá no segundo ano e você fazer inglês... O interrogativo e o negativo, era isso que a gente estudava!... "Do you!"... Passa pro interrogativo e passa pro negativo e aí ninguém merece!* (Kátia)

Duschatzky e Corea (2002) asseveram que a escola contemporânea situa-se entre a destituição e a invenção. A destituição não é o vazio, a ausência ou a inexistência de algum tipo de produtividade. Mais que isso, a destituição é a perda da eficiência simbólica que dava à escola uma missão e um poder na distribuição dos bens educativos. Essa eficácia era medida em correlação com o que se prometia (ensino) e a performance do aluno (aprendizagem). Se isso não ocorre, a escola perde credibilidade em sua tarefa de fundar subjetividades.

Eu penso que sim, a escola me abriu possibilidades, porque eu conheço vários lugares interessantes. Agora, tem horas que eu acho que não, porque segundo grau é pra você arrumar emprego. E eu não consigo arrumar emprego em qualquer lugar e agora eu tô ficando desesperada, já. Tem hora que eu falo: "Sou mais um pretinho na periferia que não tem oportunidade", né? [...] Eu esperava sair da escola e entrar num emprego, assim, para continuar estudando, mas não consegui emprego e aí fico nessa até hoje. (Mariana)

Não se trata do desaparecimento absoluto da subjetividade, mas de alguns tipos subjetivos, algumas possibilidades de enunciação, alguns recursos e ferramentas de que os jovens lançavam mão para a construção de suas biografias. Dubet (2004) fala que a igualdade individual de chances é um sustentáculo da meritocracia escolar que deveria permitir ao aluno constituir sua singularidade, projetar-se na vida social, fazer escolhas, estabelecer projetos.

> [...] *Assim, hoje eu vejo o estudo já muito mal, muito ruim... Tanto o estudo estadual quanto o estudo da rede municipal é horrível, né. Normalmente quem passa nas faculdades públicas são pessoas que já estudavam em escolas particulares, é difícil ter pessoas que estudam em escolas municipais... Tem que ter estudado muito... Eu acho que eu perdi muito por não ter dado valor ao estudo... Hoje tenho noção de que perdi muito por não dar valor ao estudo e aí hoje eu sinto falta, pelas oportunidades que me apareceram antigamente.* (João)

Pergunto então pelas práticas de subjetividade nas quais se produzem as situações de expulsão e de integração do aluno ao sistema escolar. Interrogo ainda pelas marcas deixadas pela escola nos sujeitos que transitam por ali. Duschatzky e Corea (2002) respondem que, vivendo em condições de expulsão social, os jovens constroem suas experiências escolares sob processos de dessubjetivação, resistência e invenção.

> *Agora tô no segundo porque eu repeti um ano. Repeti um ano porque foi culpa minha também, né? Eu tava estudando de manhã, ficava dormindo e eu não ia pra escola, eu não ligava de ir pra escola. Também não acordava cedo. Aí quando acordava cedo assim... mó friagem, mó vento... eu pensava: "O quê? Vou dormir mais um pouco". Dormia mais um pouco, acordava meio-dia... na hora que o pessoal tava saindo. Aí tentei recuperar, mas o professor falou: "Você tá com num sei quantas faltas, não vou te passar nenhuma prova porque não adianta". Aí foi que eu repeti de ano. Mas eu me arrependi muito. Puxa, eu vou pra escola, era pra eu tá fazendo o terceiro. Era pra mim tá completando o último ano. A escola é chata, eu sei que é chata mas... e acabou que eu repeti. Chorando ou não chorando eu repeti... tipo eu fui lá... eu sabia mas eu fui lá...reprovada. Mas beleza... depois que eu repeti um ano acho que eu aprendi. O pessoal fez bem de me reprovar. Era difícil eu ir pra escola mas quando eu ia, chegava no meu número eu já ficava esperando pra mim responder a chamada pra mim não ficar com falta. Aí prova, eu já queria fazer prova, se não sabia colava, colava mesmo, porque tinha que ganhar nota. Aí eu repeti de ano... foi uma lição assim...* (Diana)

Os processos de dessubjetivação referem-se a uma posição de impotência, ao sentimento de não haver nada diferente a ser feito a não ser aceitar o que lhe sucede. Os jovens ora assumem a responsabilidade por seu fracasso ou êxito, outorgados pelo esforço pessoal ou pela falta de interesse pela escola, ora atribuem-na aos problemas internos da escola, como a falta de infraestrutura, a relação professor-aluno.

> *Então, eu nunca fui, assim, uma aluna muito aplicada... sempre, assim, eu nunca repeti ou tinha nota vermelha... mas nunca fui aquela... a melhor. O que me arrependo hoje, porque o mundo competitivo como está. Mas foi bom, minha mãe sempre pegando no meu pé, sempre deixou bem certo que eu precisava dar valor aos estudos. Eu sei dar valor, mas eu não dei na hora certa... Na época que eu estava estudando, nem tava muito aí... mas depois você vê que precisa e vai pensar que poderia ter se aplicado mais, melhor... Mas foi bom. [...] Sou sincera em dizer que nunca fui uma boa aluna... Pensava: "Se eu não vou repetir, tô com nota azul, tá bom"... e agora... Eu tenho encanto por estudo... assim, eu tenho vontade de fazer uns cursos... Eu queria pegar jornal, revista, mas não tenho esse hábito de ler... você aprende o hábito na escola... eu quero pegar, mas eu sempre deixo pra depois... Ah, amanhã eu pego um livro... nunca começo... e eu acho que foram falhas na minha época que eu estudava.* (Janaína)

Quando traduzem seu fracasso como desinteresse, falta de motivação, os jovens ratificam nesse discurso o princípio da escola meritocrática, a igualdade distributiva de chances, já criticada por Dubet (2004). A igualdade distributiva de chances é uma ficção necessária porque mobiliza princípios de justiça e postulados morais fundamentais de uma sociedade democrática. Ao postular que a igualdade de chances é consubstancial ao princípio da liberdade individual, a escola mascara as desigualdades de performances interindividuais marcadas pelas desigualdades entre grupos sociais.

A desinstitucionalização da escola engendra também a dessubjetivação do docente que, impotente e subordinado às regras externas, perde sua autoridade simbólica, já que a fabricação de sujeitos não é mais o objetivo da escola. A tarefa do professor não é mais ensinar, é melhorar os índices de sucesso escolar, considerados baixos para os padrões internacionais.

> *Acho que foi no colegial, quando o Alckmin que é o governador fez aquela mudança, como que é mesmo? Pra passar de ano... Acho que a mudança na escola se deu por ali, acho que a educação decaiu muito... Conversando com muitos professores, tinham muitos que choraram e disseram que foi mais um tapa na cara que eles levaram, quer dizer, e os alunos adorou esta mudança porque não ia repetir de*

ano, se tivesse presença... E aí os professores, nesta mudança, não se sentiam muito mais motivados a... a ensinar, ou a tá lá dentro, ele deixou de ir por gostar, pra ir por obrigação... Pra ganhar dinheiro... Deste tempo, desta mudança pra lá porque até então a gente só passava de ano se a gente tivesse força, se a gente se esforçasse, quer dizer, o professor tinha um papel mais ativo, era mais participativo na vida do aluno e quando houve esta mudança, o professor se sentiu muito acuado e não tinha interesse mesmo... E aí começa aquele discurso: foi aí que vários falaram que eles já estavam formados, já tinham dinheiro... Se você quisesse ou não, não tinha problema. E foi aí que os estudantes começaram a perder o interesse grande com relação à escola, iam mais pra bagunçar mesmo... (Eugênia)

Eles pegaram e colocaram esse projeto de continuação... Como é que chama?... "Progressão Continuada"... E aí foi umas das formas que eles encontraram, mas de fato não é a solução, porque se você for pegar o menino que não conseguiu aprender no mesmo plano que outros conseguiram aprender, esse menino tem uma especialidade. Então ele tem que ser tratado de uma forma totalmente diferente daquele que conseguiu aprender... E o que significa isso?... Significa investimento e significa qualificação pro professor, mas não só qualificação pro professor saber mais, mas qualificação pro professor entender qual método tem que ser aplicado pra que esse menino desenvolva a parte do conhecimento dele! Então, essa é uma coisa que dificilmente vai ser implantada... Então, eu acho que, assim, o filho de rico quando não consegue aprender na escola, vai aprender com a música e quando não consegue aprender com música vai aprender com o esporte e se não consegue aprender com o esporte vai aprender com outra coisa! Já a gente não, existe um padrão... Ou você aprende desse jeito, ou você vai ser passado pra frente mesmo se você não aprender! Agora, antigamente era o seguinte, ou você passa dentro desse padrão ou você volta lá pra trás, mas aí o que acontece é que não resolve, porque cada caso é um caso e cada pessoa tem uma forma diferente de aprender e isso não significa que a pessoa seja deficiente, né? Então significa que a pessoa tem a sua particularidade de desenvolver o seu conhecimento! (João)

Freitas (2002) repara que essa inversão de valores ocorrida no interior da escola pode ser examinada sob dois planos. "No plano formal estão as notas, o conceito ou a aprovação social verbal, como resultado do processo de ensino. No plano informal estão os juízos de valor que se configuram durante o processo ensino/aprendizagem" (p.313). Tais juízos construídos por professores e alunos afetam as estratégias de ensino/aprendizagem tanto do professor quanto do aluno. As representações construídas por esses atores interferem positiva ou negativamente no trabalho educativo.

> *Ah, você chega, entra pra dentro da sala, você bate um papo, depois a professora entra, conversa, e aí já tem toda a gente e aí começa a matéria. E aí a gente conversa as coisas que aconteceram durante o dia, e enquanto ela passa a lição a gente conversa baixo, e aí depois ela dá a explicação... tem professores que é ótimo... agora tem outros que além de ser ignorante, vai lá, passa a matéria na lousa, gasta seis folhas de caderno escrevendo e a gente não aprende bosta nenhuma. O caderno tá lá, cheio de lição, mas se você pergunta o que você aprendeu, o que é isso: não sei... tem um professor que ele passa muito trabalho... Esse professor, numa semana tem quatro aulas dele e no primeiro dia de aula ele fala: "Aqui tem um trabalho pra entregar na semana que vem". Aí, quando o aluno falta, ele pega e fala: "Você tá faltando muito... faz assim, se você falta, entrega trabalho"... aí, a pessoa que não tem interesse pega, faz e falta... Tem outros professor que chegam na sala e ficam que nem barata tonta, faz a chamada, não passa nada, vai na porta fuma um cigarro, vai na cantina, dá uma saidinha... só os professor pode... eu perdi uma prova, aí eu pensei que tinha que fazer outra prova, mas aí ele falou: "Você pode ficar tranquilo que eu vou entender o seu lado e na próxima prova você faz... e outra coisa, eu não vou repetir ninguém não"...* (Marcos)

Kherroubi e Rochex (2004) interrogam pelos modos de adaptação das práticas docentes aos alunos das camadas populares e vislumbram as contradições que estão na base de suas estratégias didáticas e pedagógicas. A primeira contradição opõe a relação ensino-aprendizagem às necessidades e dificuldades dos locais onde estão situadas as escolas. Tais dificuldades remetem-se aos problemas de disciplina, de socialização dos alunos e à necessidade de manter a ordem.

A segunda contradição opõe a lógica do êxito escolar à da aprendizagem. Contradição que está na base da massificação do ensino, já assinalada por Freitas (2002). O professor deve garantir a aprovação, independentemente do aprendizado. A proliferação dos trabalhos em grupo, das provas com consulta, das notas por comportamento e a simples exigência da frequência são algumas das estratégias didático-pedagógicas que o professor deve utilizar para garantir a motivação e o interesse do aluno pelos estudos.

A dificuldade em gerir a lógica do trabalho escolar coletivo em face da lógica de acompanhamento individualizado é a terceira contradição que se instala no cotidiano docente. O professor, habituado a uma forma escolar fundada na homogeneização, na simultaneidade do ensino, precisa agora lidar com a "diversidade", com as diferenças. Kherroubi e Rochex (2004) ressaltam que tal dificuldade tem se traduzido numa hiperindividualização das atividades e práticas pedagógicas, a ponto do quase desaparecimento dos momentos de atividade coletivas e procedimentos comuns, tais como síntese, discussão do conteúdo e correção de atividades.

Por último, as relações entre a interpretação da capacidade cognitiva e a regulação da conduta dos alunos aparecem em descrições psicologizadas ou psicologizantes, como a tão propalada teoria do "déficit sociocultural". Os alunos são descritos em termos de impossibilidade. Falta de limites, indisciplina, falta de valores, problemas familiares, rebeldia, falta de acompanhamento familiar, desatenção, desmotivação, desinteresse. Formas de descrição subalterna, fundadas no pressuposto de que à privação material corresponde a privação cultural, reiteram Duschatzky e Corea (2002).

A desinstitucionalização da escola, vista pelos depoimentos juvenis, traduz o emaranhado de variáveis que se interconectam, se intercalam e se interpõem nas condições e situações estruturais que configuram suas experiências escolares. Que os jovens vivenciam a escolarização de modo singular, há consenso. Mas o fato é que, na medida em que se consolida o projeto de democratização da educação básica, o sistema de ensino desenvolve em seu interior uma adesão ao modelo culturalista-deficitarista, no qual não somente os alunos são tratados diferentemente, como também é diferente o modo como os saberes são ensinados, organizados e apresentados. Trocando em miúdos, na medida em que os estudantes pobres ultrapassam as barreiras do acesso ao ensino médio e superior, banaliza-se a formação escolar e o poder de demarcação social do diploma ou do tempo de estudos (Lahire, 2003).

Considerando a pouca familiaridade desses jovens com a cultura escolar, continuamos a afirmar que as dificuldades de adesão às lógicas de socialização escolares instituídas nesses níveis de ensino se amplificam na medida em que aumentam as exigências específicas destes níveis de ensino. Desse modo, atualmente não falamos em termos de evasão e repetência, mas pode-se falar numa transformação das práticas escolares em tempos de declínio das instituições. Tal transformação gera desigualdades que se dissimulam em mecanismos de diferenciação interna e externa instaurados pela escola. Da parte dos sujeitos sociais, aparecem os modos de apropriação, as formas instituídas pelos atores individuais e o grau de homogeneidade e heterogeneidade das disposições individuais que se articulam em diferentes contextos e percursos.

A participação da família nos percursos escolares

O discurso pedagógico que transfere aos alunos e a seus familiares os problemas da aprendizagem não é novo. Entre as décadas de 1970 e 1990 – primeira fase da massificação do ensino – as grandes taxas de repetência e evasão escolar eram explicadas por um déficit sociocultural que o aluno apresentava ao adentrar o sistema de ensino. Se os alunos eram incapazes de assimilar os distantes conhecimentos escolares, às famílias era atribuída uma "natural" incompetência para os assuntos da escola. E a estas era negado não somente o livre acesso à escola, mas à vida escolar[6] dos filhos. As famílias "desestruturadas" eram (e ainda são) o alvo principal dos discursos moralizantes de professores, técnicos e pesquisadores.

Então, eu acho que a escola tá um pouco mais aberta pra gente opinar, né? Porque antigamente não era, era muito fechada, agora eu acho que tá mais... Mas também é lógico, a escola tá precisando disso, né, porque tá tão bagunçado que agora ela tá precisando mesmo que a família entre pra dentro da escola, né? Então tem tudo isso... Porque tá tudo tão bagunçado, que antes eles falavam... "Não, a gente educa! Vocês só dão o que comer que a gente educa!"... E é mentira... Essa é

---

6 Este problema do acesso às informações escolares, aos procedimentos adotados pela escola em relação à avaliação da aprendizagem nem sempre é explicado aos pais e mesmo aos jovens. João, no depoimento em que falava das duas disciplinas nas quais estava em dependência, disse que de fato não sabia o que isso significava. Em momento algum lhe foi explicado que ele deveria cursar o ano seguinte (terceiro ano) e ainda procurar os professores para realizar os trabalhos que lhe assegurariam a efetiva conclusão do ensino médio. Para ele, ver seu nome na lista dos alunos promovidos ao final do curso significava "estar em dia com a escola", sem nenhuma pendência. Somente quando foi buscar o certificado de conclusão é que lhe disseram haver este problema a resolver. Podemos confirmar, após anos de trabalho em escolas e no acompanhamento de famílias das camadas populares, que, muitas vezes, o que é considerado pela escola falta de interesse é simplesmente um total desconhecimento da lógica de funcionamento do sistema de ensino.

a educação? Não é, a educação sai de dentro de casa e foi por isso que virou essa bagunça! O pessoal pegava e falava... "Não, manda pra escola que já vai tá educado!"... E isso é mentira, porque não consegue educar só indo pra escola, tem que ter um conjunto de escola, família, casa, né? E aí, é isso! E eu acho que é por isso que agora eles tão procurando as famílias. (Simone)

Hoje, concordamos com Simone, a família é chamada de volta à escola (como se dali tivesse algum dia se ausentado) com o argumento de que sua ausência na vida escolar dos filhos deixou sequelas à formação desses sujeitos. Se eles são indisciplinados, desinteressados e não têm valores morais estabelecidos, culpabiliza-se a família. Se eles não sabem ler e escrever corretamente, o problema está na falta de hábito familiar para a leitura, de incentivo, apoio e cobrança dos pais nas tarefas escolares. Sem contar os "problemas de saúde", ou melhor, os déficits que os alunos trazem de casa, resultado da falta de cuidado e de atenção dos pais.

Ao explicar as razões de suas constantes reprovações escolares na infância, Simone conta que hoje, após ler em um livro, ela teve o diagnóstico de seu problema de aprendizagem:

Simone: *E era isso, a escola era assim pra mim e isso era muito ruim quando chegava no final do ano... E minha mãe não conseguia detectar isso, porque na realidade acho que naquela época não se detectava o déficit de atenção assim, porque detecta quando eles são hiperativos, né? Quando a criança é hiperativa, aí você percebe que tem alguma coisa, porque a criança não fica quieta e ela fica o tempo inteiro querendo mexer em alguma coisa ou fazendo alguma coisa e não consegue fazer as coisas dela porque ela tá acelerada, mas eu era o contrário, né? E aí eu acho que é isso, o que me dificultou na escola foi isso.*
Licinia: *E como é que os professores lidavam com isso?*
Simone: *A professora falava pra minha mãe... "Ela não faz nada, você pega o caderno dela e ela não faz nada!"... E realmente eu não fazia, eu começava a escrever e não terminava e todos os meus cadernos eram desse jeito... Eu nunca consegui ter um caderno organizado e até mesmo hoje, se você quiser, você ainda acha alguma coisa faltando, mas quando eu era criança, era muito mais e muito maior! Acho que minha maior dificuldade na escola foi por isso... Não sei se por causa de desenvolvimento,*

> *mas eu fui perceber depois, lendo também sobre isso. Mas aí, pra mim era traumatizante a escola no final do ano por causa disso, porque eu não conseguia atingir aquilo que eu precisava e aí tinha uma coisa assim da minha mãe falar assim pra mim: "Você tem que ser igual à Paula!"... Que é a minha prima, né?... "Você tem que ser igual à Paula, porque ela estuda!"*

Para escapar do discurso normativo que, do ponto de vista da escola, centra-se no déficit da ação dos pais, Thin (2006) propõe que comecemos pela análise da diferença entre classes sociais na relação com a escola.

Para o autor, o conceito de capital cultural, formulado por Bourdieu, explica as fragilidades dos recursos culturais e escolares das famílias pobres. Thin (2006) insiste nas diferenças interpostas nas posições objetivas dos grupos e indivíduos no espaço social. No entanto, tal conceito permite apenas classificar os sujeitos e suas práticas educativas, mas deixa de fora a complexidade e a diversidade destas práticas. As efetivas relações que as famílias estabelecem com a escola, as práticas socializadoras instituídas no seio das famílias, as apropriações e os sentidos que os pais atribuem à experiência escolar dos filhos são diluídos nessa abordagem macroestrutural.

> *[...] porque, assim, minha família, nós somos os mais negros, porque minha família é mestiça e todo mundo tem curso superior. Então, a gente pensava assim: "Só porque a gente é mais escura vai ter que ser faxineira?" Então, eu me questionei e me questiono até hoje. Tanto que eu terminei a escola com dezessete anos e onze meses, porque eu faço aniversário em novembro e lá eu já tinha passado de ano. Meu irmão terminou com dezoito e a minha irmã vai terminar com dezenove. Todo mundo no mesmo padrão, a gente não passou de vinte anos estudando ainda. A gente sempre busca a mais. Eu busco a mais pra mim. (Mariana)*

Para Mariana e sua família, a escolarização é uma marca que os distingue, ou melhor, os iguala perante os outros, os mestiços e os brancos. Quando fala de sua experiência escolar, faz questão de frisar o quanto era "boa aluna", participava das atividades escolares, procurava ter as melhores notas, apesar das dificuldades que se interpunham. Dentre as dificuldades, relata duas importantes. Uma é o fato de ser negra. Mariana conta que se descobriu negra na escola, sem poder contar com a ajuda de nenhum professor. Sabia que era negra, porque nas redes familiares "eles eram os mais negros". Porém, o desvelamento de sua condição pela cor da pele veio na relação com seus pares. E ainda não tinha uniforme bom, nem sapato bom, nem material escolar bom... nada que pudesse encobrir a dura realidade de seu pertencimento étnico-racial, como afirma a jovem em depoimento anterior.

Para as famílias negras – independentemente da condição social – a escolarização, assim como o casamento com brancos, constitui um atenuante da cor. Casar-se com um branco ou romper o ciclo vicioso da marginalidade via escolarização são pontos alcançados numa sub-reptícia escala de valores pautados em preconceitos que ditam as normas da vida social. Para os jovens negros e pobres, alcançar a escolarização é a chance de ser tomado por outros atributos e perder-se em meio à multidão dos brancos escolarizados. A escola democrática dá às famílias negras a chance de se destacarem de modo diverso.

Em *Tornar-se negro*, Souza (1983) debruça-se sobre a trajetória de negros em ascensão social e afirma este vir-a-ser que se estabelece no cotidiano dos negros, marcado pela ideologia do branqueamento: "É negra, mas é inteligente! É negra, mas é estudiosa! É negra, mas é esforçada! É negra, mas é bonitinha! É negra, mas nem tanto!". Romper com a tradição frequente de seu meio de origem é uma das razões por que os jovens negros dizem estudar e por que as famílias querem que seus filhos estudem. Talvez por isso, Sandra tinha tanta preocupação em "fazer direitinho" o percurso escolar até o ensino médio:

> *Olha... é chato porque a Simone... ela não estudou! Ela estudou até a sexta série e repetiu e depois parou... E aí é seu espelho, por ser a irmã mais velha e você ver... E eu sempre tive essa preocupação do que agrada e do que não agrada ao meu pai e minha mãe! Então, eu tinha como referência... Eu não posso fazer isso, sabe! Eu tinha essa preocupação! Tanto que eu nunca repeti de ano, nunca tive problemas na escola e a Mara era a mesma coisa, aquela coisa de... Não, tem que conservar os materiais, tem que mostrar que o caderno tá bonito e que... sabe? E aí eu sempre achei muito importante! Até porque minha mãe sempre dizia: "Tem que estudar, pra ser alguma coisa na vida" e não sei o quê e tal... Nem pensava em faculdade, porque isso não tem nenhuma referência na família e nada que fizesse pensar: "Tá na faculdade e eu também quero" e.. trocar uma ideia! Mas pelo menos até o*

ensino médio eu quero chegar, porque era aquilo que todo mundo tava almejando na mesma idade, né?... (Sandra)

Romper não somente com o ciclo da marginalidade à qual estão sumariamente submetidos. Estudar para conseguir um emprego, para ajudar a família, para ser alguém! Estudar para contrariar o olhar acadêmico, as representações sociais que encerram os jovens pobres na negatividade da violência e do desemprego. Era isso que Simone dizia quando se referia aos estudos, tanto para ela quanto para os filhos ou para os(as) meninos(as) de rua.

Licinia: *E por que você acha que é importante falar com o menino que ele tem que estudar? Por que ele tem que estudar? Por que é importante?*

Simone: *Porque ele tem que contrariar as estatísticas... Ele tem que estudar pra ser alguém e pra ele conseguir ajudar a família dele... Alguém pra, sei lá... Pra o vizinho dele olhar e falar... "Eu também tenho que estudar pra ser alguém!... Pra dar uma vida digna ou um pouco melhor da que eu tive!" Eu acho que é isso... A gente tem que viver desse tipo de exemplo, né... Tem que estudar, tem que batalhar e tem que brigar, pra contrariar as estatísticas! Eu sempre falo sobre isso pros meninos... "Vocês têm que contrariar as estatísticas, vocês não podem ficar igual a todo mundo, têm que ser diferente!".*

Licinia: *E quais são as estatísticas?*

Simone: *As estatísticas são as de que... Pobre e preto... Sabe, sempre lá em baixo! É o menor salário, é o que tem menos estudo né? Então é isso que a gente tem que contrariar... A gente tem que ir lá, brigar e falar que não... Isso é meu e eu vou me apoderar desse estudo aí que é uma porcaria, mas que é ele que vai me dar arroz, feijão, carne e uma casa... Então, é ele que eu vou fazer e vou correr atrás... E que eu não vá preso, porque eu roubei um "Danone", que é ridículo isso, né? Porque você vê na televisão e não pode ter, aí ficar preso por causa disso!*

As famílias, segundo Thin (2006), operam sob práticas socializadoras diversas do modo escolar de socialização. Enquanto a escola constrói historicamente seu modo de socialização e luta por mantê-lo, as famílias das camadas populares instituem suas lógicas socializadoras na vida cotidiana, por intermédio das condições sociais de existência. A diferença vai desde a relação que cada uma dessas instituições estabelece com o espaço e o tempo, passando pelas práticas de linguagem até o modo como se institui a autoridade.

> *Eugênia:* Agora... na questão escola não tinha o acompanhamento dela [referindo-se à mãe]. Então ali... A tarefa nesse caso, por exemplo, na época era do meu irmão e da minha irmã... Meus irmãos mais velhos, que tinha a tarefa de cuidar da gente com a supervisão de uma outra mulher que ela deixava, porque minha irmã também era nova. Ela nunca nos cobrou a escola, porque ela nunca tinha estudado também, ela achava que era interessante que a gente lesse e escrevesse o nosso nome que tava bom. E quem que me incentivou na verdade a estudar nem foi ela, porque se fosse por ela a gente num... Eu particularmente, não tive pressão dela pra gente... que nem mãe que diz assim... "Vai pra escola", e não sei o quê! Não tinha isso dela...
>
> *Licinia:* Me explica direito... Você falou, então, que sua mãe, pelo fato de não ter ido à escola, ela não obrigava vocês a ir pra escola, a estudar mesmo. Você acha que seria diferente se sua mãe tivesse estudado, tivesse cursado o ensino fundamental e o ensino médio, ou seja, você acha que seria tudo diferente, na relação dela com o estudo de vocês?
>
> *Eugênia:* Eu não saberia responder, mas eu acho que a tendência seria essa! A partir do momento que você tem acesso, você quer que os seus filhos tenham, mas se você não tem acesso... Eu não entendia na verdade, eu achava que era mais falta de tempo dela de tá com a gente que... Não que ela não cobrava, porque ela matriculava todo mundo, né? Tinha assim... Perguntava se a gente tava indo pra escola... Mas não era aquela mãe, por exemplo, de ficar no pé ou bater porque não foi pra escola, ou ver o caderno se fez ou não a lição... Ela comprava todo o material escolar pra gente, não faltava material, por exemplo, pra nenhum... Pra gente estudar.

Thin (2006) começa por explicar que a forma escolar de socialização institui um tempo e espaços destinados especificamente à ação pedagógica. A socialização escolar ocorre fora do tempo social, segue ritmos e temporalidades próprios da escola e da ação didático-pedagógica. A relação pedagógica tem um sentido único, a educação. E se efetiva por meio das aprendizagens de regras, de normas disciplinares impessoais que fundamentam a relação professor-aluno. Há uma linguagem também específica da forma escolar. Há um vocabulário, construções gramaticais, expressões que compõem um modo de comunicação mais próximo da linguagem culta e dos padrões linguísticos das camadas médias e altas. Por essa razão, é comum haver situações em que os jovens ou suas famílias dizem não compreender as demandas e não conseguir ajudar os filhos nas tarefas escolares.

No que tange à temporalidade, Thin (2006) argumenta que a lógica da progressão na aprendizagem, da planificação no emprego do tempo (regulado por cadernos, agendas, calendários) diverge das temporalidades erráticas ou arrítmicas das famílias pobres que respondem mais às urgências e intercorrências da vida cotidiana. As temporalidades instituídas pelo trabalho formal e informal em desacordo com os ritmos escolares são um componente que afasta ainda mais as famílias pobres da temporalidade escolar.

A importância que as famílias atribuem à escola não corresponde ao esperado pelos professores, especialistas e diretores. Os pais (e os jovens) gostam da escola, avaliam sua importância em termos de eficácia social, porém seus hábitos e ritmos de vida não se confundem com os hábitos e ritmos escolares. Para as famílias das camadas populares, basta ordenar que o filho vá à escola. Assim como basta estar na escola para aprender a "se virar na vida", seja em termos profissionais, seja em termos de conhecimento.

> *Meus pais incentivava a gente estudar, sim! Sempre, sempre, sempre... Sempre incentivou. Agora que os meninos vão ficando de maior e vai buscando a sua independência, aí eles acabam decidindo... Mas quando a gente era criança, sempre estudava... Ele ia deixar a gente na escola, se preocupava com o nosso material escolar... Essa educação ele deu pra gente, né?... E disso eu não tenho do que reclamar! Se preocupou com a nossa educação, a gente ia pra escola... Ele olhava nossos cadernos... Minha mãe olhava. Às vezes eu nem copiava a matéria da escola, mas eu colocava a data... Nem que fosse em outra matéria, eu colocava a data pra ela ver que eu tinha feito. Às vezes dá preguiça... tinha hora que não dava vontade de fazer a lição, né?... Mas eles sempre se preocuparam com a nossa educação... Incentivou pra "caramba", a gente estudar! Agora não, agora tem uns irmãos meus lá que já parou, mas aí foi problema deles... Decidiram não estudar mais e aí não tem nada a ver com meus pais, porque se dependesse deles, até hoje eles estavam estudando. (Kátia)*

A autoridade exercida sobre os filhos corresponde à definição de limites e ao controle dos comportamentos ligados à formação moral. É esse tipo de autoridade que as famílias conhecem. Os pais, envolvidos na tarefa de garantir a subsistência e desabituados às exigências da escola, sentem-se impotentes na tarefa de regular o comportamento escolar dos filhos.

Eu acho que esse tipo de coisa, assim... tanto é que eu não convivo com pessoas que usam drogas. Isso na minha família é zero, não tem, não pode, jamais. Minha mãe fala que o pai dela dizia sempre: "Não pode, não pode, não pode, não pode, entendeu?" Aí, se chegasse em casa com droga, ele nunca deixou. Então, se na casa do papai não acontecia isso, então na minha também não pode acontecer, entendeu? Aquela coisa tipo de família. Então, nossa, eu tava comentando que a primeira vez que eu viajei pelo PMMR foi minha mãe e daqui a pouco chega meu pai, coisa assim que nunca aconteceu no Projeto. Nunca. Foi a primeira pessoa que participou do Projeto que aconteceu isso. Tipo, a história assim: o pai ir atrás pra saber. Meu pai chegou e: "Filha, cuidado, toma cuidado, se precisar de alguma coisa você liga" e nãnãnã... nãnãnã... (Janaína)

Perguntar se está indo bem ou o que está fazendo na escola é o máximo que conseguem fazer os pais em um tipo de atividade e de situação que, em geral, está distante do universo familiar.

Minha mãe foi muito, assim, ausente, mas presente, entendeu? Nos momentos em que ela estava presente, estava presente de verdade, não era aquela coisa de televisão... E até hoje: " Como foi seu dia hoje?", "Oi" e assim vai. "O que você fez hoje?" e eu também "O que você fez hoje". Desde pequena, se não falasse ela não deixava eu dormir: "O que você fez hoje? Me conta como foi na escola", "O que aconteceu?". Sempre teve aquela abertura de contar "Ah, tal pessoa brigou" "Ah, o professor falou isso", "Ah, não sei o quê", entendeu? Ela foi muito presente, assim. E isso agora eu creio agora que isso faz muita diferença para mim. (Janaína)

Ao narrar suas trajetórias escolares, os jovens atestam que a escolarização (ou a falta da escolarização) dos pais é a razão pela qual eles depositam nos filhos as expectativas de êxito escolar e de mobilidade social. Todavia, as condições de sobrevivência interferem nesse sonho, pois é justamente pelas instáveis e precárias condições financeiras que os jovens são, desde cedo, impelidos ao trabalho para contribuir na renda familiar.

[...] *Mas eu acho que... Eu daria nota dez pra mim, na minha carreira escolar. Na questão da responsabilidade com a escola. Tinha dia que você jogava a mochila lá, e aí já era, né? Mas não era todo dia né, que cê tá inspirado, mas... Mas eu acho que eu fui bem viu... Eu fui bem. E eu não sei porque, não... Em vez de ter... De vez em quando não tava com aquele pique né, de tá gostando de estudar e querer terminar... É que também foi muita coisa, muita cabeçada também, começou a chegar um certo desânimo. Você vê o sofrimento da sua família, da sua mãe, e você já não... Você começa a se preocupar com outras coisas, né? Entendeu? Daí, tive que interromper!* (Marcelo)

Durante as entrevistas individuais e coletivas, os jovens dimensionavam os sentidos da escolarização na dinâmica familiar. Os que concluíram o ensino médio, o fizeram com e sob as expectativas de ajudar suas famílias. Há também as estratégias de solidariedade entre os membros da família para garantir uma estrutura àqueles que seguem o curso dos estudos. A longevidade escolar, construída mais em circunstâncias de imprevisibilidade do que por um projeto racional, é assumida como uma conquista coletiva, dos jovens e de suas famílias.

Sandra e Simone expressam em seus depoimentos a importância de ter alguém na família que está cursando a faculdade e como o grupo familiar se mobiliza para ajudar financeiramente a irmã:

Quando ela [Mara] tava no Sul, minha mãe pagava o aluguel dela, a "Van" pra ela ir pra faculdade e pagava a faculdade dela! Tudo no aperto... A gente aqui fazendo salgado, dinheiro do meu pai e sei lá de onde tirava dinheiro... De verdade, assim sabe, mas todo mês a gente consegue juntar uma grana pra mandar... É uma coisa muito maluca assim! A gente fica a ovo e salsicha, né? Mas pensando que tem alguém estudando e acho que isso que é o mais importante, assim, né! O importante é que ela tá lá estudando e ela mesmo fala: "Daqui a três anos, se o curso oferecer tudo o que falam mesmo, nós vamos todos nós pro shopping! Eu vou pegar e vou ressarcir tudo o que vocês tão fazendo por mim!" Então, é tudo o que eu falo... Tudo a gente senta e combina sabe... E precisa, né?... Tipo, tendo alguém... Ainda mais sendo negra, sei lá, no país e essa coisa toda assim... Tipo, é uma glória assim, né?... É a única irmã na família... É a única pessoa da família inteira que faz faculdade... Então, é complicado assim, dizer... tem que dar é força mesmo, né? Ela queria trancar e a gente falou: "Não, não vai trancar!" E a gente fica aqui, faz as nossas coisas aqui e tal, mas não tranca! E agora ela conseguiu trabalho lá e aí é mais fácil... (Sandra)

Viana (2003) destaca que a longevidade escolar em famílias das classes populares é construída por meio de estratégias pouco conhecidas no caso brasileiro. A autora afirma que existe um tipo particular de presença familiar na escolarização dos filhos que ela qualifica como "periférica ao estritamente escolar". Essas especificidades se diferenciam daquelas descritas por estudos centrados nas camadas médias e por isso não é pertinente nomeá-las "mobilização escolar familiar". Entretanto, assinala Viana (2000), a expectativa de uma emancipação da herança familiar leva os jovens pobres e suas famílias a fazerem todo o possível, esgotar as possibilidades de luta, como se pode observar no depoimento de Sandra.

Outro componente da relação família-escola é a questão da exemplaridade. Principalmente para os jovens que já têm filhos ou para os que são referência familiar, a não escolarização é vivida como um obstáculo, sobretudo na relação com os filhos e com os irmãos mais novos. A ideia da exemplaridade demonstra que, nas classes populares, o exercício da autoridade não se legitima somente pelo lugar ocupado na hierarquia familiar. Há uma forma de autoridade determinada pela trajetória de cada um na família. Ser o irmão/irmã mais velho(a), tio(a) ou padrinho(a), assumir o papel de provedor ou simplesmente ter concluído os estudos confere um tipo de autonomia que, em seu reverso, é também responsabilidade para com os outros.

João conta o que é viver na pele os efeitos da ausência parental ou de um adulto que o acolhesse em circunstâncias determinantes de sua vida:

> Licinia: *E você, antes de ir pra essa escola, estudava em uma escola pública?*
> João: *É, escola pública... é onde eu jogava handebol, e aí teve um campeonato escolar que a gente ganhou dessa escola aí é... foi campeão em cima da escola. Foi quando uma professora da escola me chamou pra uma conversa e falou: "Olha, te dou a bolsa e você joga pra gente até você terminar o terceiro ano e quem sabe você não tenha um futuro bom... E handebol você continua jogando com a gente e quem sabe você..." Aí, eu fui e abracei a bolsa, só que infelizmente, eu, no máximo... Aí eu joguei tudo fora, né!*
> Licinia: *O que você acha que faltou pra você entender que essa bolsa era uma coisa interessante pra você?*

> João: Eu acho que faltou... Faltou a questão da família... a questão é que eu não tinha nem mãe... É a questão da família, de falar: "Não, aproveita as oportunidades" e tal... Essa questão de que os irmão chegam e... "Vai lá, isso" e tal... Aí, eu e meu irmão brigava direto por conta de perder a mãe e tal... não tinha uma química familiar, né? Aí, a única química familiar que tinha era com a minha avó adotiva e aí ela dava uns toques... "Não, tem que pensar" e tal! Aí, eu só vim ter uma cabeça mais... Porque é o seguinte, né? Nós, adultos, precisa de carinho também, não precisa? Eu juro pra você "bicho"... Tem dias que, assim, que eu tô no banheiro, assim... A lágrima cai e eu choro... Mas por que que eu choro? Porque eu fico imaginando as coisas e eu não dei valor pra pessoa que eu tinha... Pra minha mãe e tal... Hoje eu perdi ela... hoje eu já não tenho mais e hoje me faz falta uma família e tal ..., de ter um abraço... [...] Sei que o estudo me faz falta, mas se eu tivesse o apoio da família, só que eu não tive família, né? E o que me faltou foi a questão do acolhimento, do abraço, do carinho e falar: "Não, cara, você não vai fazer isso, isso daqui que é bom pra você!" Dar uma luz pra mim. Eles não faziam pra mim... E toda criança e adolescente precisa disso, é necessário! Pra que que existe a educação? Por que que a gente tem que ir pra escola? Se você vai pra escola e chega em casa e não tem aquele afeto, aquela questão de carinho, de afeto... E aí é isso o que eu faço hoje com o meu filho, com as minhas sobrinhas, com os meninos daqui... Chego aqui, dou um abraço neles, porque muitos aqui precisam disso, muitos aqui não têm pai, não têm mãe... Aí, eu chego, dou um abraço, dou um beijo na testa e no rosto e falo: "E aí, cara?"... Aí, eu fico feliz que eu pude dar um abraço nele assim e falar: "E aí, cara, como é que você tá? Você tá sumido... E aí, você tá indo pra escola, né?" "Não, tô... Tô sim, tô indo pra escola!" Então, precisa disso... ter uma força dentro da família, ser bem recebido na sua família... Você tem prazer de ir pra qualquer lugar!

O mesmo desafio se coloca para aqueles que têm filhos. Justamente porque acreditam nos benefícios da escolarização para o conjunto da família, esses jovens querem ser, para os filhos, o exemplo que não tiveram:

> Eu gosto de descobrir e aprender as coisas, porque é chato alguém te perguntar as coisas e você falar: "Eu não sei!" Alguma coisa relacionada à escola... À his-

tória, geografia, ciência que seja... Alguém perguntar e você não saber responder. Até mesmo pro seu filho é constrangedor... Teu filho tá na escolinha, ele quer uma orientação sua pra te ensinar e você não souber, é muito chato, né? Então eu acho que, quando meu filho estiver no colegial, no segundo ou terceiro ano, se ele vier me perguntar hoje, eu não vou saber... A não ser que eu consiga. Até lá eu vou conseguir fazer uma faculdade. Aí eu posso passar pra ele a informação que ele precisar. Mas hoje... Se fosse hoje, e ele viesse me perguntar alguma coisa do colegial, eu ia falar: "Ah, filho, a mãe não aprendeu isso!" (risos). (Kátia)

A (in)conciliável relação jovens, mundo da escola e mundo do trabalho

[...] se você for pegar, por exemplo, meu histórico escolar, você vai ver que sempre foi muito conturbado, eu nunca tive fixo numa escola... eu nunca estudei um ano direto numa escola... quando eu comecei a estudar, eu não fiz pré-escola, eu fui pra primeira série, aí estudei três vezes na primeira série numa fase de... uma situação na minha vida, porque minha mãe tava separando do meu pai, e eu tive que... todos os meus irmãos tivemos que sair da escola... aí, eu comecei a vender bala, comecei a trabalhar pra conseguir recursos pra ajudar na renda familiar... Voltei e fiz depois uma prova e matriculei na terceira e saí de novo, mas desta vez eu não me lembro porque eu saí, mas a maioria das vezes foi por causa do trabalho... (Cláudio)

Estudante trabalhador ou trabalhador estudante? Em que categoria se enquadram os jovens pesquisados por seus pertencimentos ao mundo do trabalho? Controvertido tema, o ingresso precoce ou tardio no mundo do trabalho é uma realidade para os jovens pesquisados. Em minhas observações e nas entrevistas, registrei três formas de demarcar as experiências escolares juvenis em interação com o trabalho. Em um primeiro registro, aparece a inserção precoce, o trabalho infantil que, em total desrespeito à infância e à adolescência, manifesta sua desarmonia com a vida escolar.

As rupturas escolares que se sucedem na infância e na adolescência são explicadas por essa entrada forçada no mundo do trabalho e, quase sempre, no contato com a rua. A sensação de liberdade que a rua proporciona e a ausência de rotina que esta "liberdade" implica, combinadas às chances de ganhar dinheiro para ajudar a família, são três aspectos que os jovens apontam para seu afastamento do mundo escolar quando ainda eram crianças e adolescentes. É é o primeiro vínculo que se rompia. Pudera, este é o mais frágil.

A relação instrumental que as famílias estabelecem com a escola pode estar associada a essa ruptura. Thin (2006) assevera que, para os pais, a escola está classificada ao lado do trabalho, no senso que "[...] as atividades escolares só têm sentido se as famílias das classes populares puderem associá-las aos objetivos sociais que atribuem à escolarização de seus filhos [...] a importância do trabalho e do trabalho 'sério' está também na origem da reserva dos pais com relação às atividades pedagógicas que aparentemente são menos trabalhosas que as aulas e os exercícios" (p.221).

> [...] *Eu parei de fazer aqueles cursos porque eu estudava o dia inteiro... Aí, não dava mesmo porque eu faltava uma semana e ficava difícil... é que meu pai mesmo pega no meu pé direto... ele acha que é melhor arrumar um emprego... é complicado porque fica aquela cobrança de emprego, todo dia ele pega e fala: "Não sei o que tá fazendo na escola"... Meu pai fala que tenho que procurar uma ocupação pra fazer... Mas procurar emprego, a gente procura, só que não acha, meu... Você procura, mas não consegue... até pra minha irmã de dezesseis anos meu pai queria procurar trabalho.. Tá eu, ele, meu irmão e minha irmã desempregada, só minha madrasta trabalhando... isso aí é forte, meu... eu, quando tô livre, saio pra jogar bola, o que eu não consigo é ficar em casa. Quando eu tava ocupado, estudando de manhã, tarde e noite, meu pai mesmo falava pra mim parar, que eu não ia aguentar, que eu ficava o dia inteiro sem comer, que eu tava comendo demais quando chegava em casa...* (Marcos)

Outro fato observado entre os jovens é que as mulheres, mesmo trabalhando, tendem a manter seus percursos escolares até a conclusão dos estudos. Apelando para o ensino noturno, para as transferências de turno, essas jovens chegaram ao final do ensino fundamental ou médio sem tantas agruras.

> *Quando eu fui pro colegial, foi na época que eu comecei a trabalhar... antes eu trabalhava em algumas coisinhas, mas no colegial foi a época que eu comecei a trabalhar mesmo, tanto que eu mudei o horário de escola, porque eu sempre estudei à tarde ou de manhã... Aí, eu mudei pra noite pra eu poder trabalhar durante o dia.*

E nesta fase de conciliar trabalho e escola, acho que foi quando eu tive mais dificuldade, porque o pensamento que eu tinha antes era que a escola ia ser meu pontapé, o meu passaporte pra mudar a realidade e quando eu comecei a trabalhar, eu comecei, sem querer, a priorizar o trabalho. Então, a escola não era mais o que eu imaginava antes. Tanto que teve uma época que eu quase parei de estudar porque não tava conseguindo, é... lidar... Aí, eu faltava muito da escola, aí tinha um grupo de professores que já me conhecia antes que sentaram comigo, conversaram... (Eugênia)

As jovens que se ocupam do trabalho doméstico não veem dificuldades em desempenhar as duas funções, a de dona de casa e estudante. Exceto Simone que, além dos "problemas de aprendizagem", engravidou e casou-se, as outras jovens que trabalharam fora de casa na infância e na adolescência (Eugênia, Mariana e Kátia) conseguiram conciliar o mundo do trabalho com o mundo escolar.

Eu tinha doze anos e ia fazer treze... Apesar de que eu estudava à noite! Mas por quê? Porque eu falei pra minha mãe que eu queria trabalhar e aí nessa época eu comecei trabalhar mesmo... Eu trabalhei mesmo um tempo em casa de família e depois eu parei... Só que com doze anos eu já tava trabalhando, né... Eu comecei a trabalhar e aí que na época eu trabalhava, eu estudava e aí que era uma coisa terrível, né... Eu voltava da escola e chegava em casa e aí tudo bem, mas eu num... Aí, eu ficava super cansada e eu lembro que dava quatro horas e eu já tava passada de sono! Mas quando eu voltava pra escola, nessa coisa de voltar pra escola, nesses retorno meu, sempre tinha vontade de estudar mesmo... "Eu vou estudar, vou terminar e dessa vez eu não saio mais!"... Mas aí eu acabava saindo, que nem essa última vez, né... (Simone)

Com os homens, não ocorre o mesmo. A entrada no mundo do trabalho significa ir para a rua, sair da rotina familiar e provoca constantes rupturas escolares, ocasionadas pelas dificuldades em conciliar trabalho e escola.

Para Sarti (1996), a diferença reside mesmo numa divisão hierárquica e complementar que identifica a figura masculina com o externo, o público, a rua e a figura feminina com o interno, o privado, a casa. Decorre disso que a necessidade de buscar a subsistência empurra as mulheres para o trabalho como babás, faxineiras, empregadas domésticas e os homens para as ruas. O resultado aparece no depoimento de Cláudio:

> *O trabalho, em alguns momentos, dependendo do que você faz, acaba prejudicando sim. Eu, por exemplo, acabei parando de estudar algumas vezes por causa do trabalho. Quando eu trabalhava de ajudante de caminhoneiro, chegava meia noite e não tinha tempo de ir pra escola. E agora, por exemplo, no meu trabalho, o "incentivo" que eu tenho das pessoas que me contrataram é que eu volte pra escola, caso contrário há possibilidade de.... ou eu vou ser mandando embora, mas mesmo assim eu não vejo isso como motivo de voltar pra escola. Eu tinha falado pra você no sábado que uma pessoa me falou: "Cláudio, volta pra escola. O difícil é voltar. Depois que você volta é normal". Pra mim é o contrário, o difícil é permanecer porque voltar eu já voltei várias vezes. Pra mim, o trabalho atrapalha sim. Porque mesmo tendo um incentivo, esse trabalho atrapalha porque a maioria das atividades exige uma dedicação maior e você acaba tendo que ficar até mais tarde no trabalho, tendo que participar de atividades fora do município e isso prejudica.* (Cláudio)

Em seu estudo sobre a moral dos pobres no mundo do trabalho, Sarti (1996) certifica que, para os homens de periferia, a identidade de trabalhador confunde-se com a de pobre. São pobres e trabalhadores e é por meio do trabalho que demonstram não serem pobres. É por sua honestidade, sua disposição de vencer que os pobres se sentem iguais a eles, os ricos. Esse valor atribuído ao trabalho compensa a desigualdade social. É um valor positivo que não se encerra na ideia de ascensão social, mas se afirma no valor positivo do trabalho. Se ser pobre é uma negatividade, ser trabalhador dá ao pobre uma dimensão positiva.

> *Eu tava pensando esse dias: "Que vida que é essa?" Daí eu xinguei mesmo... Que vida do caralho é essa, meu?! A gente vai e bate de cabeça de um lado e pro outro e não consegue nada, meu... Tinha dia que eu vinha dentro do ônibus chorando. Vê os outros aí, trampando. Todos com suas motos, suas coisas. E eu aqui a pé, sem dinheiro, sem nada. Que é isso, meu? Piada? E aí? A gente fica com besteira na cabeça. Aí eu começo a pensar... "Vou fazer que nem meu irmão [refere-se ao irmão que entrou no mundo do crime], se meu irmão se deu bem eu também vou me dar bem".* (Marcos)

A autora continua dizendo que os sentidos que o trabalho adquire para o pobre são diversos. O trabalho é, tanto para o homem quanto para a mulher, uma forma de cumprir o papel familiar de provedor. No entanto, para o homem é também a afirmação da identidade masculina de homem forte para trabalhar. Não há necessariamente uma inadequação da escola ao trabalho, mas uma centralidade do trabalho na moral dos pobres, trabalhadores e homens.

Pais (1993) corrobora a tese da socióloga, ao advertir para um conjunto de fatores que interferem nas representações que os jovens fazem do trabalho e que comandam suas estratégias de inserção profissional. A relação com o mundo do trabalho não se atém somente a processos externos (mercado de trabalho, subsistência), mas também a processos internos que dizem respeito aos indivíduos e suas famílias.

> *Eu hoje tô quebrando a cabeça atrás de um emprego, mas quando eu não tô fazendo nada, eu fico lá revendo as coisas que eu fiz, o que eu estudei, revendo as matérias... eu fico sempre procurando alguma coisa. Minha mãe fala: "'Cabeça vazia, oficina do diabo'... vai fazer alguma coisa, não fica parada em casa, vai arrumar um emprego..." Ontem mesmo ela brigou comigo: "Menina, você tem 23 anos... vai arrumar um emprego... seu irmão tá trabalhando, sua irmã mais nova tá trabalhando... todo mundo trabalhando em casa e só você que não tá trabalhando". Eu falei pra ela que é difícil... tem um monte de preconceito sobre a minha pessoa... tudo bem, eu não tô fazendo nada, mas eu fico em casa, eu prefiro ficar lendo um livro, estudando, procurando melhorar minhas condições de estudo... é muito mais melhor do que ficar assistindo televisão ou fazendo coisa errada...* (Mariana)

Talvez por isso, quando chegam à juventude e buscam formas diferenciadas de inserção laboral, os jovens passam a demarcar dois tipos de trabalho: o trabalho informal, diretamente ligado à subsistência, e o trabalho formal, que se vincula à realização pessoal. Esta segunda maneira de encarar a relação com o trabalho recai sobre a experiência escolar. Ou seja, os jovens reclamam não somente do trabalho informal, da intermitência, do pouco dinheiro que ganham, mas também de sua interferência nos estudos, sem que isso acarrete nenhum proveito ou benefício social, nenhuma forma de realização pessoal ou profissional.

> *Licinia: Você faltava na escola por quê?*
> *João: Porque tinha dia que chegava, por exemplo, dia de sexta-feira, o número de carros pra lavar era muito, então a gente até cinco horas da*

>   tarde recebia carros... Então, tinha dia que cinco horas da tarde, tinha dez carros pra lavar e eu tinha que ficar até o último carro sair pra poder ir embora... Isso normalmente dia de sexta, às vezes dia de quinta e de vez em quando na segunda-feira também tinha.
> Licinia: Você acha que essa é uma das razões pra você...
> João: Ah, eu ter repetido nesse tempo, foi sim... aí é fogo, porque eu não ia na escola, né?

Quando falam do trabalho em geral, os jovens pesquisados veem nele um sentido instrumental. Como declara Pais (1993), para os jovens do meio operário, "[...] ter um qualquer trabalho é melhor do que não ter trabalho algum e um trabalho em que se ganha mais dinheiro é melhor do que um trabalho em que se ganha menos" (p.251). Em síntese, o trabalho é tomado como uma necessidade, principalmente entre os jovens desempregados, e como uma fonte de independência. Contudo, os jovens valorizam o fato de ocuparem "um posto de trabalho" e não este ou aquele trabalho em si. Poucos fazem uma relação intrínseca entre o que fazem e sua escolarização ou a realização profissional.

> Marcelo: Teve uma hora que eu optei pelo emprego, né. Ou você estuda, ou... ganha alguma coisa, né?
> Licinia: Era o trabalho, a questão de ter que trabalhar?
> Marcelo: É, era por causa da questão do trabalho. Se fosse um serviço que você... Como eu te falei, que tenha sua garantia, tenha seu registro, você pode chegar e falar: "Olha, eu tô estudando, então o meu horário tem que ser esse". Eles te colocam de manhã... te colocam à noite depois das aulas... Te colocam à tarde, né... Mas não, é aquele que você vai e não sabe a hora que tá voltando. Então, isso aí dificulta muito.
> Licinia: Que tipo de trabalho você fez? Foi ajudante de pedreiro, como você falou... E teve alguma outra coisa?
> Marcelo: Eu já trabalhei de office boy, trabalhei com vidraçaria, com vidro temperado, entreguei leite também... já puxei carroça também, já fiz de tudo um pouco... Sempre assim... aí, depois de um certo tempo, era sempre nessa parte, sempre tava trabalhando com serviço braçal.
> Licinia: E por quê?

Marcelo: Não que era mais sossegado... Chegava de manhã, aí tinha que correr, acordar cedo, às três horas... No caso, né, tirando o barro ali, e depois tinha que carregar areia, pedra, pra depois começar carregar os blocos, depois ajudar o pedreiro... Um bom tempo assim. Até no momento né, até hoje faço o serviço que me aparece... O contato que eu tenho, é esse aí. Lá onde eu moro, conheço bastante pessoa que mexe com isso, aí eles:... "Ah, vamos lá Marcelo"... Aí, eu tô trabalhando com isso aí.

Licinia: Agora você está fazendo o quê, neste momento?

Marcelo: Eu tava trabalhando de servente. Aí, ligaram pra mim, e agora eu tô aqui, eu tô ficando aqui de noite, né? Tomando conta do espaço. E eu tava trabalhando... Até semana passada eu trabalhei, até sexta-feira eu trabalhei e o cara pediu pra dá um tempo, porque... Por causa da chuva, aí não dá para trabalhar. Aí eu falei pro cara... "Eu vou ver um negócio hoje!" Aí, se virar lá também, eu trabalho aqui de noite e trabalho lá de dia, porque aqui não é todo dia, é um dia sim... Uma noite sim e uma noite não. Então dá pra mim fazer alguma coisa de dia. Mas é nisso, questão de... Como é que fala... Construção civil, né?

A realização pessoal aparece como um sonho, uma expectativa para os que estão na informalidade e na fala dos jovens que encontraram um trabalho formal, no qual seus direitos estão assegurados. O trabalho como direito e como condição de cidadania aparece em primeiro plano nas indicações dos jovens, conforme registra Guimarães (2005) ao analisar dados da pesquisa *Perfil da juventude brasileira*, mencionada neste trabalho. Entretanto, ao serem indagados sobre qual seria o mais importante direito juvenil, a educação vem primeiro, e o trabalho em segundo plano.

Aqui, a escolarização toma a forma de uma apropriação instrumental. Os jovens sabem e dizem que o ensino médio é critério para a busca de um emprego formal. É o requisito mínimo. Portanto, seja numa escolarização regular, seja por meio de outros mecanismos de aligeiramento da formação escolar, os jovens tentam obter a certificação.

A terceira forma de encarar a relação escola-trabalho demarcada pelos jovens é aquela em que o trabalho aparece diretamente vinculado à escolarização. O trabalho como consequência da escolarização converte-se em fonte de realização profissional e pessoal, concomitantemente. Poder fazer o que gosta, realizar um sonho tão almejado é para os jovens pesquisados uma expectativa que acompanha a escolarização. Todavia, o sentimento de engodo vivenciado durante a escolarização confirma-se quando finalizam o ensino médio: a escola não os prepara para a inserção no mercado de trabalho e este, por sua vez, é escasso e altamente seletivo:

Kátia: *Às vezes você até é chamada pra fazer uma entrevista, eles conversam com você e aprovam você na entrevista, né? Vai conversar com você pra saber como você é, onde você mora, sobre você, né? E aí, depois, vem o teste... Vem uma dinâmica e depois vem o teste... Aí, no teste é onde você acaba se perdendo. É como eu falei pra você... Eu fui fazer o teste, fiz o teste de redação que eu não lembro o tema, né? Era de dez linhas, aí passei na redação... Teve a dinâmica, passei na dinâmica, aí foi fazer a prova de matemática, que eram cinco questões... Tinha vários cálculos lá de subtração, divisão, multiplicação... E na última questão, que foi a quinta questão eu não consegui, porque eles colocaram lá pra você dividir e ao mesmo tempo você multiplicar... Sabe, você fazer um monte de cálculo em um só, em uma questão só? Aí eu acabei me confundindo, me atrapalhando toda... Daí, depois, você tinha que "porcentar", tirar o "porcento" em cima daquele produto, aí eu falei... "Isso daí eu não entendi!"... Aí eu não consegui acertar e por essa última questão, eu acabei sendo reprovada... Não consegui a vaga de estar trabalhando... Aí eu fiquei muito desanimada, né? Falei: "Caraca... 'Puta'... estudei até o terceiro ano, e não saber fazer uma porcentagem!" E eu tive isso no terceiro ano, mas eu não consegui aprender... Eu não consegui aprender! Acho que eu tive umas três aulas de porcentagem, se eu não me engano... Não consegui. Acho que também, eles têm um jeito lá de fazer deles, já pra pegar você, né... Saber se você sabe mesmo... Porque ele misturou multiplicação com divisão, sabe... Você tinha que fazer vários cálculos lá e aí acabei me enrolando toda... Então, no que eu encontro dificuldade no mercado de trabalho...*

Licinia: *Teve alguma outra coisa que... Por exemplo, algum outro teste que você tenha feito, ou foi esse que...*

Kátia: *Não, eu acho que esse foi o único... Esse foi o único. Às vezes tem algum lugar assim, que você tem vontade de trabalhar, mas você pensa... "Não, isso usa muito a matemática, usa muito a sua mente, a sua cabeça, acho que você não vai conseguir!" Pra você chegar lá você tem*

> *primeiro estudar pra você conseguir passar, né? Mas aí você tem vontade de trabalhar num caixa, por exemplo, você tem que saber fechar o caixa... Calcular todos aqueles valores que ganhou, o que saiu do caixa e o que entrou... Então, eu já percebo que se eu for para aquele cargo, eu já vou sentir uma dificuldade. Eu acho que eu posso aprender, mas que eu vou sentir dificuldade, eu vou... Eu posso não passar, posso não conseguir a vaga pela dificuldade. Então tem alguns cargos assim, que eu sei que eu ainda não me encaixo, então eu nem tento... Porque pra mim tentar, eu tenho primeiro que estudar pra aprender aquilo, pra poder conseguir a vaga. Então, é isso!*

A frase "eu esperava (ou espero) conseguir um emprego 'de verdade' quando terminei (terminar) o ensino médio" é unânime na boca dos jovens pesquisados. Também é unanimidade a descrença de que isso possa suceder. O desemprego, o subemprego e a necessidade de subsistência são a realidade mais nua e crua para jovens que concluíram o ensino médio há nove, sete, cinco, três anos ou menos e ainda não conseguiram uma colocação no mercado de trabalho. Fazem o que podem e o que é possível, sem ater-se a sonhos ou desejos. Estes são postergados para mais tarde. Quem sabe para quando fizerem uma faculdade.

> *Então, agora tá legal, apesar de duas vezes na semana eu sair pra trabalhar, pra mim tá legal porque não puxa muito em casa, só que... Porque ainda tem duas crianças que dependem muito de mim, né? Mas ia ser ideal pra mim se eu trabalhasse de segunda a sexta das oito às cinco... Eu acho que esse ia ser o ideal e com um salário mais ou menos, né? O que é meio difícil! Eu não quero mais trabalhar final de semana, eu não quero trabalhar em feriado... Não quero porque... Pelo menos eu quero um trabalho de segunda a sexta e que não tenha que trabalhar no sábado e domingo, porque a pior coisa que tem é ser escravo dessas empresas aí que fazem você trabalhar final de semana e feriado... Você não tem religião, você não tem nada... Nem família, nem religião e nem nada!* (Simone)

Ao examinar a relação jovens, escola e trabalho, percebo que os jovens evocam sentidos e significados já apresentados em estudos sobre a juventude. A escolarização deveria representar primeiro a condição de cidadania, algo que pudessem desfrutar sem nenhuma intercorrência. A aprendizagem pela aprendizagem. O conhecimento por sua razão de ser. Contudo, sabem que a democratização do ensino não veio sozinha. Concomitante a ela veio a desqualificação do ensino, a reestruturação produtiva que reconfigurou o mercado de trabalho e o desemprego.

> *Olha, eu nunca trabalhei... Assim... trabalho mesmo... Eu tava até falando isso ontem, que agora eu vou ter que começar a fazer "trampo" mesmo, "fiel" sabe?... Ou em loja ou em telemarketing... "Trampo", eu nunca fiz! Eu já trabalhei em projeto social só, né? Trabalhei no projeto com pesquisa, já trabalhei lá até como educadora voluntária... Trabalhei dois anos num projeto em Santo André com crianças de quatro a seis anos, eu era educadora das crianças, aí fiquei dois anos lá... Fiz um trabalho com o programa de AIDS durante um ano, que era teatro, dança e canto. Então, sabe, eu trabalhei com arte, assim... Aí, eu trabalhei até o ano passado e aí no fim do ano eles me mandaram embora... Mandou um monte de gente embora... E agora eu tô precisando trabalhar de novo. Começar a trabalhar!* (risos). (Sandra)

Se o alongamento da escolarização é direito, deveria então se constituir em um bem, ou pelo menos, reverter em benefícios. Um deles seria o trabalho formalizado e livre. Outro seria a continuidade dos estudos. Porém, quanto mais "podem" ingressar o sistema de ensino, menos estudam. Quanto maior o tempo de escolarização, mais dificuldades encontram para ingressar no mercado de trabalho. E a instituição escolar acaba se transformando numa "[...] espécie de terra prometida, semelhante ao horizonte, que recua na medida em que se avança em sua direção" (Bourdieu e Champagne, 1998, p.221).

> *Marcelo: Eu não ia na escola porque eu queria emprego bom, isso eles não falavam... eu ia pra aprender. Saber ler e escrever. Depois de uma certa idade que você pensa nisso. Não falavam que tinha que ir na escola pra ter um trabalho bom, era pra ir pra aprender.*
>
> *Simone: Antes não tinham essas coisas, claro que tinham pra aqueles que queriam ser matemáticos, músicos. Era pensando em chegar na faculdade. Esse era o objetivo do estudo. Agora não tem como sonhar com essas coisas, como aprender o á-bê-cê. Tem que atropelar um ano depois do outro pra chegar no colegial. É muita pressão nas crianças agora, não é como a*

gente estudava antes. Não tem mais, "eu quero ter a letra mais bonita", ou "quero saber mais matemática ou história".

Sandra: Eu me dedicava à escola... e agora ficam me perguntando se eu vou fazer faculdade, mas eu não sei. Aprendi muita coisa na escola que não podia aprender em outro lugar, como meus valores...

Eugênia: Pra mim, por exemplo, essa questão de que aumentou a pressão da escolaridade. Uma criança, quando ela vai pra escola, é muito mais pressionada do que na minha época de criança. Quando eu ia pra escola, era o momento de estar com outras crianças, de brincar, não tinha preocupação se eu ia ser médica ou outra coisa. É uma imposição do sistema essa pressão de agora. A criança agora tem que ser a melhor pra tirar notas. Se a criança for bagunceira, ela não serve pra esse sistema, porque não é uma criança competitiva. A criança competitiva é aquela que tira A ou dez. Então cada vez mais a educação tá pressionando. Porque sempre é a questão do lucro, a educação é um negócio, ninguém pode negar.

Cláudio: [...] O mercado de trabalho obriga você a estudar. Mas o dono do mercado de trabalho é o capitalista, mas pra dominar os capitalistas precisam que os dominados não tenham conhecimento, nem formação. Se você tem um grande incentivador, que é a necessidade de trabalho, é um motivo pra você se dedicar aos estudos. Mas se você tiver só esse motivador, não vai ficar preocupado com a aprendizagem. Você fica preocupado com seu diploma, faz a prova e volta pra casa. O que importa é o comprovante que concluiu tal série ou tal grau. Não estamos preocupados com o saber, o aprender, no conhecer novos horizontes.

Simone: Se meu filho vai mal, eles vão empurrar ele. Se ele for mal na sétima, vai ser empurrado pra oitava. Da primeira até a oitava série, eles vão empurrando o aluno, porque eles só querem o diploma. Por isso que os governantes querem que a gente estude, porque estão sendo pressionados. E isso acaba sobrando pra gente.

Esse diálogo entre os jovens merece uma reflexão pelos ângulos e desdobramentos que revelam. A princípio, trata-se de uma discussão sobre a educação em geral que tomou forma quando propus o diálogo sobre a função socializadora e formativa da escola. Numa primeira mirada, observa-se uma dualidade na percepção dos jovens sobre as exigências de escolarização. Eugênia indica um aumento da pressão por escolarização vivida pelas crianças de hoje, mas é algo que não foi vivenciado por ela e do qual ela sabe a partir de outras referências. Simone parece compreender bem o que Eugênia está dizendo. Quando ensino era restrito a determinados grupos sociais, havia uma certa equivalência entre escolarização e mobilidade social. Como afirmam Bourdieu e Champagne (1998), os beneficiários do sistema de ensino sabiam que bastava ter acesso ao ensino secundário para ter êxito nele e bastava este êxito para ter acesso às posições sociais que lhes eram correspondentes. Efetivamente, ia-se à escola para aprender os conhecimentos necessários a essa nova identidade que o ensino conferia.

Com a democratização, a pressão não parece estar ligada ao ensino, uma vez que o aluno será aprovado de qualquer modo. O que existe é a exigência da certificação que, ao final da escolarização, se apresenta como uma farsa para os alunos provenientes das camadas populares. Estes, por frequentarem instituições escolares e cursos sem nenhum "valor de mercado", descobrem mais ou menos rapidamente que sua escolarização não representa nenhuma alteração social e nenhum aprendizado escolar.

Bourdieu e Champagne (1998) denominam "conciliação dos contrários" esse mecanismo de diversificação oficial do sistema de ensino, sutilmente hierarquizado, que contribui para criar um princípio de diferenciação. Como já foi apresentado, para Dubet (1994), de um lado estão os alunos "bem nascidos" e, neste caso, os "verdadeiros estudantes", que trazem um senso de investimento nos estudos anterior à entrada na escola e são capazes de conciliar a exigência do diploma às pressões por qualificação exercidas pelo mercado. De fato, eles sofrem as pressões de suas próprias escolhas profissionais e são obrigados a organizar suas vidas em função das carreiras escolhidas. De outro lado estão os beneficiários da democratização do ensino, os alunos provenientes das camadas populares, relegados às piores escolas, condenados a cursos pouco ou nada valorizados no ensino e no mercado que se veem obrigados a diminuir suas pretensões e renunciar às aspirações criadas pela própria escola.

Observando mais atentamente as narrativas juvenis, pode-se inferir que há uma valorização da escola, sobretudo *a posteriori*. Enquanto estavam na escola, viam-na como um espaço de experimentação e de socialização. Ao saírem da escola, os jovens percebem o que ela poderia ter sido se lhes fossem oferecidos os conhecimentos e as habilidades necessárias à vida social.

Todavia, essa tomada de consciência significa uma certa "resignação desencantada" (Bourdieu e Champagne, 1998, p.224), pois apesar de saberem o que deveriam ter aprendido, sabem também que havia pouco a esperar daquelas escolas. Ou seja, mesmo sabendo o que exigir, a quem poderiam fazer tais exigências?

Eixo interacional: tempo e espaço como *loci* da relação dos jovens com o universo escolar

> *Ah, eu vejo que é um ensino meio falido, assim. Eu vejo que a escola hoje em dia não te traz nada, nem... te traz experiência de vida, assim, amizade, conhecimento de pessoas, que eu acho que não importa tanto... Mas em termos de aprendizado, não vejo muita coisa na escola, assim. Todo mundo que vai, se tiver que provar que sabe, tem de voltar à escola e estudar. Eu vejo como uma instituição falida. Tanto é que, na minha época, pra aprender tabuada você ralava porque era da tabuada do um ao dez e sem choro nem vela. É noves fora, não sei o quê e tem de aprender. Porque a professora dizia: "E vou te tomar a tabuada". E hoje em dia, não. Os professores dizem assim: "Não, tabuada você não tem que decorar, porque você só usa se precisar"... Você pensa que não precisa, mas em todo momento você precisa saber a tabuada de cor, porque qualquer bobeirinha que você precisa de pensar rápido é a tabuada que... e não é só a tabuada, é um monte de coisa que a gente precisa e que a gente não sabe. Você tá na televisão e na internet. Como se escreve? Pô, não sei... E agora, você vai mandar um e-mail para alguém "Nossa, e essa palavra? Como é que é? Então não vou escrever essa palavra". É um monte de coisa que a gente deveria saber e que a gente não sabe. Agora, pra gente saber, a gente vai ter que ou estudar por fora ou estudar em casa, sei lá...* (Janaína)

A interpretação que fazemos da experiência escolar juvenil indica a necessidade de uma substantiva reflexão sobre o papel da instituição escolar na vida dos sujeitos sociais que fazem dela seu tempo e espaço de pertencimento. Os jovens sugerem que pensemos o espaço-tempo escolar não como o lugar do exclusivo confronto, mas como o lugar da construção de narrativas individuais e coletivas. Dizem que é importante ter experiência de vida, mas só isso não importa. Não é para isso que se vai à escola, mas para aprender a ler, escrever e contar.

Não compensa! Isso de ir pra escola e o professor não dar aula e o professor... Esse de português e inglês, eu vivo reclamando com ele e também reclamando dele, porque ele chega e dá duas aulas na quarta-feira e aí fala assim: "Olha, eu sei que hoje vai ter futebol, então quem quiser ir ver jogo na televisão em casa ou quiser assistir sua novela, pode ir!" Ele faz a última aula, então ele também quer ir embora, ele manda os alunos embora e fala: "Quem quiser ir, eu dou presença, pode ficar tranquilo!" Ele manda os alunos pra casa... O professor tá lá pra educar, pra fazer o pessoal entender... Apesar de que é todo mundo adulto e não aprende isso porque ainda não caiu a ficha... Não entendeu que pra estudar é importante ir na escola! Todo mundo adulto mas ainda não entende a importância da escola... E o professor tá como educador, né?... Ele devia educar aquela pessoa que ainda não percebeu a importância! E eles não fazem isso, fazem o contrário e fala: "Quem quiser ir pra casa pode ir assistir seu jogo ou sua novela, que eu ponho presença... Não fiquem preocupados" [...] (Kátia)

Os jovens desta pesquisa sabiamente dizem que a experiência escolar se constrói numa determinada conformação espaço-temporal. O tempo de estudos é parte de uma cultura (escolar) que, da mesma forma que é determinada por outras instituições e exigências sociais, extrapola a instituição educativa e condiciona a relação com uma rede de instituições sociais da qual participa. Por isso, o que estaria em jogo não seria somente o acesso ao diploma escolar como moeda de troca, mas o acesso a uma cultura escolar que se tornou um valor social coletivamente compartilhado.

Para perceber as condições históricas em que uma diferença social (ou cultural) pode tornar-se uma desigualdade social (ou cultural), Lahire (2003) sugere que analisemos os discursos públicos de luta contra as desigualdades. É por meio deles que podemos conhecer o paradoxo no qual "[...] as diferenças sociais para com os saberes escolares eram muito mais fortes antes de serem constituídas desigualdades do que depois" (p.6).

Começamos então por enfatizar que a luta da classe trabalhadora pelo acesso à educação de qualidade veio acompanhada de processos e táticas de enviesamento do papel formativo da instituição escolar. Ironicamente, na medida em que se democratizava o ensino, a desigualdade social de acesso ao sistema de ensino tomava a forma de uma diferença social, marcada na variação dos percursos escolares e no deslocamento das exigências de escolarização para níveis mais elevados.

Seguindo o raciocínio proposto por Lahire (2003), questiono alguns consensos que têm prevalecido no discurso sobre a escola contemporânea e, de quebra, reafirmo a tese de Freitas (2002) de que a concepção de sociedade e de educação que subjaz às reformas e políticas educacionais vigentes não é partilhada pela classe trabalhadora. As modificações desejadas pela classe trabalhadora e pelos movimentos sociais estão perspectivadas na emancipação humana e não na adequação da escola à lógica da reestruturação produtiva.

Antes de adotar os pacotes educacionais e as vastas teorias que têm proliferado nas escolas, é preciso primeiro perguntar o que restou da escola como lugar formativo e instrutivo. Antes de finalizar os textos e discursos políticos e pedagógicos com a expressão "para a construção de uma sociedade justa e democrática" ou projetos que pretendam "desenvolver a cidadania, a autonomia do educando, resgatar a autoestima etc.", é preciso enfatizar que democracia e cidadania são uma condição social. E a escola é lugar de circulação, produção e transmissão de saberes. O acesso ao conhecimento escolar tornou-se – na sociedade moderna – condição de cidadania e de expressão democrática.

Antes também de explicitar as inscrições espaço-temporais juvenis no cotidiano escolar, indaguemos pelo lugar dessa configuração histórica particular e única, tanto em seus aspectos espaciais e temporais específicos como pelo processo no qual se converte em unidade, partícipe de um empreendimento denominado ordem pública. Com isso, ao invés de questionar a instituição escolar em seu modo de socialização, damo-nos primeiro a conhecer seus limites.

Vincent, Lahire e Thin (2001) posicionam-se em favor de uma sociogênese que estabeleça os vínculos existentes entre a forma escolar e outras formas de relações sociais. Para esses autores, "dizer que o modo de socialização escolar é dominante não significa que ele utilize as mesmas modalidades, em todos os lugares e circunstâncias e que não existam resistências objetivas por parte dos sujeitos sociais em outras formas de relações sociais" (2001, p.42), mas implica reconhecer que esse tipo de socialização, além de largamente difundido nas diversas instâncias socializadoras, é o único considerado legítimo pelo conjunto da sociedade.

O modo escolar de socialização, instituído por intermédio de regras aparentemente impessoais, resultou de um enorme trabalho de objetivação e codificação que se vinculava a um projeto de sociedade. Em que pesem as crises vividas pela instituição escolar, os ideais democráticos e republicanos legitimaram historicamente sua função e seu papel social. Pensar a forma escolar em seus limites não significa desconsiderar sua especificidade na formação do cidadão, mas tão somente indagar pelos complexos processos internos mediante e sob os quais ela se consolida.

Os modos juvenis de "habitar" a escola

> *Como toda relação social se realiza no espaço e no tempo, a autonomia da relação pedagógica instaura um lugar específico, distinto dos lugares onde se realizam as atividades sociais: a escola. [...] Da mesma maneira aparece um tempo específico, o tempo escolar, simultaneamente como período da vida, como tempo no ano e como emprego do tempo cotidiano* (Vincent et al., 2001, p.13).

A socialização em um espaço fechado e ordenado, em um tempo cuidadosamente regulado, torna a escola um lugar privilegiado para a conformação de um conjunto de práticas sociais que se fizeram escolares e de práticas escolares que se configuram como modo de socialização hegemônico e de exercício do poder. Ao entrar na escola, os jovens sabem que entram em um território demarcado cultural e socialmente.

A arquitetura da escola, repara Dayrell (2001), já expressa uma determinada concepção educativa. Tudo é planejado seguindo princípios racionais, de modo a interferir na forma de circulação das pessoas e das funções para cada microespaço. O autor observa que tudo é construído em um esforço de disciplinamento, facilitando a rápida locomoção e com o objetivo de conduzir as pessoas a um destino, as salas de aula.

> *Escola particular é uma coisa que quando você tá ali a escola acaba virando um clube. Enquanto a gente não tem nem quadra. Colocaram um negócio lá pra cobrir a quadra. Tentaram cobrir, fizeram tudo errado, colocaram os bancos pra fora da quadra, tá mó relaxo. Quando chove, entra água. Colocaram a queda da água pra cair dentro da quadra... nossa... quando ali chove, aquilo vira um inferno. A gente cai assim no rolo, sabe? Se rala no asfalto. A quadra é um piso que machuca o pé...*

A rede do gol colocaram uma de ferro mas já tão destruindo. Porque tipo aquela mesmo de cordinha não fica, o pessoal arregaça mesmo. Mas colocaram uma de ferro que tá destruindo. Ou é o povo que quer tirar pra vender ou sei lá... (Diana)

Mas a falta de cor, a pobreza estética, a limitação da atividade pedagógica à sala de aula revelam uma concepção educativa restrita à instrução.

Eu tive sorte porque eu gostava da escola. Por vários daqueles motivos que eu disse lá. Eu não gostava da escola no colegial. O problema é que você percebe que não muda, não mudou e pelo contrário tá piorando cada vez mais. Mas no ensino fundamental eu amava a escola. Ficava o dia inteiro lá brincando. Agora, quando eu passei a estudar à noite e fui pro B., mudou muito. A primeira escola era tudo baixinho os muros. Aí você chega no B., você entra, fecha o primeiro portão, fecha o segundo portão, as janelas são todas gradeadas... É horrível tá lá dentro. A sensação de prisão é absurda. É uma energia muito negativa, você não vê a hora de ir embora. Toda hora você pergunta pra saber que hora que é... "Nossa, tem mais uma aula..." o B. não tem nem lugar pra gente ficar conversando... (Eugênia)

Eu nunca fui dentro de um planetário e eu me lembro que uma escola próxima da minha ia no planetário e que é muito bom pra você conhecer outros planetas, pra saber outras coisas e eu nunca fui porque a minha escola não levava. (Simone)

Não é por habitarem em favelas e em condições de precariedade que os jovens apreciem espaços esteticamente pobres, desordenados, sujos e restritos. Salas de aula apertadas, ausência de locais de livre circulação interna são uma forma de confinamento que se sobrepõe àquela da arquitetura escolar. Se esta última é constitutiva da forma escolar de socialização – um tipo de controle físico dos alunos e afastamento da vida social –, o confinamento descrito por Diana, Simone e Eugênia nos remete à situação de pobreza e exclusão social à qual estas jovens, suas famílias e suas escolas estão submetidas. À página 162 Simone fala da escola de seu bairro que há vinte anos continua a mesma: suja, cheia de grades e com mau cheiro.

Ao centralizar na sala de aula o espaço-tempo da atividade pedagógica – o que constitui a realidade da maioria das escolas públicas –, a escola deixa em segundo plano outros espaços educativos (quando existem) que são apropriados pelos jovens ao atribuir-lhes usos e sentidos próprios. Muñoz

(2002) afirma que, com a habilidade de etnógrafos, os jovens habitam e tornam legíveis os espaços sociais por onde circulam. Na escola também é assim. Os modos juvenis de reconhecer, organizar e dar coerência ao espaço escolar confrontam-se às formas espaço-temporais instituídas pela escola. O corredor, a sala de aula, o pátio, a quadra, o "lado de fora" da escola são lugares, pontos de referência para esses sujeitos.

> *A questão dos funcionários... da organização, do espaço ali, não é aquela coisa solta. A questão da regra, se o portão é fechado, o portão é fechado, não tem jeito... Se é isso e aquilo, se é isso é isso, se é aquilo é aquilo. É a minha mãe que sabe explicar isso, minha mãe sempre chegava reclamando lá, nervosa, ia no portão que tinha que ser fechado lá e...* (Marcelo)

Os jovens, em suas conexões e redes, são multiculturais, experimentam o mundo, estabelecem suas identidades pessoais e coletivas nesse desafio de habitar múltiplas dimensões espaço-temporais. Por sua regularidade, a escola é para os jovens um lugar de marcação espaço-temporal. Se, por um lado, notam e questionam as regras, códigos e imposições do mundo escolar; por outro, dizem ou nos fazem sentir o quanto é indispensável para suas vidas conhecer e apropriar-se desse *habitus* escolar.

O tempo das famílias dos jovens, decerto, não é o tempo da escola. Principalmente para a maioria desses jovens que, na socialização primária, não reproduzem esse modo de estar no mundo. Os tempos das famílias pobres são outros. As rotinas não se constroem no mesmo sentido que a rotina das camadas médias e, por conseguinte, das escolas. Para as famílias das classes populares, primeiro vem a sobrevivência, o resto é feito no tempo que sobra. Pelo observado, há, sim, algumas famílias que buscam, com muita dificuldade, e até conseguem estabelecer na vida dos filhos, esse *habitus* requisitado pela escola. Na ausência de uma divisão temporal pelo trabalho (Thin, 2006), os jovens e suas famílias vivem a temporalidade do trabalho errático, atropelada pelas urgências e impossibilitados de fazer qualquer planificação e antecipação da existência.

> *Em relação de tempo é mais comigo... com a minha mãe. Posso te dar um exemplo: amanhã... isso sempre acontece comigo... amanhã eu tenho que ajudar minha*

mãe a fazer salgado... ela tem só uns quatro mil salgados pra fazer amanhã... tem que fritar, preparar pra entregar... e ela queria que eu ajudasse ela na quermesse. E tem também a formatura da Simone... então amanhã tem a quermesse e a formatura da Simone. E aí tem uma festa que a minha prima voltou da Polônia e quer que eu saia com ela. E um amigo meu me mandou uma mensagem falando de uma festa do grupo que a gente faz parte à noite também. Então é assim... o que eu faço hoje... aí tenho que pensar que no domingo tenho que acordar porque vai ter a festa da Posse Haussa que eu quero ir também, né. Que a Simone vai tá na mesa de debate. E é sempre assim. É bem provável que amanhã eu vou fazer o que eu faço sempre. Porque não tá em dia de pagamento, então eu vou pra festa porque eu pego o ônibus aqui, ando uma meia hora de ônibus e vou pra festa. Ah, não tem essa relação de dizer: "Ah, tal dia é pra minha família, tal dia é pra outra coisa". Mesmo porque todo mundo na minha família é assim, tem muita coisa pra fazer. (Sandra)

Os tempos juvenis também não são os mesmos da escola. Os jovens vivem o tempo da velocidade dos aparatos tecnológicos, da instabilidade do real, da provisoriedade de suas escolhas. Contudo, por sua capacidade de lidar com o simultâneo, conseguem discernir essas distintas realidades espaço-temporais. Compreendem que a temporalidade escolar e os tempos da socialização familiar se distinguem dos ritmos velozes e instáveis do tempo juvenil. Enquanto os primeiros são marcados pela lentidão, por uma débil modernização e se ancoram no passado, os tempos juvenis são feitos de relações sociais rápidas e efêmeras e da aprendizagem com seus pares (Sandoval, 2002).

No diálogo com os jovens, constatamos que constroem suas experiências sob distintos marcos temporais. Além dos marcos temporais biológicos (nascimento, morte) e dos reguladores sociais (relógio, calendário), os jovens veem a família, escola e trabalho como instituições demarcadoras de suas vivências temporais. Determinados acontecimentos que se sucedem nesses espaços de trânsito juvenil serão descritores e sincronizadores das trajetórias biográficas juvenis.

Os marcos temporais associados à família são acontecimentos que denotam situações de perda que alteraram não somente suas rotinas, mas lhes impuseram um amadurecimento, uma alteração nos ritmos sociais e interiores ou que lhes trouxeram uma repentina descontinuidade temporal: constantes mudanças de residência, morte da mãe ou do pai, separação dos pais, desemprego dos pais são algumas das ocorrências familiares que marcam a vida juvenil.

No caso do trabalho, lembram da idade em que começaram a trabalhar, os períodos de desemprego e, como um marcador temporal positivo, os jovens falam de quando começaram a trabalhar formalmente.

> *Depois disso também, eu não saí da quarta série, porque é o seguinte... A minha mãe, com as dificuldades dela, tinha tempo que tava morando aqui, depois tinha que mudar pra um lugar, e quando não tinha que mudar tinha que sair da escola, porque não tinha ninguém pra ficar com a gente, e aí não tinha como levar, e ela não confiava no local e no lugar... Aí chegou na quarta série, eu reprovei... E quando eu passei pra quinta, eu tava com dezessete anos.* (Marcelo)

Melucci (2001a) informa que há divisões claras entre os tempos em que vivemos nossas experiências íntimas, os afetos e as emoções e os tempos regulados por ritmos e papéis sociais. O tempo social é linear, caracteriza-se pela continuidade e singularidade dos acontecimentos que são irreversíveis, pois seguem uma única direção. É um tempo mensurável, previsível e uniforme. O tempo interior, profundamente pessoal e individual, é múltiplo e descontínuo, cíclico e simultâneo, multidirecional, reversível, incomensurável e imprevisível.

Para o autor, na sociedade contemporânea, as descontinuidades entre os diferentes tempos que vivemos são mais perceptíveis hoje que no passado. O contraste entre tempo interior e tempo social não pode ser facilmente marcado. O ritmo das mudanças, a pluralidade de pertencimentos e a abundância de possibilidades e mensagens debilitam os referentes sob os quais descansa nossa identidade. O significado do presente não se encontra no destino final da história, porque o presente se converte em possibilidade.

É preciso salientar que, para os jovens pesquisados, não é a contemporaneidade que trouxe a exigência de lidar com as tensões da falta de controle do tempo e com as descontinuidades temporais. Por suas condições sociais e materiais, esses jovens dizem que aprenderam sozinhos a metamorfosear-se, a alterar a forma, a redefinir-se no presente, já que este é o que efetivamente conta para eles. A capacidade de anular ou revogar decisões, escolhas e, ao mesmo tempo, viver o presente como uma experiência única e irrepetível, é a chance que têm para constituírem suas trajetórias biográficas.

Talvez por essa experiência temporal descontínua, o tempo escolar tenha uma positividade que fica patente nos relatos juvenis. Nos marcos temporais escolares, descrevem aqueles que se inscrevem no cotidiano e na prática pedagógica. Estes são os que definem e dão legitimidade à forma escolar.

No diálogo reproduzido abaixo, perguntei a Marcelo sobre sua experiência escolar e ele respondeu dizendo haver coisas na escola que o estimulavam a ir para a escola. Interessei-me em saber que coisas eram essas e o que ele descrevia era a rotina escolar, o fazer pedagógico, a organização da escola. Para ele, as escolas boas em que estudou eram as "escolas organizadas", ou seja, as que tinham rigorosa organização didático-pedagógica e que impunham uma forma de disciplinamento pelos estudos.

Licinia: O que te fazia querer estudar?
Marcelo: Eu não sei, viu! É como eu falei pra você, era por causa das atividades, te envolvia aquilo ali. Então eu começava uma, e eu queria terminar aquela atividade. Então amanhã, a professora vai terminar a atividade tal, "e vocês vão vir aqui na frente, vocês vão sentar em grupo"... Então aquilo me envolvia, e eu queria ir pra escola! E o que eu sempre gostei também, né... De escrever, ficar lendo... Na minha infância, tinha negócio de trabalho, fazer lição de casa e tal... [...] Então, pra mim, a escola hoje em dia, tem muita coisa errada. Fora o que você vê, né, que acontece... Que tá sempre aí, nos meios de comunicação, aí você vê o que acontece. Só que tem muita coisa boa também. Tem lugar aí que... Não sei se é o profissional, ou se é o estado ou o município, não sei...
Licinia: Você não tem ideia?
Marcelo: Eu não tenho ideia de como seja hoje a escola, porque faz tempo que eu não entro em uma [escola regular]. Meu irmão também é um exemplo. Com quinze anos, na quinta série, não sabia escrever ainda, não sabia ler direito.
Licinia: Seu irmão do segundo casamento?
Marcelo: É, o que mora com o pai. A menina também, na caligrafia, a questão do ler, a questão do contar, dos números, da estética de você escrever. A minha professora sempre passava isso pra mim. A estética do caderno... "Você tem que escrever assim olha, linha por linha", parágrafo, é isso e aquilo, colocar no caderno de caligrafia o que vai escrevendo no quadro. Você não vê isso hoje... Eu não vejo. Não sei se é pelo aluno, se é pelo profissional, se é pela... quem banca os profissionais, não sei...

Licinia: Então você acha que é alguma coisa...
Marcelo: Mudou, os cadernos e tudo... Não sei, eu não vejo escola nos cadernos do meu irmão. Não vejo "cara" de escola. Então eu acho que é assim.
Licinia: Como é que seria a "cara de escola"? Um caderno... Um caderno com "cara de escola"?
Marcelo: Ah, que nem eu falei, é escrito duas folhas.. e já tá vindo outra coisa escrita, e você não entende nada que tá escrito. Quando eu pego o caderno do meu irmão mais velho... É escritinho tudo ali, a data e o dia... Como que o tempo está hoje né, quantos graus até, eles podiam até colocar, né. Bem organizadinho assim, né, não é escrito subindo assim lá pra cima, ou descendo lá pra baixo, fugindo da linha... O professor não tá vendo isso, meu? Acho que é assim... O professor terminava a lição, pedia pra ver... "Não, isso daqui tá errado, você vai refazer isso aí, vai passar a limpo, não tá bom assim. A sua caligrafia, vou passar aqui pra você"... O professor pegava o meu caderno de caligrafia e começava a fazer a boa caligrafia... E aí eu continuava. Com a professora daquela época não tinha aquele aluno que tá errando na caligrafia, então vai para o tal do exercício. Caligrafia até pros números, pra sair o nove certinho, o sete cortando... Tinha que andar com o dicionário na mochila.
Licinia: E hoje?
Marcelo: Falei... "Me empresta o dicionário, aí..." Falei com a minha irmã, e ela me perguntou... O que que é isso? Ah, não é possível, né, meu! Será que ela tá indo pra escola?
Licinia: Ela está em que série?
Marcelo: Acho que é quinta também... Por aí!
Licinia: Quantos anos ela tem?
Marcelo: Ah, ela... É catorze ou treze. Mas o que que é isso, não saber o que é um dicionário, né. Aí eu não sei, né, se é o aluno, se é o profissional, se... Se tá indo mesmo pra escola. É bem diferente... É bem diferente da minha época!

Ao postular que a consciência do tempo se manifesta diferentemente nos grupos sociais, Viñao (1995) comenta que a alfabetização escolar não implica somente o aprendizado das letras e palavras, mas implica a substituição de uma determinada concepção de espaço-tempo por outra. Para o autor, considerar alguém alfabetizado no modo escolar significa uma interiorização do sentido linear e imperativo do tempo.

Os rituais e a rotina vivenciados na escola estabelecem o tempo e o lugar da relação educativa. Não só o tempo escolar tem sua especificidade, como são específicos os materiais, os recursos de que a escola lança mão para o ensino. Escola é lugar de ensinar e aprender. Aluno é quem aprende e professor é quem ensina. Tem a hora da explicação do conteúdo, que não é hora de conversar. Hora de fazer o exercício e hora de corrigir o que fez. Contrariando a tão propalada ideia de uma "impossível relação", os jovens comunicam o lugar do aluno e do professor. A figura do professor, daquele que ensina, instrui, corrige e orienta a aprendizagem, é marcante na fala dos jovens.

A EJA [Educação de Jovens e Adultos] tem diferença em relação ao ensino regular, porque o regular é mais completo naquilo que eles querem ensinar... não que o que ensinam seja interessante pra libertar, pra aumentar a visão e tudo mais, mas é mais completo, você consegue adquirir mais informação, informação sobre todos estes questionamentos que eu fiz, aí... você consegue adquirir mais... até pelo tempo que você fica na sala de aula, você aprofunda mais... você tendo mais tempo de contato numa aula de ciências ou de biologia, você tem mais tempo pra não errar numa prova quantas pernas tem uma aranha... (risos). (Cláudio)

Freitas (2002) salienta que, para esses sujeitos, a qualidade da escola passa primeiro pelo ensino e não somente pela adição de controle e tecnologia. Professores qualificados e possibilidades de dedicação aos estudos são as principais reivindicações dos alunos quando falam do tempo vivido na escola. Por isso, estudar à noite ou fazer estudos supletivos é tido como um tempo limitado de estudos:

[...] mas, se a escola não tem nem ensino, como é que vai ter cultura? Eu acho que deve priorizar primeiro o ensino... a gente vai pra escola e tem cinco aulas... ah não, agora é quatro porque eu tô estudando à noite, tem quatro aulas, aí tem uma de matemática... o professor faltou... ao invés deles fazerem alguma coisa, não... coloca substituto, ele chega, senta na mesa e fica conversando... fala de futebol, de novela... a gente abre a porta e vai lá pra fora... eu estudava de manhã, eu tinha cinco aulas, agora tô à noite, tem quatro aulas, das 7h às 10h30... meu, pra ter uma aula de inglês na minha sala é a coisa mais difícil... (Diana)

Porém, há certos marcadores pouco "enxergados" pela escola, que se inscrevem na sociabilidade juvenil. O tempo do recreio, das entradas e saídas, os intervalos, as atividades práticas como educação física, viagens, passeios são rememorados pelos jovens e constituem um efetivo tempo de escolarização. Dayrell (2001) repara que a relação entre os sujeitos varia dependendo do tempo e do espaço em que ocorrem, dentro ou fora da sala e da escola. Existe uma delimitação entre tempo e espaço compreendida e dimensionada pelos jovens.

> Eu penso que é assim: se você estuda à tarde, você acorda, brinca um pouco... Ou vai pra biblioteca, porque tem um trabalho pra entregar à tarde... Aí, você reúne seu grupo e diz: "Vamos pra biblioteca"... Aí vem na biblioteca... É gostoso você vir... Tudo que te envolve ali é gostoso de fazer, aí você vai pra casa, toma banho, vai pra escola, aí na escola a convivência é gostosa... Você vai e tal... Então você sente que você é importante ali dentro, aí no outro dia tem educação física, e a educação física é uma coisa que atrai muito os estudantes... Todos os estudantes gostam... Todo estudante gosta da aula de educação física. Sempre lota, porque a gente entende que é um lazer, mas é um lazer nosso, assim... E por mais que o professor tá lá ensinando, é diferente, porque a gente joga, brinca, então pro estudante é um momento de lazer. Ai, é... Por exemplo, por mais que um estudante fala que não gosta dessa professora, porque ela é chata, não sei o que, mas... "Ah, hoje é matéria de quem?... Puxa, duas aulas de matéria dela"... Mas mesmo assim você gosta de ir pra aula, entende? Mesmo que você bagunce, mesmo que você mate uma aula dela, você acha que tá deixando claro que matou a aula porque não gosta da matéria, ou não, você entra, mas diz: "Eu tô aqui na sua aula, mas não gosto da sua matéria". Mas... Você tem que tá ali dentro e a gente gosta de tá ali dentro, a gente gosta de tá na sala de aula, de conversar... Então, a rotina da escola é gostosa porque é muito... É, sabe, é livre... Não tem cobrança, não tem pressão, a gente não se sente pressionado, a gente gosta... Assim, a gente fala: "A escola é chata, não sei o quê..." Mas é uma questão de quase nada... A gente fala que vai porque é obrigado, mas mentira: a gente gosta de estar ali, a gente gosta daquele mundo de escola... E isso é quebrado quando a gente começa a trabalhar, porque a gente vai percebendo que aquilo não é tão importante, que importante é outra coisa... (Eugênia)

Dayrell (2001) insiste na dimensão do encontro que faz da escola um espaço coletivo de relações grupais, de encontro entre iguais. A convivência nesse tempo-espaço é distinta daquela da família e do trabalho. O tempo ritualizado da escola é apropriado pelos jovens que, em cada espaço e momento, instituem uma específica vivência temporal. Para o autor, o cotidiano da sala de aula reflete uma experiência de convivência com a diferença. É um espaço potencial para o debate de ideias, para o confronto de valores, visões de mundo que interferem na formação juvenil.

> Licinia: E o que que mudou, por exemplo... O que você acha que mudou na sua vida?
> Simone: O que que mudou? Eu acho que eu deixei de ser... Eu antes tinha medo de falar algumas coisas... E agora eu sei um pouco mais sobre os meus direitos, sobre o que eu posso e o que eu não posso! Eu acho que é isso... Foi nisso que a escola me ajudou!
> Licinia: Mas você acha que isso tem a ver com a escola ou com você participar de movimentos sociais? Você acha que a escola que te deu essa...
> Simone: Não, eu aprendi com outras situações também... Mas a escola me ajudou bastante a ver outras situações... Por isso que até mesmo, eu lembro assim que... Uma vez tinha uma palestra do Movimento Negro e aí eu fui nessa palestra que a escola chamou, né, a escola falou... "Olha, vai ter essa palestra em tal lugar e você vai né, quem tiver a fim de ir vai!"... E aí foi nessa hora que eu comecei a despertar pra essas coisas, entendeu?... E que eram boas ou que eram ruins, mas é que aí que eu vi que a escola mostrava algumas coisas que eram boas e outras ruins também!

Para Abrantes (2003), os espaços, tempos, grupos e atividades escolares podem ser fortes catalisadores na formação de redes de sociabilidade, na troca de afetos, conhecimento e na constituição identitária juvenil. Tais relações têm um papel determinante nos sentidos que os jovens atribuem à experiência escolar e os professores são parte importante delas.

Todavia, deve-se considerar que esse sujeito não é alguém para quem se prepara o conhecimento. A capacidade metacognitiva marca a diferença entre juventude e infância e propicia o rompimento com as práticas pedagógicas que tomam como perspectiva a infância. Nesse sentido, emerge a necessidade do educador de ouvir o jovem que, a partir de sua própria fala, estabelece relações entre o seu pensar e os objetos de conhecimento, e constrói significados para o ato de aprender (Souza et al., 2006).

> [...] eu comecei a apostar mais na escola depois que eu entrei nos movimentos sociais. Não gostava, mas agora acho que é fundamental porque as atividades

sociais me ajudam a compreender um pouco mais a história e me dá vontade de aprender mais, de saber mais das coisas. Acho que a gente pode aprender muito mais, mesmo achando que esse negócio é hipocrisia. Eu acho legal debater com o professor. (Simone)

A divisão rígida e distanciada entre professores e alunos com práticas e interesses divergentes pode ser fonte de conflitos. Dayrell (2001) fala que os papéis de professor e aluno são construídos em relações que se passam no interior da escola e a sala de aula é o espaço privilegiado para tal. É na relação entre esses atores que se instalam um discurso e um comportamento do professor pautados em normas e valores que classificam, comparam e hierarquizam os alunos em si, valorizando uns e desvalorizando outros.

[...] inclusive um dia, que eu já falei pra você, que tinha uma semana que eu tinha faltado da escola e aí o dia em que voltei tinha uma aula de história e a professora de história colocou que os negros foram escravos porque os próprios negros vendiam eles a troco de cachaça e os índios porque eram preguiçosos. Aí, ela deu até um exemplo e disse: "Tanto que até hoje os índios dependem da Funai [Fundação Nacional do Índio] pra receber uma cesta básica" e aí o que acontece... eu fiquei meio chateado com essa situação, mas não quis falar por conta que tava sem moral na sala de aula porque tinha faltado uma semana. Se eu tivesse ido todos os dias, daria pra fazer um debate bacana. Só que aí eu pedi pra sair, pra ir no banheiro... Quando eu voltei tava rolando o debate e ela me questionou porque eu saí e eu disse: "Olha, professora, eu não tava no banheiro fazendo nada, mas melhor eu tá no banheiro sozinho meditando que tá aqui ouvindo as palavras que a senhora fala". E isso pra ela foi ruim e ela então me questionou por que eu tava falando isso e aí eu entrei no debate e falei que índio não era preguiçoso e comecei a conversar com ela e isso foi um fator que me tirou da escola dessa vez. Eu faltei da escola quatro dias e quando eu fui eu comecei a sofrer umas represálias porque ela começou a falar... Ela falava que se eu não tivesse lá pra estudar eu não precisava ir pra escola, que tem muita gente que está lá porque precisava estudar. Então ela colocou a sala contra mim, como se eu atrapalhasse a aula dela e de certa forma eu atrapalhava mesmo, porque a aula que ela sabia dar não era aquilo que eu acreditava. (Cláudio)

Dayrell (2001) afirma que o modo como a escola organiza seus tempos, espaços e ritmos, bem como sua forma didático-pedagógica, é o que explica seu fracasso na socialização dos jovens. Em sua organização burocrática, a escola esquece-se de que os jovens não entram na escola na condição unívoca de alunos. São sujeitos sociais significativos que experimentam um amplo processo formativo e cada um deles tem uma razão para estar ali. Buscam interlocutores para expressar suas crises, dúvidas e perplexidades geradas na vida cotidiana. Centrada numa lógica instrumental, a escola deixa de enxergar o sujeito do processo ensino-aprendizagem e ator nas relações sociais, com suas práticas socioculturais, sua linguagem, enfim, seu universo simbólico.

> [...] mas eu dedico meu tempo a defender as coisas que eu acredito na escola ou criar possibilidades pra isso... eu sei que, por exemplo, eu estando matriculado na escola, com o aval da direção, eu consigo passar de sala em sala e convidar o público pra ir pra uma outra atividade fora da escola. Por exemplo, eu posso chamar eles pra uma passeata que vai ter e que vai lutar pro passe livre pra estudante, ou eu posso também, sei lá, passar um filme na escola... já pensei nisso uma vez. A gente tinha um projeto chamado Cine Favela e a gente queria ir com um retroprojetor e passar um filme, mas eles não deixaram... queria pelo menos criar oportunidade pra fazer com que as pessoas reflitam, independentes... (Cláudio)

Ao chegar à escola, cada jovem é fruto do conjunto das experiências sociais que vivenciou nos mais variados espaços. Somente considerando a dimensão da experiência vivida é que o cotidiano se torna espaço e tempo significativos. É essa experiência que faz dos jovens sujeitos socioculturais, pois se constitui a matéria-prima por meio da qual articulam sua própria cultura (Dayrell, 2001).

> Simone: Eu participo do grupo Rotação... É um grupo que a gente faz parte, a gente discute de tudo: questão racial, política, de gênero... E a gente participa de algumas manifestações [...] Às vezes, até por essa coisa da militância da gente e a gente fica meio acelerado. Acho que eu tô até assim sem conseguir dormir por causa dessa atividade que eu vou ter que ficar na mesa [aniversário da Posse Haussa]. Às vezes eu acordo de madrugada já pensando no que é que eu vou falar, né? A gente tem mil coisas pra falar sobre a questão da mulher no Hip Hop... mas aí eu fico imaginando como eu vou começar...
>
> Licinia: Mas você dizia antes que a escola oferece conhecimento...

> Simone: Ah, relativamente, oferece sim. Não aquele que a gente precisa muito, acho que falta um pouco, falta alguma coisa. Eu acho que falta, mas tem professores que dão, que ensinam além... eu acho legal aqueles professores que falam assim: "Bem, era assim a matéria dessa forma, mas eu acho que vou dar dessa outra forma que vai ser melhor pra vocês e acho que esse é o jeito melhor pra vocês entender"... Isso eu gosto. Isso eu gosto bastante. Porque é outros conhecimentos, coisa que outras pessoas não sabem e eu sei. E até essa coisa de estudar com o Rotação, a gente acaba aprendendo mais coisa sobre a história. Porque é legal essas pessoas que tão estudando pra isso, né... Pra serem professores de história, de geografia, de ciências sociais e então a gente acaba aprendendo essas coisas com eles. Eles dividem isso com a gente e no grupo acaba que chega informação que não chega pra minha colega de sala. E até eu acabo falando junto com o professor, o professor acaba dizendo mais coisa e assim meus colegas ouvem. Isso é legal, eu gosto disso. A escola é bom demais, eu gosto de estar lá. Eu gosto porque lá a gente tem espaço pra falar, os professores chegam com alguma coisa bem interessante. Às vezes chegava até na questão racial. Chegava pouco, mas chegava.

Na sala de aula, convivem pessoas com trajetórias, culturas e interesses diferentes. É um território multicultural e multi-identitário no qual não apenas se transmite, mas se produz conhecimento e este só tem significado se os jovens estabelecem relação com ele. Charlot (2001), ao discutir a relação dos jovens com o saber, define este sujeito abstratamente chamado de aluno como um ser humano aberto ao mundo, portador de desejos, carregando em si as marcas da individualidade. Um ser que ocupa uma posição em um grupo cultural e, portanto, um ser social e singular, com uma história própria, com um modo único de relacionar-se com o outro, consigo mesmo, ator e intérprete do mundo em que se encontra inserido.

Souza et al. (2006) baseiam-se nessa concepção de sujeito para afirmar que os atos de fala são importantes modos de aprendizagem para os jovens. Em sua condição de atores, reivindicam seu papel de enunciadores dessa fala e não meros receptores. E nos depoimentos, confirmam que, no diálogo com o professor, na discussão com seus pares, nas atividades de grupo, ocorre um efetivo aprendizado do conhecimento escolar. Valorizam também o professor que fala, discute, estabelece diálogo e *"explica bem"*.

Gostar de falar, de conversar não é o mesmo que zoar e os jovens reconhecem a diferença. A fala à qual se referem é uma fala endereçada ao que estão aprendendo, ao que gostariam de aprender. É uma marca de seus modos de construção do conhecimento.

Nos marcos temporais vinculados à escola aparecem ainda os momentos de passagem e de rompimento duma interação espaço-temporal. A passagem do ensino fundamental para o ensino médio, ou melhor, da primeira para a segunda etapa do ensino fundamental, e desta para o ensino médio enunciam ritmos temporais diferenciados, apropriações espaciais singulares. Já as rupturas escolares e a reprovação são descritas como uma quebra, uma suspensão não só da rotina, mas das expectativas. Devo enfatizar que esses tempos são narrados pelos jovens como angustiantes, especialmente difíceis e, por vezes, vividos com certa amargura.

> *As minhas sensações na escola eram... Sabe esse negócio do repetir e ver meus colegas indo pra frente e eu acabava ficando, ou então... "Ah, tá de recuperação!"... Ah, meu Deus, isso pra mim era muito ruim, era muito chato! Foi muito ruim... Era muito ruim essa época pra mim! Minha prima... A gente estudou junto, então ela conseguiu ir e eu fiquei! [...] Do meio pro final era muito ruim, porque seus colegas tão tudo bem, né, e só eu tava mal, muito mal e eu nunca fui uma aluna que respondia, eu nunca fui uma aluna que fazia bagunça... O meu problema não era esse na escola, mas eu não fazia a lição e isso que me deixava mal, porque eu me dava muito bem com os meus colegas... Sempre me dei muito bem com os meus colegas, com os professores e isso que me complica com os professores, mas eu não tinha... Eu não conseguia acompanhar! Eu conseguia fazer alguns trabalhos e tal, mas eu tinha dificuldade em matemática, coisa que agora eu não tenho... Lógico que eu tenho (risos), mas não tenho tanto quanto eu tinha na época... Mas eu tinha bastante dificuldade em matemática, em ter que copiar a lição... Eu vejo assim, como eu não era uma aluna ruim de bagunça e nesse sentido, eu vejo que era por causa de atenção mesmo e eu tenho problema com isso até hoje... Até hoje, às vezes eu paro e fico... Aí eu tenho que... "Não, tem que levantar e fazer!"... Porque se não, eu não faço e aquilo fica ali... Eu olho e eu sei que tenho que fazer aquilo ali, mas eu acabo não fazendo...* (Simone)

A experiência de ruptura escolar significa, para os jovens, um tempo perdido que deve ser recuperado, resgatado na esperança de que, com ele, retorne o ânimo pra continuar os estudos. Porém, lidar com esse tempo veloz e frenético não é fácil. Interromper os estudos, retomá-los e concluí-los são situações existenciais de difícil equacionamento no plano biográfico desses jovens.

> *Aí eu só fui estudar de novo quando o D. já tinha uns seis anos! Mas antes disso, um pouco antes, eu estudei, assim, né? Essas escolas, tipo... eu não sei se você conhece... "CONCLUA O PRIMEIRO GRAU EM SEIS MESES!!!"... Aí eu fui pra essa escola, só que é roubada, porque você vai e estuda... Você tem quatro aulas de história, quatro aulas de matemática... Num dia você tem quatro aulas, né, então dá a hora de você entrar e é só aquela matéria. É intensivo, né? Só que aí você tem que se inscrever pra prova do sábado, no sábado da prova, aí você vai lá fazer! Aí quer dizer, você não sabe... Vão te dar uma prova que você não sabe se vai ser aquilo que você estudou lá na escola!* (Simone)

As condições de incerteza nas quais se inscreve a juventude são exclusivamente mais duras para os jovens que experimentam a condição juvenil sob situações de precariedade material. Também para eles, o futuro constitui o espaço do devir possível (Leccardi, 2005). Mas a ausência de recursos culturais sociais e econômicos lhes impede de elaborar estratégias cognitivas de controle sobre o tempo da vida. Na falta de suportes para construir sua autonomia, a aceleração temporal é mais uma fonte de exclusão social.

> *Hoje, como eu tenho objetivo de fazer uma faculdade, pretendo estudar Direito, eu me sinto muito chateado, mas por outro lado, passa batido, porque o tempo vai passando, passando, passando e eu falo: "Vou voltar e vou voltar de novo"... Inclusive, eu tô me organizando financeiramente pra fazer uma prova, porque você paga uma taxa e recebe o diploma do primeiro grau e aí eu... com o diploma do primeiro grau, eu pretendo voltar pra cursar o segundo grau... pra fazer o supletivo.* (Cláudio)

Não obstante o sofrimento experimentado com a progressiva perda do futuro e em reação ao tempo curto que lhes oferece a sociedade, os jovens assumem o presente estendido como área temporal na qual estabelecem projetos de curto prazo. Segundo Leccardi (2005), esses projetos se expressam sob arcos temporais mínimos e, por isso mesmo, são facilmente maleáveis. Para alguns jovens, são uma forma de reagir às inquietudes provocadas pela ideia de futuro e, para outros, são formas projetivas concretas de apoderar-se de seu próprio tempo biográfico.

> *Então, eu tô com vinte e dois anos e eu quero fazer música, me musicalizar... Cantar mesmo! É o meu objetivo, o que tá traçado... Nos meus planos, daqui a três ou quatro anos, é o que eu tenho como objetivo mesmo, né... Ah, é sonho tudo isso, né... Música em primeiro lugar! Depois eu quero me estruturar como pessoa, sabe... Quero sair daqui de casa, quero ter meu canto, sabe... Não sei se sozinha ou com alguém, não sei... Mas tipo, eu quero caminhar pra frente agora.*
> *[...] Eu acabei [o Ensino Médio] em 2001 e em 2002 eu conheci o povo da música, em 2003 comecei a fazer aulas de canto... Aí, inventei que queria isso. Eu não queria fazer faculdade naquela hora, e tudo, porque eu não tinha nada na cabeça assim, de fazer... Eu não tinha ideia, sabe, do que estudar ou do que fazer e cursar! Aí, agora eu me sinto mais amadurecida com essa relação das artes comigo, e tudo, então eu falei... Eu me dei um prazo com a música, porque a música é muito incerta! A gente não pode pegar e... Tem gente que vive super bem com música tendo ou não estudo, sabe, tem gente que consegue sobreviver no mês com dinheiro de bar e essas coisas, mas eu ainda não consegui! Eu ia conseguir esse tempo, mas com esse monte de coisas pessoais, de uma pessoa da banda comigo... Aí, eu me dei um prazo de até os 26 anos... Assim, de 25 pra 26, porque eu faço aniversário no meio do ano... Então é sempre um problema isso pra mim! Então, com 25 ou 26 anos, se eu ver que ainda não virou nada, que não aconteceu nada assim de revolucionário com algumas das bandas, né, aí eu falei... Ah então, se não pegar em nenhuma e não acontecer nada, aí eu vou fazer faculdade, aí eu quero fazer geografia!* (Sandra)

Leccardi (2005) declara que esta via mediana encontrada pelos jovens que vivem em condições sociais de grande insegurança e de risco "[...] parece especialmente atraente porque, enquanto não impede de todo uma projeção no futuro por meio do projeto, está em sintonia com a orientação maleável que se tornou necessária numa época na qual os processos de mudança são rápidos e freqüentemente imprevisíveis" (p.53).

Em face da rapidez e da velocidade do tempo social, novamente o tempo escolar é requisitado pelos jovens. A centralidade do presente irrompe sobre a vida juvenil de tal modo que a memória do passado e a ideia de futuro são perdidas. O anacronismo temporal da escola transforma-se em elemento sincronizador dos acontecimentos que se sucedem na juventude. Os jovens se apropriam do tempo escolar para explicar o que se passa em suas vidas e, ao sair da escola, demonstram perder uma importante referência temporal.

Notei isso em algumas entrevistas, mas, durante a observação, confirmei que essa apropriação temporal não ocorria somente quando lhes demandava sobre suas experiências escolares. Relatei aqui duas situações que ilustram o fato. A primeira foi um diálogo com João, que narrava sua "incapacidade" em resolver o problema da dependência em duas disciplinas e dos impedimentos que tinha pela falta da certificação no ensino médio. O que nos chamou a atenção para a conversa foi quando ele se deu conta de que havia se passado dois anos sem que ele tivesse feito nada pra resolver o problema:

> Licinia: *Porque você me falou da outra vez que tinha repetido no segundo ano do ensino médio!*
> João: *É, acho que foi isso aí. Na verdade, é que eu repeti o segundo ano e aí, depois... É que faz tempo que eu falei e aí eu não me lembro direito... Hoje eu tô com 23 anos... Naquele tempo lá eu tinha quantos anos, quando eu fiz a...?*
> Licinia: *21!*
> João: *21?*
> Licinia: *É... Fazem dois anos!*
> João: *Há dois anos atrás... É mesmo!* (risos).

Um diálogo simplório? Creio que não. A expressão no rosto de João dizia duas coisas. Primeiro, que ele não tinha a dimensão deste "tempo perdido". Segundo, que, ao sair da escola, ele perdia um ponto de referência temporal que demarcava tanto sua idade cronológica quanto a série que cursava. Indubitavelmente, João sabia de sua idade, mas ali a consciência do tempo cronológico era tomada em relação com a escolaridade ou a falta dela.

Já numa conversa com Janaína, antes de iniciar a entrevista, ela falava de sua família e repassávamos algumas informações acerca de sua escolarização. Percebi seu sobressalto ao dizer em que ano havia concluído o ensino médio. Efetivamente, ela assustou-se quando fizemos as contas de sua idade. Indagada sobre o porquê do susto, ela disse que durante os estudos ela tinha noção do tempo que transcorria e, agora, fora da escola, era como se a perdesse. É que, explicava ela, a rotina do trabalho lhe obrigava a pensar o tempo em termos do calendário semanal e mensal: trabalhar de segunda a sábado, folgar no domingo, acordar às 6 horas, chegar em casa às 21 horas... Pareceu-nos que ela dizia lhe faltarem referentes temporais mais longos que lhe permitissem pensar o próprio futuro.

Os jovens expressam, a seu modo, a tríplice dimensão do tempo escolar: tempo livre, tempo produtivo e tempo de formação. Dizem-nos e expressam isso a partir daquilo que fazem e do que não fazem com a exata dimensão dessa perda, daquilo que gostariam de fazer na escola. A diferenciação dos tempos está incorporada na vida dos jovens. Se, de uma lógica institucional, o tempo escolar se manifesta como um tempo prescrito e uniforme, de uma perspectiva individual, é um tempo plural (Viñao, 1995).

Os jovens adentram a escola protagonizando específicas pautas temporais, confrontam a dinâmica temporal escolar e tencionam as relações com os protagonistas do mundo adulto escolar. Como bem afirma Freitas (2006), o tempo vivido pelo jovem não é somente uma fase da vida que se sucede à infância. É efetivamente uma estratégia para adquirir a condição de sujeito. Se a juventude é um tempo social, isto não se deve tão somente às circunstâncias histórico-sociais que assim a constituíram. Há uma participação efetiva dos jovens nesta construção social. Se, em um primeiro momento, a juventude era a antinomia da velhice, ser jovem, hoje, "[...] significa ser a matriz de um novo ator social, de um novo valor que se confronta com o que representou ser velho: experiência e memória" (Martín-Barbero, 2002, p.30).

Nas experiências escolares juvenis estão por vezes submersos os significados sociais e culturais de um processo que se constrói positivamente nas entrelinhas da exclusão. Suas experiências nos ensinam a desconfiar de um cotidiano escolar pré-definido para investir no conhecimento de um cotidiano escolar fundado numa relação dialética entre continuidade e ruptura, lógica que pode ser chamada de interssignificação em que se tira proveito das especificidades, da heterogeneidade, das tensões que possibilitem ao jovem e a nós outros "aprender a vida, aprendendo na escola".

CONSIDERAÇÕES FINAIS

> *Por estranho que parecesse, foi exatamente por intermédio desse estado de permanente incerteza e por intermédio da prematura aceitação de que a chave [de sua inteligência] não está com ninguém – foi através disso tudo que ele foi crescendo normalmente, e vivendo em serena curiosidade. [...] E foi como se a miopia passasse e ele visse claramente o mundo. O relance mais profundo e simples que teve da espécie de universo em que vivia e onde viveria. Não um relance de pensamento. Foi apenas como se ele tivesse tirado os óculos, e a miopia mesmo é que o fizesse enxergar. Talvez tenha sido a partir de então que pegou um hábito para o resto da vida: cada vez que a confusão aumentava e ele enxergava pouco, tirava os óculos sob o pretexto de limpá-los e, sem óculos, fitava o interlocutor com uma fixidez reverberada de cego.*
>
> (Lispector, 1999b, p.69-73)

  Chego até aqui com o sentimento de que, quanto mais se olha, menos se enxerga. Talvez seja porque não só de objetivos e hipóteses é feita esta narrativa. A análise dos dados empíricos à luz dos constructos teóricos trouxe uma perspectiva pela qual enxergo determinada realidade escolar juvenil. Por intermédio das categorias analíticas, construí respostas ao objeto da investigação. Desse diálogo, sublinharam-se nas falas dos jovens as marcas da instituição escolar nas construções identitárias e as singularidades dos percursos escolares. A pesquisa ressalta uma presença significativa e efetiva da escola na constituição das identidades juvenis. Em que medida? Os jovens fazem--se atores em relação com a escola, mesmo quando estão fora dela. É por intermédio da experiência escolar que eles constroem os sentidos para suas ações, afirmam suas individualidades e se relacionam com o mundo.

A constituição identitária é o fio por onde se enreda nossa análise da experiência escolar juvenil, porque é no contínuo exercício da autorreflexão que os jovens dizem quem são, por que vão à escola e o que desejam dessa instituição. Saber o que é a juventude teoricamente não é o bastante para conhecer os jovens que, em suas narrativas, elaboram os significados para a experiência escolar. Cada jovem é uma singularidade construída na relação com o mundo. Os atores juvenis demandam reconheçimento de suas singularidades, pois, ao discorrer sobre sua escolarização, o fazem a partir de si mesmos. Narrar-se é um modo de saberem quem são, como se constituem na relação com a família, a escola, suas redes de sociabilidade e com o mundo do trabalho. Narrar-se é um meio de dar um sentido de unidade às suas trajetórias escolares, ainda que de fato sejam fragmentadas e descontínuas. É no curso de suas vidas que os jovens alteram, ressignificam e reinstituem sua relação com a escola.

Ainda debruçando-nos sobre suas constituições identitárias, é possível encontrar um grupo com díspares e particulares biografias. Há uma diversidade de condições e situações juvenis, uma variação etária e distintos perfis identitários que dialogam entre si. Às condições socioeconômicas, somam--se as marcas da identidade étnica e de gênero. Nesta diversa unidade, temos um mosaico de experiências escolares: desde os jovens que alcançam o ensino médio e almejam o prosseguimento dos estudos, até aqueles que ainda se debatem na busca por qualificações escolares mínimas. Pudemos identificar as marcas deixadas pela instituição escolar naqueles que estão fora da escola porque concluíram o ensino médio mas almejam o retorno, tão logo reúnam as condições para fazer a tão sonhada faculdade. Há também os jovens que vivem imersos em um "processo de conclusão" e fazem reiteradas vezes a experiência de retorno à escola para completar a escolarização básica.

Por mais que estejam convictos dos problemas estruturais da escola, os jovens pesquisados têm a escolarização como horizonte, como meta, necessidade ou simplesmente como desejo a ser realizado. O desejo de finalizar o ensino fundamental e médio ou de fazer uma faculdade aparece recorrentemente nas falas dos sujeitos. A perspectiva de retomar os estudos e voltar à escola para fazer um curso superior está delineada em seus projetos pessoais. Por essa razão, a ruptura escolar não significa o abandono do projeto de escolarização. E o retorno, ora exitoso, ora malsucedido, não se refere somente à satisfação de uma necessidade. Tem o sentido de uma reaproximação, um reatamento, um reencontro consigo mesmos. Ou é, ainda, a satisfação pelo cumprimento de uma meta, de um objetivo voltado para as relações sociais mais amplas.

Os jovens conhecem os limites da escolarização. Os que retornam à escola não o fazem completamente seduzidos pelo sonho da mobilidade social. E o reingresso desses sujeitos no sistema de ensino só terá sentido se a escola atentar para os sentidos desse reencontro. Um reencontro sempre tenso, uma vez que as rupturas escolares ocorrem na medida em que fazem sua imersão na cultura juvenil. Essa tensão que aparece na experiência escolar reside no forte engajamento juvenil às formas de mobilização coletiva e às redes grupais. Participar de múltiplos espaços e redes de sociabilidade confere um novo significado para a escolarização daqueles que retomam os estudos. O sentido de coletividade aparece fortemente em suas descrições do cotidiano escolar porque, diferentemente dos jovens que fizeram um percurso escolar na "idade apropriada", os jovens que retomam os estudos trazem uma identidade coletiva construída em seus engajamentos sociais e marcada pela participação no universo cultural juvenil. Ao mobilizar suas heterogêneas formas de vivência social para construir o retorno e a permanência na instituição escolar, buscam estabelecer uma relação positiva com a escola. Suas formas de mobilização coletiva podem ser lidas como uma tentativa de mostrar o quanto querem ter direito a constituir seu lugar de aluno, mas o quanto precisam de ajuda para fazê-lo.

Os jovens mudaram, mas a escola continua a mesma? Esta pergunta reporta-nos a outro ponto de tensão evidenciado nas narrativas juvenis. O encontro dos jovens com a escola é tenso porque tanto a escola quanto os jovens alimentam expectativas. A escola espera receber sujeitos "mais interessados", mais "adultos", no sentido disciplinar da forma escolar de socialização. Os jovens buscam uma escola aberta à interlocução, às suas práticas, às suas demandas e às suas trajetórias biográficas. Suas formas de oposição, lidas pelos professores como franca disputa, são um modo de dialogar com a escola. Esta, por sua vez, encontra-se imersa em um processo de mutação, de inversão de seu modelo e destituição de sua função educativa. Enquanto os jovens esperam aprender mais, a escola lhes oferece cada vez menos conhecimentos. Ao descreverem suas vivências escolares e não escolares, os jovens demonstram a existência de mecanismos e práticas que os incluem de forma degradada no sistema de ensino, ao mesmo tempo em que os excluem-integrando à dinâmica social. Há uma silenciosa produção do fracasso escolar no interior do sistema de ensino ante a ruidosa entrada dos jovens nas salas de aula.

A presença juvenil na instituição escolar é pautada por estratégias de apropriação dos produtos escolares, de integração no tempo-espaço e de resistência aos mecanismos de aculturação dispersos no cotidiano escolar. Das experiências escolares juvenis pode-se depreender que o "domínio" da forma escolar de socialização tem relevância nos processos de inserção e transição escolar. Esses sujeitos demonstram suas angústias, suas dúvidas e dificuldades em orientar por si mesmos suas trajetórias escolares para não se sabe qual direção, nem para quais objetivos. Também os usos diferenciais do tempo e espaço escolares parecem estar diretamente ligados às suas capacidades individuais de conhecer as regras desse jogo, o que mostra a importância das redes de sociabilidade e das instituições sociais em suas trajetórias biográficas. Quanto mais dominam os códigos do mundo escolar, mais facilmente transitam no tempo-espaço escolar. Quanto melhor este trânsito, maiores as chances de êxito na escola. No entanto, essa adesão à vida escolar não é fruto da vontade e do "esforço" individual. De fato, se considerarmos que esses atributos podem ser traduzidos como uma inscrição prévia na cultura escolar, "vontade" não existe para jovens que não possuem as credenciais culturais que lhes façam ter "este amor pelo caderno", como afirmou uma das jovens entrevistadas.

A adesão à escola resulta de um trabalho conjugado desses atores e suas famílias em busca de melhorar as condições materiais de vida, de superar as condições socioculturais em que se encontram. Para os jovens e suas famílias, a escola representa uma chance de escapar à condenação de "viver cada dia com sua agonia" (Thin, 2006, p.220). Contraditoriamente, é a necessidade de sobrevivência que dificulta a permanência na escola. Na medida em que esses jovens são impelidos precocemente ao trabalho, rompem com o mínimo de adesão à lógica de socialização escolar conseguida. A entrada no mundo do trabalho, para a maioria deles, insere-se na lógica da sobrevivência. Aqueles que escapam dessa lógica na infância ampliam suas chances de escolarização e conseguem chegar ao ensino médio. Aqueles que fazem a total imersão no mundo do trabalho manifestam na experiência temporal as dificuldades de reposicionar a escola na vida cotidiana e de retomar os estudos. Quando o trabalho, formal ou informal, entra definitivamente na vida juvenil, a escolarização tende a ocupar um plano secundário e, consequentemente, associa-se às expectativas de inserção profissional. Estabelece-se a partir daí uma relação instrumental com a escola. Os jovens saem da escola porque necessitam trabalhar e voltam a estudar pela necessidade de qualificar sua inserção laboral.

Ainda no tocante às tensões, há um misto de confiança-desconfiança que se observa nas aspirações escolares nutridas pelos jovens. Para si próprios, esperam pouco da escola, mas, para os filhos, sobrinhos, irmãos e familiares nutrem maiores expectativas. O discurso de descrédito daqueles que manifestam resistência à escola esbarra na total confiança e nas esperanças que depositam na escolarização de seus familiares. Uma contradição que os jovens mesmo revelam e com a qual admitem não saber lidar. O descrédito é mais um ressentimento pela dupla traição vivida na relação com a escola. Primeiro, pela escolarização precária daqueles que concluíram o ensino médio e dos que retornam à escola. Os jovens têm a exata dimensão dos saberes que deveriam circular pela escola e ressentem-se do fato de isso lhes ser negado. Segundo, porque há uma promessa de mobilidade social, declarada ou insinuada pela instituição escolar, que, de fato, não se efetiva. A certificação escolar não significa mobilidade social. O desemprego e o subemprego são a resposta da sociedade aos esforços individuais e familiares.

Essas tensões originadas na experiência escolar juvenil tomam lugar e forma no tempo-espaço escolar. Os jovens sabem que uma efetiva relação com a escola se inscreve nesse lugar da ação pedagógica. Portanto, o que está em jogo não é somente o acesso ao diploma escolar como moeda de troca, mas o acesso a uma cultura escolar que se tornou um valor social coletivamente compartilhado. A cultura (escolar), da mesma forma em que é determinada por exigências sociais, extrapola a instituição educativa e condiciona a relação desses sujeitos com uma rede de instituições sociais da qual participam. Os atores juvenis entram na cena escolar com seus variados modos de habitar uma multiplicidade de espaço-tempos sociais e por essa razão não negam a importância da forma escolar de socialização. Querem dialogar com a escola e, sobretudo, querem apropriar-se de seus eixos estruturantes: o tempo e o espaço escolares. Esses sujeitos-atores sabem que é no tempo-espaço que está fundada a atividade pedagógica e que é por ali que circulam os saberes, as estratégias e táticas de conformação de uma determinada concepção social de homem e de mundo. É esse, para os jovens, o lugar da invenção.

As reflexões que pautaram esta pesquisa convidam a encarar a relação que os jovens estabelecem com a escola perspectivada por seus processos de constituição identitária. É narrando suas biografias que esses sujeitos revelam conhecer a escola. Conhecem-na tanto nos limites que tocam suas próprias vidas quanto nos seus limites como instituição. Por essa razão é que ainda esperam da escola mais do que ela efetivamente lhes oferece. Também por isso, os significados da escolarização precária que experimentaram têm peso menor sobre as expectativas depositadas na escolarização dos filhos e irmãos. Ao narrar suas experiências escolares, esses sujeitos falam de duas escolas: uma escola real pela qual passaram e que não coincide com uma representação de escola que persiste em suas narrativas. A escola pela qual passaram é uma instituição que se desobrigou da tarefa formativa, deixando de oferecer-lhes os conhecimentos e as habilidades necessárias à inserção na vida social. Mas a representação que têm da escola mantém-se viva em suas memórias e esta pode indicar para a sociedade e para nós, educadores, o que a escola deveria ser. Esses jovens são os mais aptos a dizer o que a escola deveria ser porque experimentaram todas as suas mazelas e, ainda assim, acreditam em suas possibilidades. Definitivamente, eles confiam mais na escola do que a escola confia neles.

A pesquisa evidenciou um aprofundamento das desigualdades sociais no que se refere à escolarização como fator de mobilidade social. Todavia, revelou também a existência de uma combinação das condições subjetivas – apoio familiar, relação estabelecida com os professores, estímulos originados nas redes de sociabilidade, engajamento na rotina escolar – às condições objetivas – possibilidades de dedicar-se aos estudos, condições financeiras da família, necessidade da certificação, projetos pessoais mais ou menos delineados – que resulta em apropriações diferenciadas da experiência escolarizada. Por isso, nem o êxito nem o fracasso escolar são respostas se esses elementos não forem analisados em sua microprocessualidade. Há outros elementos que se somam para configurar a experiência escolar juvenil, como a expansão da educação básica associada ao mergulho dos jovens na "sociedade escolarizada" (Sposito, 2005, p.123), bem como a intrínseca relação entre mundo juvenil, mundo escolar e mundo do trabalho. Estes são alguns dos desdobramentos desta investigação que merecem ser examinados mais profundamente.

Um modo de aproximação mais abrangente permite conhecer a diversidade da experiência escolar juvenil na educação básica. A longevidade escolar, o efetivo acesso ao ensino superior e a ampliação das possibilidades de inserção laboral dependem das condições nas quais ocorre a escolarização básica, principalmente o ensino médio.

Intervenções sociológicas, como as que fazem os sociólogos franceses, e pesquisas qualitativas, como as que fazem pesquisadores europeus e latino-americanos, que abarquem jovens dos diferentes segmentos sociais, em interlocução com variados atores escolares (professores, equipe técnica escolar, especialistas da educação, pais de alunos), permitem um aprofundamento da compreensão dos processos educativos e fazem emergir um espaço coletivo de análise e de proposições; e são uma necessidade ainda premente para compreendermos a operacionalidade da democratização do ensino no Brasil.

REFERÊNCIAS BIBLIOGRÁFICAS

ABRAMO, H. W. Considerações sobre a tematização social da juventude no Brasil. *Revista Brasileira de Educação*, Rio de Janeiro, n.5, p.25-36, ago. 1997.
_____. Condição juvenil no Brasil contemporâneo. In: ABRAMO, H. W. e BRANCO, P. P. M. *Retratos da juventude brasileira*: análises de uma pesquisa nacional. São Paulo: Instituto Cidadania/Fundação Perseu Abramo, 2005a, p.37-72.
ABRAMO, H. W. e BRANCO, P. P. M. *Retratos da juventude brasileira*: análises de uma pesquisa nacional. São Paulo: Instituto Cidadania/Fundação Perseu Abramo, 2005.
ABRANTES, P. Identidades juvenis e dinâmicas de escolaridade. *Sociologia, problemas e práticas*. Lisboa, n.41, p.93-115, 2003.
ALMEIDA, E.; NAKANO, M.; ANCASSUERD, M. P. *Juventude escolarização e poder local*. Ações públicas para a juventude e políticas públicas municipais de escolarização de jovens e adultos no ABC: entre gerações, ciclos e trajetórias. Relatório de pesquisa. Santo André, mar. 2005. Disponível em: <http://nsae.acaoeducativa.org.br/portal/index.php>. Acesso em: 18 dez. 2007.
ATTIAS-DONTUF, C. Jeunesse et conjugaison des temps. *Sociologie et Sociétés*. Presses de l'Université de Montréal. v.28, n.1, p.13-22, 1996. Disponível em : <http://www.erudit.org/revue/socsoc/1996/v28/n1>. Acesso em: 10 nov. 2006.
BAUMAN, Z. *Identidade*. Entrevista a Benedetto Vecchi. Trad. de Carlos Alberto Medeiros. Rio de Janeiro: Zahar, 2005.
_____. " Il gioco dell'io" di Alberto Melucci in un pianeta affolato. In: LEONINI, L. (Org.) *Identitá e movimenti sociali in una societá planetaria*. Milano: Edizioni Angelo Guerini e Associati, 2003. p.58-69.
BONAL. X. (Dir.) et al. *Apropiaciones escolares*: usos y sentidos de la educación obligatoria en la adolescencia. Barcelona, Octaedro, 2005.
BOURDIEU, P. La jeunesse n'est qu'un mot. In: *Questions de Sociologie*. Paris, Les Editions de Minuit, 2002, p.143-160.
_____. Por uma sociologia reflexiva. In: BOURDIEU, P. *O poder simbólico*. 4.ed. Trad. de Fernando Tomaz. Rio de Janeiro: Bertrand Brasil, 2001, p.17-58.

BOURDIEU, P.; CHAMPAGNE, P. Os excluídos do interior. In: NOGUEIRA, M. A. e CATANI, A. *Pierre Bourdieu. Escritos de educação*. Petrópolis, Vozes, 1998, p.217-227.
BOURDIEU, P.; PASSERON, J. *A reprodução*. Rio de Janeiro: Francisco Alves, 1982.
BRENNER, A. K. DAYRELL, J. e CARRANO, P. Culturas do lazer e do tempo livre dos jovens brasileiros. In: ABRAMO, H. W. e BRANCO, P. P. M. *Retratos da juventude brasileira*: análise de uma pesquisa nacional. São Paulo: Instituto Cidadania/Fundação Perseu Abramo, 2005, p.175-214.
CARRANO, P. C. *Juventude e cidades educadoras*. Petrópolis, Vozes, 2003.
CENPEC; LITTERIS. O jovem, a escola e o saber: uma preocupação social no Brasil. In: CHARLOT, B. *Os jovens e o saber*: perspectivas mundiais. Porto Alegre: Artes Médicas, 2001, p.33-50.
CHARLOT, B. *Os jovens e o saber*: perspectivas mundiais. Porto Alegre: Artes Médicas. 2001.
_____. *Da relação com o saber*. Elementos para uma teoria. Porto Alegre: Artes Médicas Sul, 2000.
CHERVEL, A. História das disciplinas escolares: reflexões sobre um campo de pesquisa. *Teoria e Educação*, Porto Alegre, n.2, 1990, p.177- 229
CORRAO, S. *Il focus group*.Milão: Laboratorio Sociologico, 2000.
CORREIA. T. S. L., Tempo de las escuelas, tiempos de los escolares. In: *Anais da 26ª Reunião Anual da Anped*, Poços de Caldas (MG), 5 a 8 de out. CD-ROM (trabalho completo), 2003.
COSTA, M.; KOSLINSKI, M. C. Entre o mérito e a sorte: escola, presente e futuro na visão de estudantes do ensino fundamental do Rio de Janeiro. *Revista Brasileira de Educação*. Rio de Janeiro, v.11, n.31, jan.-abr. 2006, p.133-154.
DAYRELL, J. A escola como espaço sócio-cultural. In: DAYRELL, J. (Org.). *Múltiplos olhares sobre educação e cultura*. Belo Horizonte: UFMG, p.136-161, 2001.
DUBET, F. *L'école des chances: qu'est – ce qu'une école juste?* Paris: La République des Idées: Seuil, 2004.
DUBET, F.; MARTUCELLI, D. À *l'école*: sociologie de l'expérience scolaire. Paris: Éditions du Seuil, 1996a.
_____. Des jeunesses et des sociologies. Le cas Français. *Sociologie et sociétés*. Presses de l'Université de Montréal. v.28, n.1, p.23-35, 1996b. Disponível em: <http://www.erudit.org/revue/socsoc/1996/v28/n1>. Acesso em: 10 nov. 2006.
_____. *Sociologie de l'expérience*. Seuil: Paris, 1994.
_____. *Les lycéens*. Seuil: Paris, 1991.
DUSCHATZKI, S.; COREA, C. *Chicos en banda:* los caminos de la subjetividad en el declive de las instituciones. Buenos Aires: Paidós, 2002, p.9-93.
ERIKSON, E. H. *Identidade, juventude e crise*. Rio de Janeiro: Zahar, 1972.
ESPÍNOLA, B.; GLAUSER, B.; ORTIZ, R. M. E CARRIZOSA, S. O. *En la calle*. Menores de la calle en Asunción. Bogotá: Unicef: Editorial Gente Nova, 1989.
FEIXA, C. A construção histórica da juventude. In: CACCIA-BAVA, A.; FEIXA, C.; CANGAS, Y. G. (Org.). *Jovens na América Latina*. São Paulo: Escrituras, 2004, p.257-327.

FORQUIN, J. *Escola e cultura*: as bases sociais e epistemológicas do conhecimento escolar. Porto Alegre: Artes Médicas, 1993.

FREITAS, L. C. (2002). A internalização da exclusão. *Educação & Sociedade:* revista quadrimestral de Ciência da Educação do Centro de Estudos Educação e Sociedade (Cedes), v.23, n.80, set. 2002. Campinas: Cedes, p.168-200. Disponível em: <http:// www.cedes.unicamp.br>. Acesso em: 20 nov. 2007.

FREITAS, M. C. Observatórios da infância e da juventude. In: FREITAS, M. C. (Org.) *Desigualdade social e diversidade cultural na infância e na juventude*. São Paulo: Cortez, 2006, p.7-14.

GEERTZ, C. *A interpretação das culturas*. Rio de Janeiro: LTC, 1989, p.3-38.

GIDDENS, A. *Modernidade e identidade*. Rio de Janeiro: Zahar, 2002.

GOLDENBERG, M. O discurso sobre o sexo: diferenças de gênero na juventude carioca. In: ALMEIDA, M. I. M. e EUGENIO, F. (orgs.) *Culturas jovens*: novos mapas do afeto. Rio de Janeiro, Jorge Zahar, 2006, p.25-41.

GOMES, N. L. *A mulher negra que vi de perto:* o processo de construção da identidade racial de professoras negras. Belo Horizonte: Mazza, 1995.

GRUPO TÉCNICO PARA ELABORAÇÃO DE PROPOSTAS DE POLÍTICAS PARA ADOLESCENTES DE BAIXA ESCOLARIDADE E BAIXA RENDA. *Adolescência:* escolaridade, profissionalização e renda, Brasília, 2002.

GUIMARÃES, N. Trabalho: uma categoria chave no imaginário juvenil? In: ABRAMO, H. W. e BRANCO, P. P. M. *Retratos da juventude brasileira*: análise de uma pesquisa nacional. São Paulo: Instituto Cidadania/Fundação Perseu Abramo, 2005a, p.175-214.

GUSMÃO, N. M. M. Diálogos cruzados: infância, juventude e educação. In: FREITAS, M. C. (Org.). *Desigualdade social e diversidade cultural na infância e na juventude*. São Paulo: Cortez, 2006, p.363-389.

HARVEY, D. *Condição pós-moderna:* uma pesquisa sobre as origens da mudança cultural. 15.ed. Trad. de Adail Ubirajara Sobral e Maria Stela Gonçalves. São Paulo: Loyola, 2006, Parte III.

JULIA, D. A cultura escolar como objeto histórico. *Revista Brasileira de História da Educação*. Curitiba, Sociedade Brasileira de História da Educação, n.1, p.9-43, jan.-jun. 2001.

KHERROUBI, M.; ROCHEX, J. La recherche en éducation et les ZEP em France. *Revue Française de Pédagogie*. Contribution au débat sur la question scolaire. Lyon, n.146, janvier-février-mars 2004, p.115-190.

LAHIRE. B., Crenças coletivas e desigualdades culturais. *Educação & Sociedade:* revista quadrimestral de Ciência da Educação/Centro de Estudos Educação e Sociedade (Cedes), n.84, set. 2003. Campinas: Cedes, p.983-995.

──────. Reprodução ou prolongamentos críticos. *Educação & Sociedade:* revista quadrimestral de Ciência da Educação/Centro de Estudos Educação e Sociedade (Cedes) Vol. 23, n.78, abr. 2002. Campinas: Cedes, p.1-12.

LECCARDI, C. Por um novo significado do futuro: mudança social, jovens e tempo. *Tempo Social, revista de sociologia da USP*, São Paulo, v.17, n.2, 2005, p.35-57.

LISPECTOR, C. *A bela e a fera.* Rio de Janeiro: Rocco, 1999a.

_____. *A legião estrangeira.* Rio de Janeiro: Rocco, 1999b.

MADEIRA, F. R. Os jovens e as mudanças estruturais na década de 70: questionando pressupostos e sugerindo pistas. *Cadernos de Pesquisa.* São Paulo: Fundação Carlos Chagas, n.58, ago. 1986, p.15-48.

MAFFESOLI, M. *O tempo das tribos:* o declínio do individualismo nas sociedades de massa. Trad. de Maria de Lourdes Menezes. Rio de Janeiro: Forense Universitária, 1987.

MAGRO, V. M. M. Adolescentes como autores de si próprios: cotidiano, educação e o hip hop. *Cadernos Cedes.* São Paulo: Cortez, Campinas: Cedes, vol 1, p.63-76, ago. 2002.

MARGULIS. M.; URRESTI, M. La construcción social de la condición de juventud. In: LAVERDE, M. C. et al. (ed.). *"Viviendo a toda":* jóvenes, territórios, y nuevas sensibilidades. Bogotá: Siglo Del Hombre/DIUC Universidade Central, 1998, p.3-21

MARTÍN-BARBERO, J. Jóvenes: des-orden cultural y palimpsestos de identidad. In: LAVERDE, M. C. et al. (ed.). *"Viviendo a toda":* jóvenes, territórios, y nuevas sensibilidades. Bogotá: Siglo Del Hombre/DIUC Universidade Central, 1998, p.22-37.

MASTROCOLA, P. *Una barca nel Bosco.* Parma: Ugo Guanda, 2004.

MEAD, M. *Cultura y compromiso:* estudio sobre la ruptura generacional. 3.ed. Barcelona: Editorial Gedisa, 1997.

MELUCCI, A. Busca de qualidade, ação social e cultura: Por uma sociologia reflexiva. In: MELUCCI, A. *Por uma sociologia reflexiva.* Pesquisa qualitativa e cultura. Trad. de Maria do Carmo Alves do Bonfim. Petrópolis: Vozes, 2005, p.25-66.

_____. Métodos qualitativos e pesquisa reflexiva. MELUCCI, A. *Por uma sociologia reflexiva.* Pesquisa qualitativa e cultura. Trad. de Maria do Carmo Alves do Bonfim. Petrópolis: Vozes, 2005, p.315-338.

_____. *O jogo do eu.* A mudança de si em uma sociedade global. São Leopoldo: Editora Unisinos, 2004.

_____. *A invenção do presente:* movimentos sociais nas sociedades complexas. São Paulo: Vozes, 2001a.

_____. *Vivencia y convivencia.* Teoría social para una era de la información. Madrid: Trotta, 2001b.

_____. Juventude, tempo e movimentos sociais. *Revista Brasileira de Educação.* Rio de Janeiro: Anped, n.5, p.5-14, ago. 1997.

MUÑOZ, S. Visiones de uma joven em la urbe. In: LAVERDE, M. C. et al. (ed.). *"Viviendo a toda":* jóvenes, territórios, y nuevas sensibilidades. Bogotá: Siglo Del Hombre/DIUC Universidade Central, 1998, p.151-169.

NOVAES, R. Os jovens de hoje: contextos, diferenças e trajetórias. In: ALMEIDA, M. I. M. e EUGENIO, F. (Orgs.) *Culturas jovens:* novos mapas do afeto. Rio de Janeiro, Jorge Zahar, 2006, p.105-120.

OLIVEIRA, R. C. A. Culturas juvenis na metrópole: cultura audiovisual, formas de expressão e consumo simbólico. In: FREITAS, M. C. (Org.) *Desigualdade social e diversidade cultural na infância e na juventude.* São Paulo: Cortez, 2006, p.244-258.

ORTEGA, F. Das utopias sociais às utopias corporais: identidades somáticas e marcas corporais. In: ALMEIDA, M. I. M. e EUGENIO, F. (Orgs.) *Culturas jovens*: novos mapas do afeto. Rio de Janeiro, Jorge Zahar, 2006, p.42-58

PAIS, J. M. Buscas de si: expressividade e identidades juvenis. In: ALMEIDA, M. I. M. e EUGENIO, F. (Orgs.) *Culturas jovens*: novos mapas do afeto. Rio de Janeiro, Jorge Zahar, 2006, p.7-21

PAIS, José Machado. *Vida cotidiana*: enigmas e revelações. São Paulo: Cortez, 2001, p.25-32; 71-163.

PAIS, J. M. *Culturas juvenis.* Lisboa: Imprensa Nacional/Casa da Moeda, 1993.

PELLEGRINO M.; CARRANO, P. Jovens e escola: compartilhando territórios e o sentido de presença. In: *A escola e o mundo juvenil:* experiências e reflexões. São Paulo: Ação Educativa, 2003.

PRADO, A. *Poesia reunida.* 4.ed. São Paulo: Siciliano, 1995, p.262.

PROJETO MENINOS E MENINAS DE RUA DE SÃO BERNARDO DO CAMPO. *Relatório Trimestral Abril-Maio-Junho.* São Bernardo do Campo, 2001 (impresso).

REGUILLO, R. Las culturas juveniles: un campo de estudio; breve agenda para la discusión. *Revista Brasileira de Educação*, Rio de Janeiro: Anped, n.23, maio-ago. 2003, p.103-118

_____. El año dos mil, ética, politica y estéticas: imaginários, adscripciones y prácticas juveniles. Caso mexicano. In: LAVERDE, M. C. et al. (Ed.). *"Viviendo a toda"*: jóvenes, territórios, y nuevas sensibilidades. Bogotá: Sigl Del Hombre/DIUC Universidade Central, 1998, p.57-82.

RIZZINI, I. (coord.) *Vida nas ruas.* Crianças e adolescentes nas ruas: trajetórias inevitáveis. São Paulo/Rio de Janeiro: Loyola/PUC-Rio, 2003.

RODRIGUES, I. J. e MARTINS, H. H. T. S. Perfil sócio-econômico de jovens metalúrgicos. *Tempo Social, revista de Sociologia da USP.* São Paulo, v.17, n.2, p.221-252, novembro 2005.

SAMPAIO. M. M. F. *Um gosto amargo de escola*: relações entre currículo, ensino e fracasso escolar. 2.ed. São Paulo: Iglu, 2004.

SANDOVAL, R. P. El tiempo mestizo. Escuela y modernidad en Colombia. In: LAVERDE, M. C. et al. (Ed.) *"Viviendo a toda"*: jóvenes, territórios, y nuevas sensibilidades. Bogotá: Siglo Del Hombre/DIUC Universidade Central, 1998, p.278-306.

SARTI, C. O jovem na família: o outro necessário. In: NOVAES, R. e VANUCCI, P. (Orgs.) *Juventude e sociedade:* trabalho, educação, cultura e participação. São Paulo: Fundação Perseu Abramo, p.115-129, 2004.

_____. *A família como espelho:* um estudo sobre a moral dos pobres. Campinas: Autores Associados, 1996.

SETTON, M. G. J. A particularidade do processo de socialização contemporâneo. *Tempo Social, revista de sociologia da USP*, São Paulo, v.17, n.2, 2005, p.335-350.

SOARES, A. B. et al. Trajetórias de vida de crianças e adolescentes nas ruas do Rio de Janeiro. In: RIZZINI, I. (Coord.) *Vida nas ruas:* crianças e adolescentes nas ruas: trajetórias inevitáveis. São Paulo/Rio de Janeiro: Loyola/PUC-Rio, 2003, p.123-272.

SOUZA, M. C. R., CORREA, L. M.; ALVARENGA, M. Modos de aprender e relação com o saber, os significados da experiência escolar para os jovens do Grupo Gente Nova – Governador Valadares (MG). *Revista da alfabetização solidária*. São Paulo, Unimarco, v.6, n.6, 2006, p.113-128.

SOUZA, N. S. *Tornar-se negro*. Rio de Janeiro: Graal, 1983.

SOUZA, R. F. Tempos de infância, tempos de escola: a ordenação do tempo escolar no ensino público paulista (1892-1933). *Educação e Pesquisa*, São Paulo: USP, v.25, n.2, jul.-dez. 1999, p.127-143.

SPOSITO, M. Algumas hipóteses sobre as relações entre movimentos sociais, juventude e educação. In: FREITAS, M. C. (Org.). *Desigualdade social e diversidade cultural na infância e na juventude*. São Paulo: Cortez, 2006a, p.209-243.

SPOSITO, M. P.; SILVA, H. H. C.; SOUZA, N. A. Juventude e poder local: um balanço de iniciativas públicas voltadas para jovens em municípios de regiões metropolitanas. *Revista Brasileira de Educação*. Rio de Janeiro, v.11, n.33, maio--ago. 2006b, p.238-257.

_____. Algumas reflexões e muitas indagações sobre as relações entre juventude e escola no Brasil. In: ABRAMO, H. W. e BRANCO, P. P. M. *Retratos da juventude brasileira:* análises de uma pesquisa nacional. São Paulo: Instituto Cidadania; Fundação Perseu Abramo, 2005, p.129-148.

SPOSITO, M. P.; CARRANO, P. C. R. Juventude e políticas públicas no Brasil. In: *Revista Brasileira de Educação*, Rio de Janeiro: Anped, no 24, set.-out.-nov.-dez. 2003a, p.16-39

_____. Algumas hipóteses sobre as relações entre movimentos sociais, juventude e educação. *Revista Brasileira de Educação*. Rio de Janeiro: Anped, n 13, jan.-abr. 2000, p.73-94.

TEDESCO, J. C. Educación y hegemonia en nuevo capitalismo: algunas notas e hipóteses de trabajo. In: *Propuesta Educativa*. Buenos Aires: Flacso Argentina, ano 12, n.26, julio 2003.

TEIXEIRA, I. A. C. Cadências escolares, ritmos docentes. *Educação e Pesquisa*. São Paulo: USP, v.25, n.2, p.87-108, jul.-dez 1999.

TERRAGNI, L. A pesquisa de gênero. In: MELUCCI, A. *Por uma sociologia reflexiva*. Pesquisa qualitativa e cultura. Trad. de Maria do Carmo Alves do Bonfim. Petrópolis: Vozes, 2005, p.141-163.

THIN, D. Para uma análise das relações entre famílias populares e escola: confrontação entre lógicas socializadoras. *Revista Brasileira de Educação*, Rio de Janeiro, v.11, n.33, maio-ago 2006, p.211-225.

TORNERO, J. M. P. El ansia de identidad juvenil y la educación. Del narcisismo mediático contemporanéo y las estrategias educativas. In: LAVERDE, M. C. et al. (Ed.). *"Viviendo a toda"*: jóvenes, territórios, y nuevas sensibilidades. Bogotá: Siglo Del Hombre/DIUC Universidade Central, 1998, p.3-21, p.263-266.

VELHO, G. Juventudes, projetos e trajetórias na sociedade contemporânea. In: ALMEIDA, M.I.M. e EUGENIO, F. (Orgs.) *Culturas jovens*: novos mapas do afeto. Rio de Janeiro, Jorge Zahar, 2006, p.192-200.

VERRET, M. *Le temps des etudes*. Lille: Atelier reproduction des theses. Paris: Librairie Honore Champion, 1975.

VIANA, M. J. B. Longevidade escolar em famílias das camadas populares. In: NOGUEIRA, M. A.; ROMANELLI, G.; ZAGO, N. (Orgs.) *Família e escola*: trajetórias de escolarização em camadas médias e populares. 2.ed. Petrópolis: Vozes, p.45-60, 2003.

VIÑAO, A. F. *Sistemas educativos, culturas escolares y reformas*: continuidades y cambios. Madrid: Ediciones Morata, 2002, p.71-127.

_____. Historia de la educación y historia cultural: possibilidades, problemas, questiones. *Revista Brasileira de Educação*, n.10, Belo Horizonte: Anped, set.-out.--nov.-dez. 1995, p.63-80.

VINCENT, G.; LAHIRE, B.; THIN, D. Sobre a história e a teoria da forma escolar. *Educação em Revista*, Belo Horizonte, n.33, jun. 2001, p.7-47.

ZAGO, N. Do acesso à permanência no ensino superior: percursos de estudantes universitários de camadas populares. *Revista Brasileira de Educação*, Rio de Janeiro: Anped, v.11, n.33, maio-ago. 2006, p.226-237.

SOBRE O LIVRO
Formato: 16 x 23 cm
Mancha: 27,5 x 49,0 paicas
Tipologia: Horley Old Style 11/15
1ª *edição*: 2011

EQUIPE DE REALIZAÇÃO
Coordenação Geral
Marcos Keith Takahashi